新国際人権入門

● SDGs時代における展開

Introduction to
"International
Human Rights"

横田洋三 編

富田麻理
滝澤美佐子
望月康恵
吉村祥子

法律文化社

はしがき

　本書の原型をなす『国際人権入門』は、初版（2008年）、第2版（2013年）と版を重ねた。第2版から8年が経過し、国連が採択した主要人権条約等の締約国数は年々増しており、条約の価値を共有する国々が広がっている。他方で、人権や人道に関する条約・多国間制度からの脱退の動きもある。人権の保護、促進を促すために非政府組織（NGO）の役割は不可欠であるが、近年では国内人権機関の役割も増してきた。ビジネスセクターによる人権尊重の責務も一層重要になっている。

　1990年代末から2000年代半ばにかけ、国連において人権は安全保障分野、経済社会分野、人道分野などさまざまな分野に通底する課題として位置づけられた。そして今日では、紛争下の国における人権状況の悪化、女性や子どもへの暴力や搾取、気候変動や災害のリスク、新型コロナウイルスの影響による健康と生活への脅威、少数者への差別の拡大等、人権は地球規模で対応すべき課題となっている。足元の日本では、人権条約の国内的実施を促進する国内法の整備も一定の進捗があるが、国連人権理事会の普遍的定期的審査（UPR）の3次サイクルで多数の勧告が出され、課題を今なお残している。現在においては、日本の憲法や法令、政策、国内外の人権の問題への対応の仕方が国際的な視点から評価される。

　さらに着目したいのは、2015年9月に国連の持続可能な開発サミットにおいて採択された成果文書「我々の世界を変革する：持続可能な開発のための2030アジェンダ」（2030アジェンダ）である。同文書は2030年を目標年とする行動計画であり、「持続可能な開発目標」（SDGs）の17目標とターゲットを定めた。同文書は「誰1人取り残さない」という人権の理念を掲げ、SDGsと人権を不可分とした。このことは、SDGs課題の実現を通した人権の保護、促進を意味するとともに、人権の保護、促進がSDGsの実現に資することも含意する。

　本書の執筆者は、SDGsにおいても人権が主流化し、それ故にSDGsにも人権との関係性が記されたと認識し、『新国際人権入門――SDGs時代における展開』として前書の内容を更新し名称を新たにした。また本書は、各章において、SDGs目標やターゲットと人権の関係を具体的に記すことで、人権の保護、

促進がSDGs目標の達成に資することを示した。

　自発的協力に基づいて17目標を推進するSDGsの方法と、条約に基づき国家に法的義務を課す国際人権法の方法は、同じ人権を扱いながらアプローチは異なる。SDGsは多様な主体の積極的な参画を求め、人権（自由権・社会権）の不可分性を課題対応により強化するなど、新たなアプローチを人権分野にもたらしうる。他方人権条約の下の委員会や国連機関の側からは、SDGsの目標に個々対応する動きがある。SDGsと各分野の人権の交錯の仕方に濃淡はあるが、各章で「国際人権」とSDGsが協働する姿を加えるよう各執筆者は目指した。

　『国際人権入門』の編者である故横田洋三先生が本書の執筆に加わることがかなわなかったことは残念でならない。本書は『国際人権入門』の基本的な構成を維持し、横田先生が執筆なさった『国際人権入門』初版のはしがきと『国際人権入門〔第2版〕』の第1章を残した。

　本書では、成果文書「我々の世界を変革する：持続可能な開発のための2030アジェンダ」を特に言及する必要のある場合は「2030アジェンダ」とするが、原則として成果文書全体を指す言葉として「SDGs」を使用する（広義のSDGs）。また、文書の中の17の目標を指す狭義でも「SDGs」を用いる。略語については巻末に一覧を付した。本書の条約締約国数等の情報は、2021年3月の時点で統一するように努めた。国際人権の学びを入門から基礎、応用に進むための「参考文献一覧」を付しているので、ぜひ活用していただきたい。

　本書の目的は大学の教養科目としても教えられる国際人権論や国際人権法の入門的教科書であるが、SDGsと人権の関係性を扱っており、これまでの教科書には見られない独自の視点から執筆されている。本書が、広く人権教育や人権研修の文献としても役立つことを願っている。さらにSDGsの諸課題と人権や尊厳ある生の在り方に関心を寄せる一般読者や多様な専門分野の読者にも参考になればと願う。

　最後に、企画から刊行まで法律文化社の舟木和久氏にご尽力をいただいた。本書の検討会にご参加くださり構成や各章について熱心に助言をいただいただけでなく、表現や形式の統一といった細部にわたり丁寧な編集をしてくださったことで本書が完成をみた。ここに深甚なる感謝をささげたい。

　　2021年7月27日

執筆者一同を代表して
滝澤　美佐子

『国際人権入門』はしがき

　人権はこれまで、憲法を中心とする国内法で、詳しく論じられてきた。しかし近年、科学技術の進歩や交通手段の発達によって、ヒトやモノ、さらにはサービスやお金、情報などが、ほとんど日常的に国境を越えて移動するようになり、それに伴って人権も、1つの国の国内法上の扱いだけでは対応できなくなってきた。たとえば、日本人が海外で差別的待遇を受けるとか、外国人が日本で人権侵害を受けるという事例がひんぱんに起こるようになってきた。また、日本の企業が海外に進出し、現地で雇用上の差別的取扱いについて訴えられるという事件も少なからず生じてきている。こうした、国際的人権問題を扱う学問分野として、「国際人権論」、「国際人権法」などが大学でも教えられるようになってきた。

　ところで、今日日本には人権に関する書物は数多く出版されているが、国際人権に関する入門書、教科書で手ごろなものとなると、ほとんど見当たらないというのが現状である。そこで、大学などで国際人権論や国際人権法を担当している人権の専門家が集まって、現在の大学生に適した国際人権の入門書を出版しようと相談し、章ごとに分担執筆したのが、本書である。

　このような経緯で執筆されたので、本書は、基本的には、大学の教養課程で教えられる国際人権論や国際人権法の入門的教科書として用意されている。内容的には、国際人権の意味、歴史的形成過程、世界人権宣言のような国際人権章典、今日国際人権の形成と発展において中心的役割を果たしている国連を中心とする国際人権保障制度、またこれを補完する地域的人権保障制度、個別の人権問題としての女性や子ども、障がい者、少数者、先住民族などの人権が体系的に叙述されている。表現はできるだけ専門的記述をさけ、平易になるよう心がけた。大学の教科書として準備されてはいるが、全体の構成や内容、そして文章は、国際人権に興味や関心のある一般の読者にも読んで理解してもらえるよう努めた。

人権は、学者や弁護士などの専門家が理解し議論しているだけでは十分とはいえない。警察官や刑務所職員、入国管理職員、さらには一般の国家公務員や地方公務員、学校の先生など、とくに人権を理解し率先して守らなければいけない立場にいる人たちはもちろん、一般の市民によっても理解され日常的に尊重される必要がある。国連でもこのことが認識され、1995年から10年間を「人権教育の国連10年」として人権の教育と啓発活動に各国が取り組むよう呼びかけた。また、2005年からは「人権教育のための世界計画」を開始し、3年ごとに重点的な目標を設定し、その実現に諸国が協力するプログラムを始めた。この書物が、国際人権に関心のある学生のための教科書であると同時に、もっと広く一般の読者に国際人権の意味を理解してもらい、人権を身近なところから実践するための基礎を提供するものとなれば、望外の幸せである。

　読者の便宜のため、巻末に条約・略語一覧と参考文献一覧を付してある。条約・略語一覧には、本文で言及した人権条約と国際機構の名称（略語と正式名称）、条約採択年・発効年を示した。また参考文献一覧には、国際人権の主要な一般的入門書と専門書、テーマごとの関係書、条約集・事例集などをあげた。

　なお、条約等の署名・批准国数等の情報に関しては、可能な限り2010年4月末の時点で統一してある。条約・略語一覧および参考文献一覧の作成においては、谷口洋幸氏（早稲田大学比較法研究所）の協力を得た。その他の用語・表現・形式の統一や、索引の作成等、編集の細部にわたって法律文化社編集部の舟木和久氏にひとかたならぬご協力をいただいた。ここに記して深く謝意を表したい。

　2008年2月1日

執筆者一同を代表して

横田　洋三

目　　次

持続可能な開発目標（SDGs）

目標1［貧困］
あらゆる場所あらゆる形態の
貧困を終わらせる

目標2［飢餓］
飢餓を終わらせ、食料安全保障
及び栄養の改善を実現し、
持続可能な農業を促進する

目標3［保健］
あらゆる年齢のすべての人々の
健康的な生活を確保し、福祉を促進する

目標4［教育］
すべての人に包摂的かつ公正な質の高い
教育を確保し、生涯学習の機会を促進する

目標5［ジェンダー］
ジェンダー平等を達成し、
すべての女性及び女児の
エンパワーメントを行う

目標6［水・衛生］
すべての人々の水と衛生の利用可能性と
持続可能な管理を確保する

目標7［エネルギー］
すべての人々の、安価かつ信頼できる
持続可能な近代的なエネルギーへの
アクセスを確保する

目標8［経済成長と雇用］
包摂的かつ持続可能な経済成長及びすべての
人々の完全かつ生産的な雇用と働きがいのある
人間らしい雇用（ディーセント・ワーク）を促進する

**目標9［インフラ、産業化、
イノベーション］**
強靱（レジリエント）なインフラ構築、
包摂的かつ持続可能な産業化の促進
及びイノベーションの推進を図る

目標10［不平等］
国内及び各国家間の不平等を是正する

目標11［持続可能な都市］
包摂的で安全かつ強靱（レジリエント）で
持続可能な都市及び人間居住を実現する

目標12［持続可能な消費と生産］
持続可能な消費生産形態を確保する

目標13［気候変動］
気候変動及びその影響を軽減するための
緊急対策を講じる

目標14［海洋資源］
持続可能な開発のために、海洋・海洋資源を
保全し、持続可能な形で利用する

目標15［陸上資源］
陸域生態系の保護、回復、持続可能な利
用の推進、持続可能な森林の経営、砂漠
化への対処ならびに土地の劣化の阻止・
回復及び生物多様性の損失を阻止する

目標16［平和］
持続可能な開発のための平和で包摂的な社会
を促進し、すべての人々に司法へのアクセスを提
供し、あらゆるレベルにおいて効果的で説明責
任のある包摂的な制度を構築する

目標17［実施手段］
持続可能な開発のための実施手段を
強化し、グローバル・パートナーシップを
活性化する

出典：外務省ホームページ「持続可能な開発目標（SDGs）
と日本の取組」に基づき作成。

注記：この出版物の内容は、国連によって支持されている
わけではなく、また、国連もしくはその職員または
加盟国の見解を反映するものではない。

イントロダクション

I 持続可能な開発目標（SDGs）とは

　2015年9月25日、ニューヨークで開催された国連持続可能な開発サミットにおいて、成果文書「我々の世界を変革する：持続可能な開発のための2030アジェンダ」（2030アジェンダ）が採択された。「持続可能な開発目標（SDGs）」は、この成果文書の中心であり、2030年までに達成が目指されている。

　17の目標と169のターゲットにより構成されるSDGsの達成は、国際社会にとって史上初の壮大な挑戦であり、現在はまさに「SDGs時代」と呼ぶにふさわしい。SDGsを理解するためには、目標の内容に加えてその根底に流れる人権規範について理解を深めることが重要である。なぜならSDGsと人権は密接に関係しており、SDGsの実現は人権の保護と促進をもたらし、また人権の保護と促進はSDGsの達成に寄与するからである。

◎持続可能な開発の概念の誕生と進展

　持続可能な開発（sustainable development）が国際社会で論じられたのは1980年代である。国連により設立された環境と開発に関する世界委員会（WCED、委員長のノルウェー首相ブルントラントの名から、ブルントラント委員会と呼ばれる）は、1987年に報告書『私たちの共通の未来』を発表した。この報告書において「持続可能な開発」が提唱された。持続可能な開発とは、「将来の世代のニーズを充足する能力を損なうことなく、現在の世代のニーズを充足する開発」と定義された。世界で経済開発が行われた結果として、1960年代から環境破壊が進み、生態系への深刻な影響が顕在化した。地球の資源が有限であることが

明らかになるなかで、環境を維持しながら開発を進めていくことが、国際社会にとって重要な関心事となっていった。

　すでに1972年にはストックホルムで人間環境会議が開催され、会議で採択された人間環境宣言において、人間環境の保全と向上に関する共通の見解と原則が確認された。20年後の1992年にブラジルのリオデジャネイロで開かれた国連環境開発会議（地球サミット）では「環境と開発に関するリオ宣言」（リオ宣言）が採択され、人類が持続可能な開発の中心に位置すること（第1原則）、環境保護と開発の不可分性（第4原則）などが確認された。また持続可能な開発の概念は、環境が現在の人々のみならず、将来の世代にとっても享受されるべき財産であることを明確にした。持続可能な開発は、地球環境資源の重要性とその利用について、国際社会に再考を促す概念として用いられていったのである。

　この概念の背景には、「開発」のとらえ方の変化もみられる。開発は、当初は国家の経済開発として位置づけられた。国家が経済的に発展することにより、国民もその恩恵を受け経済的に豊かになると考えられていた。ところが国家が経済成長を遂げても、国民が必ずしも豊かにならず、むしろ貧富の格差が拡大したり、あるいは経済活動に伴い環境が汚染され公害が発生し人々の健康が損なわれたりした。そのようななかで、よりよい生活の実現が開発の中心となり、社会開発が着目されるようになった。すなわち、健康や教育、住宅など、政府による人々への社会サービスの提供という取組みが注目された。また開発には社会や経済、環境、文化など多様な要因があり相互に関連していることも強調された。

　1990年代に、開発は、人間の選択肢を拡大するものとしてとらえられるようになった。すなわち人が自らの潜在的な能力を高め、価値のある人生を過ごすことができる機会や選択を拡大していくことが開発の目的とされた。つまり、国家や社会の進歩や豊かさのみならず、人間の可能性に着目しその向上に向けた取組みとして開発が位置づけられた。この人間開発の考えに基づいて、国連開発計画（UNDP）は1990年より『人間開発報告書』を公表し、人間開発指標（健康、知識、生活水準）を用いて、各国の人々の開発の程度について明らかにして

きている。このデータにより、人々が能力を向上できる社会の環境や制度が、当該国家にどの程度確立しているのか客観的に評価できるようになった。以上のように、開発は、国家の経済的な側面、社会的な側面に加えて、人間の能力向上の側面を含む包括的な概念である。

◎ミレニアム開発目標（MDGs）

ミレニアム開発目標（MDGs）は2015年までに達成が目指された国際的な目標である。2000年9月に開催された国連ミレニアム・サミットにおいて「国連ミレニアム宣言」が採択され、それに基づいてMDGsが作成された。MDGsの策定の背景として、上述の通り、人間開発の考え方が1990年代に主流化したことがあげられる。MDGsは国際社会の課題をわかりやすく提示し、数値目標を設定した国際的な合意であり、8つの目標と21のターゲット、60の指標が設定された。

15年間の実施時期を経て、MDGsの達成状況はさまざまであった。たとえば目標1の極度の貧困の半減は地球規模で達成された。目標2の初等教育の就学率の改善は、目標の達成には至らなかったものの改善がみられた。その一方で、目標5のリプロダクティブヘルスへのアクセスは達成されなかった。また目標達成には地域差があり、東アジアや東南アジアでは達成状況が比較的良かったものの、アフリカや途上国では課題が残った。

MDGsに対する肯定的な評価としては、国際社会に共通する開発目標を提示できたこと、解決課題がわかりやすく示され期限付きの数値目標が設定されたことで関心を集めることができたこと、また非政府組織（NGOs）や市民社会にとっても用いやすい手段であったことなどがあげられる。その一方で、この目標が、援助する側によって策定され、途上国のみを対象としたものであったことが批判された。また国際社会の問題を8つに特化し、その達成度について国家や地域、地球規模での結果が提示されることにより、一般的な傾向をとらえることはできたものの、各国における個別具体的な状況は指標からはみえにくく、さらに指標の達成が必ずしも問題の解決を示していないことが指摘された。

◎持続可能な開発目標（SDGs）

　MDGsの一部は達成されたものの、残された課題は多く、さらなる対応が必要であった。環境問題の深刻化や格差の拡大、国家以外の主体の役割の拡大など、国際社会の状況の変化と新たな課題への対応がますます求められていった。2012年には、地球サミットから20年を経てリオデジャネイロで開催された「リオ＋20会議」において、成果文書「我々の求める未来」が採択され、持続可能な開発に向けた決意が確認された。この会議において、SDGsを設定する必要性が合意された。国連総会での審議を経て、2015年にSDGsを含む2030アジェンダが採択された。SDGsとターゲットは、MDGsを基に作成されている。具体的な目標とターゲットを掲げ、より質の高いデータを整備し利用して客観的な評価を行うことで、目標の達成が可能となると考えられた。

　SDGsは次の特徴をもつ。第1に、普遍性である。SDGsは、先進国、開発途上国を含む世界全体にとって普遍的な目標とターゲットである。「誰1人取り残さない」というスローガンのもと、SDGsは、すべての国のすべての人々を対象とする。

　第2に、SDGsは統合された不可分の目標である。持続可能な開発は経済、社会、環境の三側面についてバランスをとり、その達成に向けて各国の状況が考慮される包摂的な目標である。

　第3に、SDGsの達成のために、すべての国とすべての利害関係者が協調的なパートナーシップのもとで実行する必要がある。目標の達成には国家に加えて、地方公共団体やNGO、市民社会、企業などあらゆる主体の協力と協働が求められている。SDGsは、人々の、人々による、人々のための2030アジェンダの中心である。

Ⅱ　SDGsと人権

◎理念としての人権

　2030年までに世界中においてSDGsの達成が目指され、あらゆる主体の取組みが求められている状況は、「SDGsの時代」とよぶに値する。

　SDGsは人権の理念を基礎にする。「誰1人取り残さない」というスローガンは、あらゆる人を対象とした、個人の尊厳と大切さを確認する。2030アジェンダにおいて、人権の理念は次の通り示されている。「新アジェンダは、国際法の尊重を含め、国連憲章の目的と原則によって導かれる。世界人権宣言、国際人権諸条約、ミレニアム宣言および2005年サミット成果文書にも基礎を置く。また、『発展の権利に関する宣言』などその他の合意も参照される」(10段落)。また、「我々は、世界人権宣言及びその他の人権に関する国際文書並びに国際法の重要性を確認する。我々は、すべての国が国連憲章に則り、人種、肌の色、性別、言語、宗教、政治若しくは信条、国籍若しくは社会的出自、貧富、出生、障害等の違いに関係なく、すべての人の人権と基本的な自由の尊重、保護及び促進責任を有することを強調する」(19段落)と、既存の人権の諸原則の重要性も確認される。さらに取り組むべき課題として「……あらゆる貧困と飢餓に終止符を打つこと。国内的・国際的な不平等と戦うこと。平和で、公正かつ包摂的な社会をうち立てること。人権を保護しジェンダー平等と女性・女児のエンパワーメントを進めること」(3段落)と、人権の保護促進について記される。加えて「……安全な飲料水と衛生に関する人権を再確認し、衛生状態が改善している世界」(7段落)が、目指すべき世界像の1つとして掲げられている。

　すでに持続可能な開発において、人が人らしく生きる権利について確認されていた。リオ宣言(1992年)では、「人類は、持続可能な開発への関心の中心にある。人類は、自然と調和しつつ健康で生産的な生活を送る資格を有する」(第1原則)とうたわれていた。MDGsの各目標とターゲットの達成は、個人の人権の保護促進をもたらすものであった。

◎SDGsを通じての人権の実現の意義

　SDGsの根底に人権の理念があることに加えて、この開発目標とターゲットの達成は、人権の実現に役立つ。たとえば目標1「あらゆる場所のあらゆる形態の貧困を終わらせる」ことは、世界人権宣言第25条の生活水準についての権利や、経済的社会的及び文化的権利に関する国際規約(社会権規約)第11条の生活水準および食糧の確保と関連する。また目標4「すべての人々への包摂

的かつ公正な質の高い教育を提供し、生涯学習の機会を促進する」は、教育における差別待遇の防止に関する条約（1960年）や、子どもの権利条約（1989年）にも合致する。つまりSDGsは、これまで国際社会において確認され発展してきた人権を反映して策定されており、SDGsの達成に向けた取組みは、人権の保護と促進をもたらす。

SDGsを通じての人権の実現には、主に4つの意義があるだろう。

第1に、国際的な課題の解決との関連性において人権をとらえることができる。人権の保護と促進の議論は、人権諸条約の適用や解釈に注目しがちである。SDGsの達成という観点から人権をみることにより、社会の諸問題と人権の関係性をよりよく理解できる。つまり社会の課題の解決を通じての人権の実現という視座が示されるのである。

第2に、SDGsの達成を通じて、人権の不可分性が認識される。人権の議論においては、市民的および政治的権利（自由権、第一世代の人権）と経済的、社会的および文化的権利（社会権、第二世代の人権）さらに発展の権利（第三世代の人権）が区別されることにより、それぞれの関係性や優越性などの議論がなされてきた。SDGsの達成には、誰1人取り残さないことを目指して、あらゆる人の人権の実現を目指した取組みが求められている。この包摂的な考えに基づくことにより、1人ひとりが有する人権が不可分でありまた相互に関係しあうこと、また人権を個人および集団の視点から包括的に考える重要性が確認される。

第3に、SDGsにおいては、具体的な開発目標やターゲットを実現しつつ、目標やターゲット間の関係を考慮して、全体としての達成が求められている。たとえば、開発目標の優先事項と位置づけられる飢餓の撲滅は、他の目標の達成にも寄与する。また脆弱な人々の能力強化の必要性が特にうたわれており、そこには子どもや若者、障がい者などが含まれる。子どもに関しては、ターゲット1.2、2.2、4.2などに記されている。複数の目標において人の属性が特定化されるアプローチにより、課題ごとに集団や個人に対して必要な措置が講じられることになる。それはまた、課題に対応することにより具体的な人権の保護と促進が図られながら、SDGsを包括的に達成していこうとする実践的な取組

みと結びつく。

　第4に、SDGsはあらゆる利害関係者による達成が求められている。つまりは人権の保護と促進に関して、人権規範の適用という法的な議論に制約されずに、個別具体的な取組みにおいて国や地方公共団体、企業、市民社会により実施される道を開くのである。その意味では誰1人取り残さない目標の達成に向けては、すべての人々による取組みが求められているのである。

　以上の通り、SDGsの実現は、人権を保護しまた促進することに資するものである。このような地球規模の目標の達成を目指す取組みは、世界中のすべての人を対象としている。とりわけ最も脆弱な人々に着目した目標は、これまでの国際社会による取組みをさらに強化することになるだろう。それはまた人権の保護と促進をより一層進めるアプローチでもある。

♣次の設問を考えてみよう。
⑴　SDGsは、人権の実現にとってどのような意義があるのだろうか。
⑵　人権の実現は、SDGsの達成にとってどのような意義があるのだろうか。

| 第1章 | 国際人権の意味と意義 |

I　は じ め に

　人権は、人であれば誰でも、国籍、人種、宗教、言語、文化、性別、出身、身体的・精神的条件などにかかわりなく、生まれながらにして平等に認められる法的地位である。その意味では、人権は本来的に「国際的」であって、あえて「国際人権」と表現する必要がないはずである。しかし、人権が政治思想家によって主張され、実際に法的に認められるようになったのは、18世紀後半のイギリスやフランスの国内においてであった。

　その頃すでに、国家を越えて全世界に法的規律を及ぼす「国際法」は、理論上も実際上も存在していた。しかし、当時の国際法は、国家相互の関係を規律する法であって、個人の権利や地位については、それぞれの国家の国内法が規律し、保障するものであった。そこで、個人の生来の譲り渡すことのできない権利である人権も、最初は、国内法上の権利として保障されたのである。

　18世紀の半ば頃から、フランスのジャン・ジャック・ルソーやモンテスキュー、イギリスのジョン・ロックらの政治思想家が、王政の圧制に対して、市民の自由や政治的参加の権利を主張した。そして、彼らの考え方が思想的基盤となって、イギリス国王の支配からのアメリカの独立（1776年）や、ルイ王朝の圧制からの解放をめざすフランス革命（1789年）が成功した。その結果、アメリカ独立宣言、バージニア権利宣言、フランス人権宣言などの国内の政治的法的文書において、基本的自由や政治的参加の権利が明確に規定された。この動きは、その後次第にヨーロッパ各地に拡大していった。

　基本的人権は、こうして、18世紀後半のヨーロッパで国内法的に規定され

るようになった。その考え方は、人であれば誰でも平等に扱うという普遍性を
内包しているが、実際の宣言や法律規定は、当時の法的、政治的、意識的限界
を反映して、さまざまな制約があった。たとえば、フランス人権宣言は、正確
にいえば「男性と市民の権利宣言」となり、女性や市民以外の人たちに対して
は、同じ基本的権利を認める内容のものではなかった。

　また、18 世紀から 20 世紀にかけて、イギリス、フランス、アメリカ、オラ
ンダなどの西欧諸国は、自国内においては自国民の自由、平等、政治的参加な
どの基本的人権を規定し充実させていったが、他方で、外国人や植民地住民に
対しては差別的政策を適用した。

　こうして、本来国際的、普遍的であるべき基本的人権は、各国の歴史的、政
治的、社会的、思想的、文化的制約を受けて、国によりさまざまに異なる状況
にあった。これを国際的に標準化し、すべての国において、すべての人が自由
を享受し平等に扱われるようにしようとする考え方が、「国際人権」という理
念なのである。

　国際人権の考え方が世界的規模で進むようになったのは、第 1 次世界大戦後
のことであった。具体的には、1919 年の国際連盟や国際労働機関（ILO）の設
立がそのさきがけであったが、とりわけ 1945 年の国連の創設以後その動きが
活発化した。もっともそれ以前にも、国際社会を法的に規律する法体系として
16 世紀、17 世紀のヨーロッパに成立した国際法も、部分的には、今日の人権
の概念に結びつく規定をもっていた。それらは、特定の問題に関する規定で、
しかもその規定方法は、今日の人権の規定の仕方に比べてさまざまな限界が
あったが、今日の発達した国際人権の存在は、こうした国際法の部分的、制限
的な人権関連規範が土台になって展開してきていることも、確認しておく必要
がある。

Ⅱ　伝統的国際法と人権

　すでに述べたように、伝統的国際法は国家の権利義務を定めるものであって、
個人の権利義務は各国家の国内法で規定するものという仕分けが行われてい

た。しかし、国際法の父といわれるフーゴ・グロチウス（17世紀に活躍したオランダの神学者、法学者）が、1618年に始まる宗教戦争（三十年戦争）で人々が苦しむ姿を見て、戦争は万民法（国際法）に反する行為であると主張する『戦争と平和の法』（1625年）を書いたことにも示されるように、国際法は、形成期から、人々の生活に関連する法として構想されていた。ただ、その規律対象は、戦争に直接従事する国家（当時はほとんど「君主」と同義）であった。個人は、国際法が国家に対して戦争を禁止することにより、平和の享受という「反射的利益」（間接的利益）を得るものと考えられた。国家による人々の幸福や福祉に対する配慮はあったが、個人に平和を享受する権利（平和的生存権）を直接付与するというところまでは、当時の国際法は進んでいなかった。それは、主として、当時の国家が絶対王政のもとにあって、国内的にも人々が自由や政治的参加の権利などを認められる状況にはなかったからである。

このように大きな限界はあったが、今日の人権の概念に相当する議論や具体的に人権に関連する規定は、伝統的国際法にも存在した。たとえば、16世紀に、スペインの国際法学者ビトリアは、新大陸（南アメリカ）に住む現地住民（今日の表現によれば「先住人民」または「先住民族」、以下後者を使用）も、スペイン人と同様に、諸国民の法（万民法、今日の国際法）の保護を受けると論じた。また、三十年戦争を終結させたウェストファリア条約（1648年）は、宗教的自由と宗教的少数者の保護を規定した。19世紀初頭には、アメリカやイギリスを中心にアフリカ大陸からの奴隷輸送・売買を禁止する二国間条約が結ばれた。1853年に日本に来航して開国をせまったアメリカのペリー提督は、日本に来る前に、北アフリカ沿岸で奴隷船の取締りに従事していたことが知られている。19世紀後半には、アフリカ大陸での植民地獲得戦争を終結させるためのベルリン会議一般議定書（1885年）が、アフリカの現地住民の生活条件の改善、奴隷売買の禁止、自国民と同様の良心および宗教の自由の保障などを規定した。

これらの人権に関連する国際法の理論や条約規定は、新大陸の現地住民の平等な法の保護、アフリカにおける奴隷売買の禁止、宗教的自由、少数者の権利など、対象とされる人や事項が限定され、人権一般を保障するものではないという点で制約があった。また、これらの理論や規定は、人権を直接個人に認め

るというよりは、国家にこれらの人権の保障を義務づけることにより、個人が
反射的に人権を享受できるという間接的な効果をもつに過ぎないという点で
も、限界があった。しかし、国家間の法関係を規律する国際法のなかに、当初
から、人権に関連する規定が設けられていたということは、国際人権を考える
うえで、注目しておく必要がある。

Ⅲ　国際連盟および国際労働機関（ILO）と人権

　第 1 次世界大戦を終結させたベルサイユ会議（1919年）において、日本の政
府代表は、人種差別撤廃条項を講和条約のなかに挿入することを提案したが、
主要戦勝国の反対にあって実現しなかった。当時日本には、アメリカとの間に、
日本人の移民受け入れに関連するアメリカの人種差別的政策をめぐって、外交
上の大きな案件があった。ベルサイユ会議における日本政府代表の提案は、こ
の問題を背景にするものであった。それ以前にも国際法の分野において、奴隷
禁止や宗教的自由などについて、一定の人権保護関連規定が設けられるように
なったが、20世紀に入っても、人種差別禁止という人権に関する一般的な原
則を受け入れることについては、国際社会に強い抵抗があったのである。

　しかし、ベルサイユ講和会議の結果創設された一般的平和機構である国際連
盟は、その規約において、委任統治地域における住民の福祉と発達の促進、良
心および宗教の自由、奴隷売買の禁止などを規定した。また、一般的に加盟国
において、男女および児童に対する公平で人道的な労働条件の確保、植民地住
民に対する公正な待遇、女性や児童の売買禁止、なども規定した。これらの人
権関連規定も、対象や地域などに制限があって、一般的な人権保護規定とはい
えないが、当時の多くの国家が加盟する国際的機構において、これらの人権関
連規定が、設立基本条約である国際連盟規約のなかに盛り込まれたことは、重
要な成果といえる。

　国際連盟は、その規約には何も書かれていないが、人権の重要な一分野で、
大きな足跡を残した。それは、ヨーロッパにおいて、第 1 次世界大戦の戦火を
逃れるために生じた多くの難民（そのほとんどはユダヤ系の人たちであった）の保

護に当たったことである。国際連盟は、極地探検で世界的に有名になったノルウェーのナンセンを、国際連盟の初代難民高等弁務官に任命し、難民の保護に当たらせた。難民は、迫害や戦乱の脅威から逃れるために自国を離れているために、パスポートや国籍を証明する書類をもたないことが多く、また、迫害の恐怖のために本国の保護を受けることを望まない人たちであった。そのため、彼らは、個人の国際的保護の基本である国家とのつながりが絶たれた状況におかれていた。この法的な困難を克服するために、ナンセンは、国家に代わって国際連盟が保護を提供することを考え、個々の難民と国際連盟との法的つながりを示す文書として、国際連盟の旅券（パスポート）を発給することを発案した。この新しい難民保護の方式は、彼の名前をとって「ナンセン旅券」と呼ばれた。

ベルサイユ会議において国際連盟とともに設立された国際機構に、国際労働機関（ILO）がある。ILOは、労働者の基本権（団結権、交渉権、争議権）や最低賃金、労働時間、職場の安全、労働者の健康などに関する国際基準を定め、加盟国によるその履行を監視することを目的とする国際機構である。このような国際労働基準を条約（ILO条約）や勧告の形で採択し、加盟国に遵守を促す活動を行う。ILOは、国際労働基準の実施状況を監視するために、1926年に、国際法や労働法などの専門家から成る「条約勧告適用専門家委員会」を設置し、2006年11月には創設80周年を祝うシンポジウムが、ジュネーブのILO本部で開催された。労働者の権利という特定の人権分野ではあるが、独自の国際機構がつくられ、人権基準の設定およびその履行監視が組織的に行われるようになったことは、注目されてよい。

ILOの特徴の1つに、「三者構成」（三者代表制、tripartite system）がある。従来の国際会議や国際的機構の会議体においては、国家主権および国家平等の原則に基づいて、参加国はそれぞれの政府によって代表され、ものごとを決定する際には、各国代表は1つの投票権を行使してきた（一国一票制）。ILOと同時に創設された国際連盟も、また19世紀後半から設立され活動してきた万国郵便連合（UPU）や国際電気通信連合（ITU）などの技術的国際機構も、政府が加盟国を代表し、意思決定は一国一票を原則としていた。この国家代表制および一国一票制は、その後つくられた国際連合（国連）や国連教育科学文化機関（ユ

ネスコ）などの国際機構においても、原則として維持されている。

　ところで、ILOの場合は、各加盟国は4人の代表を指名することができ、そのうち2名は政府代表、1名は労働者代表、1名は使用者代表とされている。日本の場合、政府代表は厚生労働省が中心になって指名し、労働者代表は日本の労働組合の全国的協議体（ナショナル・センター）である「日本労働組合総連合会」（通称「連合」）が指名し、使用者代表は日本経済団体連合会（日本経団連）が指名することになっている。これらの代表は、労働総会や理事会において、それぞれ別々に発言し、投票することが認められている。このように、国家代表のなかに政府ではない国内の関係団体の代表が参加し、政府代表とは独立した行動が認められているILOの制度は、労働者の権利の問題を扱う国際的会議体において、利害関係人の代表が直接意思決定や監視活動に参加できる道を開いたという点で、きわめてユニークである。

IV　国連と人権

◎国連憲章と人権

　国連憲章は、第1条において、国連の目的を3つあげている。その第1は「国際の平和と安全の維持」である。第2は「経済的、社会的、文化的、人道的性質の国際問題の解決」である。そして第3に「人種、性、言語又は宗教による差別なくすべての者のために人権及び基本的自由を尊重するように助長奨励すること」があげられている。いいかえると、国連の目的は、平和の維持、経済的社会的問題の解決、人権の促進保護の3つであり、人権の促進保護がそのなかに明確に位置づけられているのである。その理由は、第2次世界大戦において、ナチスドイツによるユダヤ人迫害に象徴される極端な人権侵害が行われたことに対する反省である。また、国連憲章前文にあるように、戦争そのものが人類に及ぼした「言語に絶する悲哀」と「惨害」を二度と繰り返してはならないという教訓がその基礎にある。

◎国連の人権機構

i）2006年までの制度　　　国連の三大目的の1つである人権の促進と保護の問題を扱う機関として、国連憲章は3つのものを予定し、実際それらを通して活動してきた。その第1は、総会である。憲章第13条(b)は「人種、性、言語又は宗教による差別なくすべての者のために人権及び基本的自由を実現するよう援助すること」を総会の活動の一分野として明記している。具体的には、総会のなかの第三委員会が人権問題を特に専門的に扱う。世界人権宣言のような人権に関する文書の採択や、北朝鮮のような極端な人権侵害国に関する審議や非難決議の採択などを行う。

　人権問題を扱う国連機関の第2のものは、経済社会理事会である。憲章第62条2項は、「（経済社会）理事会は、すべての者のための人権及び基本的自由の尊重及び遵守を助長するために、勧告をすることができる」と規定し、人権に関する任務を経済社会理事会に付与している。

　人権問題を扱う国連機関として憲章が予定した第3のものは、第68条に基づいて経済社会理事会の補助機関として設立される「人権の伸長に関する委員会」である。実際、この規定に基づいて、経済社会理事会は1946年に人権委員会（Commission on Human Rights）を設置した。その初代委員長に就任したのは、人権担当のアメリカ代表であったエレノア・ルーズベルト（フランクリン・ルーズベルト第32代アメリカ大統領夫人）であった。ルーズベルト夫人の指導力で、世界人権宣言が人権委員会のもとで起草された。

　以上の、国連憲章が予定した人権3機関に加えて、1947年には、個人的資格の専門家から成る差別防止少数者保護小委員会（人権小委員会）が人権委員会のもとに設置され、国家代表によって構成される人権委員会とは車の両輪として、相互補完的に活動するようになった。その後この小委員会は、人権促進保護小委員会へと名称が変更されたが、略称の人権小委員会はそのまま使われた。

　さらに、経済社会理事会には、特定の人権問題を扱う婦人の地位委員会や先住問題恒久フォーラムなどが、補助機関として設置されている。また、人権問題を処理する事務局機構として、1993年までは国連事務局内に「人権センター」

があったが、1994年に人権高等弁務官事務所が設置され、国連の人権関係の事務局機能はそこに統合された。

　2006年3月までは、以上に概観した国連の人権機関、すなわち、一般的に人権問題を扱う機関として、総会（第三委員会）——経済社会理事会——人権委員会——人権小委員会の4機関が機能していた。そして特定の人権事項を扱う国連機関としては、経済社会理事会のもとに、婦人の地位委員会と先住問題恒久フォーラムが機能していた。ところが、2006年3月の総会決議によって人権理事会（Human Rights Council）が創設されたことに伴って、このような国連の人権機構には大きな変化が生じた。

ⅱ）**2006年以後の制度**　　　人権理事会の創設は、それまでの人権委員会に代わるもので、経済社会理事会の補助機関から総会の補助機関へと、国連組織内の位置づけが格上げされたことで、一般的に人権に対する注目度が高まり、しばらく前から、特にコフィー・アナン前事務総長のもとで推進されてきた「人権の主流化」が一層前進することになった。

　2007年6月、人権理事会決定によって、人権委員会のもとで活動してきた人権小委員会は消滅し、それに代わる専門家の組織として、人権理事会諮問委員会（Human Rights Council Advisory Committee）が設置された。この委員会は、従来の人権小委員会が26人の委員およびほぼ同数の代理委員から成っていたのに対して、18人の専門家によって構成されることになり、規模が縮小された。また、この委員の任期は3年で1回だけ再任可とされ、任期4年で再任に制限がなかった人権小委員会よりは、委員の回転が進むようになった。最初の委員の選出は、2008年春の人権理事会の会期で行われた。

　人権委員会が、経済社会理事会によって選出された53の国連加盟国によって構成されていたのに対して、人権理事会は、国連総会が選出する47の理事国によって構成されることになり、若干規模が縮小された。理事国の任期は3年で1回だけ続けて再任されることができる。人権理事会は、人権委員会が年1回6週間会合をもっていたのに対して、少なくとも年3回、合計で10週間以上会合することになっている。その創設以来、人権機構の今後に関する議論など扱うべき問題が山積していることもあり、また、緊急の人権問題について

特別会期が頻繁に招集されるなど、人権理事会は、ほとんど常時開催の状態に
なっている。

◎人権分野の国連の活動

ⅰ）基本的な人権活動　　国連は、設立初期の頃から、人権委員会および人権小
委員会を中心に、さまざまな活動を展開し、大きな成果をあげてきた。その活
動は大きく、基準設定、監視、研究調査、諮問的サービス、広報啓発の5つに
分けられる。

　第1の基準設定とは、世界人権宣言に象徴される人権に関する国際的基準を
定める国際文書の起草と採択のことをさす。これまで国連のもとで、集団殺害
禁止条約（1948年）、難民条約（1951年）と難民議定書（1967年）、人種差別撤廃
条約（1965年）、経済的、社会的及び文化的権利に関する国際規約（1966年）、
市民的及び政治的権利に関する国際規約（1966年）、女性差別撤廃条約（1979年）、
拷問等禁止条約（1984年）、子どもの権利条約（1989年）など多くの重要な人権
文書が起草、採択されてきた。

　人権分野の国連の活動の第2のものは、監視活動である。モニタリングとも
呼ばれるこの活動は、これまで人権委員会を中心に、大きく2つの方式で行わ
れてきた。1つは経済社会理事会決議1235（1967年）によって始められた公開
審理手続きである。人権状況に問題のある国について特別報告者を任命して調
査報告させ、それに基づいて人権委員会が審議をして非難や勧告を含む決議を
採択するという活動がそれである。これまでミャンマー、北朝鮮、スーダン、
キューバなどが、このような監視活動の対象国とされてきた。今ひとつの制度
は、経済社会理事会決議1503（1970年）に基づく非公開審理手続きで、一般に
1503手続きとよばれている。これは、「重大かつ信頼できる情報に基づく組織
的人権侵害状況」を非公開で人権委員会が審議し、当該国に対して非難、勧告
を行う方式である。

　第3に、研究調査活動がある。これは、特定の人権問題について特別報告者
を任命して研究調査を行い、今後の取扱いについて審議するもので、これまで
「貧困と人権」「女性に対する暴力」「ハンセン病に関連する差別」「職業と世系

に基づく差別」「少数者の権利」「テロリズムと人権」など、人権に関する多くのテーマが扱われてきた。

　第 4 の活動に、諮問的サービスがある。これは、主に人権高等弁務官事務所を通して行われる活動で、人材や資金の面で制約のある途上国に対して、人権に関係する技術協力を提供するものである。たとえば、兵士や警察官に対する人権教育、人権関係の法律制度構築のための助言、特定の人権問題解決のための支援などである。

　第 5 の活動は、広報啓発活動である。人権の促進と保護にとって人権を広く人々に理解してもらうことは、地味ではあるがきわめて重要である。国連では、1995年から2004年までの10年間を「人権教育の国連10年」に指定して、人権の教育啓発活動に重点をおく活動を展開した。これを引き継ぎ、2005年からは「人権教育に関する世界計画」を実施することになり、3 年ごとに段階を設定し、具体的な達成目標を定めて活動を行うことになった。その第 1 段階は当初2005年から2007年までとされ「初等中等教育における人権教育」に重点をおき、人権高等弁務官事務所とユネスコが協力して目標達成に努めた（この第 1 段階は、その後2009年まで延長された）。第 2 段階（2010年から2014年）は「高等教育における人権教育、教員及び教育者、公務員、法執行官、軍人のための人権研修」を、第 3 段階（2015年から2019年）は、第 1・第 2 段階の実施を強化するとともに「メディア専門職及びジャーナリストの人権研修」に焦点をおいた。第 4 段階（2020年から2024年）は、若者（青少年）に焦点をおき、平等・非差別、多様性の尊重に関する教育に重点をおいている。またSDGs目標 4 の持続可能な開発のための教育に関するターゲット4.7と足並みを揃えることとしている。

　以上の人権分野の国連の活動は、人権理事会のもとで若干の修正や改善がなされたが、大筋においてはその後も継続されている。

ⅱ）**普遍的人権状況定期審査**　　以上に述べた従来の人権に関する国連の活動とは異なる新たな活動が、人権理事会のもとで始まった。それが「国連の全加盟国を対象とする人権状況定期審査」（Universal Periodic Review, UPR）である。

　UPRの審査は 4 年（2012年からは 4 年半）を周期とし、1 年に48カ国（または

49カ国）を審査対象とする。最初の審査は2008年5月から始まり、日本もその最初の審査対象国に入った。審査は、政府からの報告書（20頁）、国連関係機関や人権条約機関からの情報（10頁）、NGOその他国内人権機関などからの情報（10頁）をもとに行われ、1つの国の審査に3時間、さらに審査に基づく検討に1時間、最後に報告書採択に1時間半を当てる。審査において基礎となる人権基準は、国連憲章、世界人権宣言、当該国が批准した人権条約であり、人権理事国については立候補した際の公約、そして国際人道法（武力紛争時に適用される国際法規範）である。

V　その他の国際的人権機構

　以上、国連を中心とする国際的人権機構について述べてきたが、この他に人権の促進にかかわる国際的機構として、人権条約機関と地域的人権機構がある。

◎人権条約機関（human rights treaty bodies）

　国連が中心になって起草・採択された主要な人権条約には、それぞれ専門家によって構成された委員会がある。なかでも最も代表的なものは、市民的及び政治的権利に関する国際規約（自由権規約、B規約）のもとでつくられた18人の専門家から成る規約人権委員会（自由権規約委員会）（Human Rights Committee）である。同じような委員会（人権条約機関）が、経済的、社会的及び文化的権利に関する国際規約（社会権規約、A規約）、人種差別撤廃条約、女性差別撤廃条約、子どもの権利条約、拷問等禁止条約、移住労働者条約、障がい者権利条約、強制失踪防止条約等にもあり、定期的政府報告制度、国家通報制度（関連条文受諾国のみに適用）、個人通報制度（選択議定書または関連条文受諾国のみに適用）等を通して、締約国による条約の実施状況が審査される仕組みになっている。

　これらの人権条約機関が、国家報告制度のもとで国別に出す総括所見や、特定の条文や事項について随時出す一般的意見等における解釈の法的意味については、これまで議論があった。1つの極端な立場は、条約機関は条約の有権的解釈を示す唯一の機関であるから、その判断は法的拘束力を有するという考え

である。しかし、条約機関は裁判所ではなく、そこでの審議手続きも厳格な裁判手続きではないから、条約機関の見解に法的拘束力を認める根拠はないとみる立場が有力である。他方で、条約機関の見解は拘束力がなく、単に1つの見方を示したに過ぎないとする極端な立場もある。しかし、条約に基礎をおき、高い専門性と高潔な人格を基礎に選ばれている委員が、詳細に検討した結果出した見解に、何の効果もないとする立場には、説得力がない。

　正しい見方は、おそらくこれら2つの極論の中間に見出されるのであろう。具体的にいえば、条約機関の見解は、「無視してはならず、とくに説得力のある理由がない限り、できるだけ尊重することが政治的、道義的に求められているもの」とみるべきであろう。別言すれば、人権条約機関の見解は、「誠実に考慮する必要がある」ということができる。この表現は、日本国憲法第98条2項の「日本国が締結した条約及び確立された国際法規は、これを誠実に遵守することを必要とする」という規定に関連させたいい方である。つまり、憲法に規定する「誠実に遵守する」という文言は、一般に「法的拘束力がある」と解釈されているのに対して、ここでいう「誠実に考慮する」という表現は、「法的拘束力はないが、無視せずに検討の対象にし、受け入れるか拒否するかについては裁量の余地があるが、拒否する場合は、理由を明確に述べる責任がある」ということを意味している。

　この点に関しては、国際司法裁判所（ICJ）が2010年11月30日に、1つの重要な判断を示した。すなわち、コンゴ民主共和国によるギニア国民ディアロの身柄拘束・国外追放措置に関する事件において、外国人の追放に一定の制限を課している自由権規約第13条の解釈が争点の1つになった。この規定に関しては一般的意見第15号「自由権規約上の外国人の地位」が自由権規約委員会によって出されているが、この委員会の意見に関して、ICJは次のように判示した。「当裁判所（ICJ）は自己の司法的権限を行使するに際して、自由権規約に関する同委員会の解釈に従う義務は毛頭ないが、条約の適用を監視する目的で設立された独立の機関が採択した解釈には大きな比重を与えるべきであると信ずる。」そしてICJは、実際に自由権規約委員会の解釈に沿った判断を示した。このICJの見解は、「拘束力はないが無視してはならない」という上記の考え

方に有力な根拠を与える。

◎地域的人権機構

　国際的人権機構のなかには、国連のような世界的機構とは別に、世界の各地域に根ざした制度がある。その代表格は、欧州人権機構である。

　ヨーロッパでは、第2次世界大戦後、人権保障の意識が高まり、欧州審議会（Council of Europe）を中心に欧州人権制度の構築が進められた。1950年、欧州人権条約が署名され、1953年に発効した。欧州人権条約の規定は世界人権宣言から影響を受けたとされるが、どちらかというと自由権を中心とする内容であった。後に1961年になって、欧州社会憲章が採択されて社会権に関する規定が充実した。欧州人権条約のもとには、欧州人権裁判所があり、欧州審議会加盟国の領域にいるすべての人は、欧州人権条約違反を同裁判所に直接訴え、救済を求めることができる。

　また、米州には1969年に採択され1978年に発効した米州人権条約があり、そのもとで、米州人権委員会および米州人権裁判所が設置され、機能している。米州人権裁判所は、欧州人権裁判所とは異なり、個人が直接に米州人権条約の規定違反を理由に救済を求めることができず、人権委員会または締約国のみが裁判所に訴えを提起することができる。

　さらに、アフリカには、1981年にアフリカ統一機構（現アフリカ連合）のもとで採択され、1986年に発効した「人および人民の権利に関するアフリカ憲章」（通称「バンジュール憲章」）がある。この条約は、通常の自由権（第一世代の人権）および社会権（第二世代の人権）に加えて、いわゆる「第三世代の人権」といわれる「人民の平等権」「人民の自決権」「人民の発展の権利」「天然資源に対する人民の権利」「人民の平和的生存権」など、集団としての人民の権利を規定しているところに、他の地域的人権条約にはない特徴がある。バンジュール憲章のもとには、個人的資格で選出された専門家によって構成されるアフリカ人権委員会があり、人権の促進、資料収集、教育啓発活動、権利の保護、条約の解釈などを行うことになっている。その後、欧州や米州にならって、アフリカ人権裁判所が設立された。

　こうして世界の主要な3つの地域において、地域的人権機構がつくられ実際に活動している。国連を中心とする世界的な人権制度も重要であるが、地域に密着した地域的人権条約や人権機構の役割も今後は強化される必要がある。その点で問題となっているのが、最も広域で国の数も多く、しかも最大の人口を抱えているアジア地域に、いまだ地域的人権機構が存在しないということである。アジア地域では、文化的、宗教的、人種的多様性に加え、政治的、経済的利害も複雑にからまっていて、統一的な人権基準の設定や実効性のある人権裁判所の設置には、当面消極的な国々が多い。しかし、最近になって、東南アジア諸国連合（ASEAN）が、当該地域に人権機構を設置した。適用範囲がASEAN加盟10カ国に限定されていること、権限や人権基準、活動内容などが制限的であることなどから、批判がないわけではない。しかし、さらにそれが核となってアジア・太平洋地域に人権条約や人権裁判所を備えた人権機構がつくられる日が遠からず来ることを、期待している人々も少なくない。

VI　日本と国際人権

◎日本国憲法の人権規定とその制約

　日本で人権を議論する場合、中心は憲法の人権規定である。日本国憲法には、第11条から40条まで、第30条の納税の義務に関する規定を除き、約30カ条にわたって詳細な人権規定がある。そこで保障されている人権項目は、日本国憲法が制定された1947年5月3日から数えてほぼ1年半後の1948年12月10日に国連総会で採択された世界人権宣言とおおむね重なる包括的なものである。当時の人権の世界水準を十分にクリアーする充実した人権規定といってよい。

　このように世界標準の人権規定をもつ憲法を有する日本においては、人権を語る際、まず憲法の人権規定を基礎とすることは当然である。憲法は「国の最高法規」（憲法第98条1項）であるから、そこで規定されている人権は、法律、命令、その他の国の行為をも拘束する上位の規範なのである。そうだとすると、日本では、憲法の人権規定を遵守することによって人権の国際基準を達成していることになるから、あえて国際人権を持ちだすまでもないのではないかとい

う疑問が生ずるかもしれない。

　しかし、日本国憲法は基本的に日本の領域（領土を基礎に領海、領空を含む三次元の空間）の範囲内においてのみ有効であるから、外国の領域にいる日本人や外国にある日本人の財産などには、憲法の人権規定の保護は及ばない。しかも、詳細にみると、世界人権宣言に規定されている「迫害から避難する権利」（難民が庇護を求める権利）や「母子の保護」などは、憲法の人権規定には含まれていない。さらに、国連においては、世界人権宣言採択以降多くの人権条約が採択され、そこにおける人権規定は日本国憲法の人権規定に比べてはるかに詳細かつ広範になっている。このように、今日においては、日本国憲法の人権規定にはいくつかの制約があることが明らかになってきた。そして、その制約を補うものとしての国際人権の重要性が増してきているのである。

◎国際人権の日本における位置づけ

　国際人権の具体的規定は、慣習国際法および各種の人権条約のなかに見出すことができる。憲法の第98条2項は「日本国が締結した条約及び確立された国際法規は、これを誠実に遵守することを必要とする」と規定し、これを第99条の憲法尊重擁護の義務とあわせて読むと、慣習国際法および日本が締結した人権条約の人権規定（「国際人権規定」）は、日本において、政府や国会はもちろん、裁判所においても遵守されなければならない。その意味では、国際人権は、日本において法として尊重されなければならないものとなっているのである。

　もっとも、日本国内においては、憲法の人権規定が最高規範として最優先される。したがって、憲法の人権規定に抵触する国際人権規定は、日本国内では効力を認められない。しかし、憲法と抵触しない国際人権規定は、とりわけ憲法が何も規定していない、あるいは禁止ないし制限していない国際人権規定は、日本では法律に優先して遵守されなければならない。いいかえると、日本を拘束する国際人権規定に矛盾する国内法（憲法以外の法律、条例、命令等）は、法的効力が認められないのである。

　こうして、今日、国際人権は、日本において、憲法のもとで、また憲法の枠

内で、法として尊重され適用されるものとして位置づけられるようになっているのである。

◎国際的に審査される日本の人権状況

　国際人権は、近年、基準設定の面で大きな発展をとげたが、同時に基準監視のメカニズムを充実することによって、各国による国際人権基準の確実な適用を促すようになった。国連人権理事会による普遍的定期審査（UPR）、各国際人権条約のもとの専門家委員会による審査などで、国際人権の適用状況が国際的に監視されるようになってきたのである。そして、日本もその対象として、これまでさまざまな指摘を受けてきた。

　たとえば、2008年5月に行われた人権理事会による日本審査においては、国際人権条約のもとの個人通報制度の受諾、独立した国内人権機関の設置、「慰安婦」問題への誠実な対応、女性に対する差別的処遇の廃止、女性や子どもに対する暴力撤廃、死刑執行の停止および死刑廃止の検討、代用監獄（警察署内の留置施設を拘置施設として代用している問題）の廃止などが勧告ないし提言された。

　また、2008年10月の自由権規約委員会による日本政府報告書の審査においては、規約の適用および解釈を裁判官、検察官、弁護士などの法律専門家に研修を通して周知徹底させること、個人通報を規定する選択議定書の批准、独立した国内人権機関の設置、民法が定める再婚禁止期間および男女別婚姻年齢の廃止、男女間の賃金格差の撤廃、性的暴力の取締りの強化、死刑廃止の検討などが勧告された。

　このほか、女性差別撤廃条約、子どもの権利条約、人種差別撤廃条約、拷問等禁止条約のもとでの日本政府報告書審査においても、各条約の規定の実施に関して、日本に注文がつけられている。

　こうして、日本の人権状況は、国際人権基準に照らして国際的に審査され、問題点が指摘されるようになってきたのである。これらの懸念事項の指摘や勧告・提言は、厳密には法的拘束力をもたないが、これらの条約の締約国として、また、「国際社会において名誉ある地位を占めたい」と前文で宣言する憲法を

もつ国として、日本は誠実に対応することが求められている。

Ⅶ　お わ り に

　人権は、歴史的経緯をたどると、18世紀のヨーロッパにおいて一部の先進的政治思想家によって主張され、それがアメリカ独立やフランス革命を通して国内法上の権利として次第に確立されていった。それ以前にも、先住民族や少数者の保護、奴隷取引の禁止など、特定の人権問題に関する国際法の規定は存在した。しかし、その場合は、人権という形で一般的に理論化されて規定されたわけではない。また、当時は、国際法が国家間の関係を規律する法であったことから、個人に直接権利を認めるという規定の仕方ではなく、国家が遵守すべき規範として機能した。その場合、個人は自らの権利として人権が認められたわけではなく、国家が遵守することの反射的利益として、個人の立場や利益が守られたのである。

　その意味で人権が国際的レベルで一般的に議論され、実定国際法のなかに人権に関する規定が詳細に盛り込まれるようになったのは、第1次世界大戦後の国際連盟とILOを通して、そしてとりわけ第2次世界大戦後の国連を通してであった。その背景には、第1次、第2次世界大戦を通して、難民流出や集団殺害など大規模かつ極端な人権侵害の事例が数多く発生し、その問題に対処する必要にせまられたという事情があった。また、20世紀に入って、交通通信手段の発達や生産技術の向上に伴って、ヒト、モノ、カネ、情報などが頻繁かつ大量に国境を超えて移動するようになり、人権の実効的な保障のためにはそれまでの国内法による保護だけでは十分ではなくなり、国際的な基準の設定と監視による人権の促進と保護が不可欠になってきたという状況の変化も、国際人権という考え方と制度の発達に寄与した。

　ところで、国連のもとでの人権に関する国際法や国際制度の発達には目を見張るものがあるが、それにもかかわらず、現段階においては、人権保障の実際の担い手は、依然として国内法である。ただそれは、それぞれの国が自由に人権基準を定め遵守するという19世紀ないし20世紀初頭までの国内法による人

権保障とは異なり、国際人権条約や国際的監視メカニズムを通して、国際的基準に照らして調和された国内法を通しての人権保障となっているということが、重要である。本書で扱う「国際人権」とは、そのような国際法と国内法の交錯ないし協働関係のなかで機能している生きた法現象なのである。

♣次の設問を考えてみよう。
(1) 人権思想は18世紀のヨーロッパにおいてすでに定着していたが、国際法が人権に関する一般的な規定を設けるようになったのは20世紀に入ってからのことであった。なぜ国際法は20世紀になるまで人権に関する一般規定をもたなかったのか。
(2) 日本国憲法は世界人権宣言に匹敵する人権に関する詳細なかつ包括的な規定を設けている。これらの人権規定は国の最高法規として尊重されなければならない。そうだとすると、日本では、憲法の人権規定を確実に実施すれば十分であって、あえて「国際人権」を問題にする必要がないように思われるが、それにもかかわらず日本で「国際人権」を扱う意味はあるのだろうか。

第2章 人権保護促進のための国際的取組み

I　は じ め に

　人権は究極的にはSDGsの全ての目標の実現にかかわりをもつ。反対に、人権との関連でいうと、目標16は特に重要である。人権は単に憲法や法律、条約があるだけでは実現できない。行政や裁判所、その他の制度や手続きも重要な役割を果たす。目標16では、法の支配の確立、すべての人々が平等に裁判所などの司法にアクセスできること（16.3）、国家は国際法等に従い人々の基本的自由を保障すること（16.10）、持続可能な開発のための差別のない法規と政策を推進し実施すること（16.b）を掲げている。

　人権の保護・促進を第一義的に行うのは国家である。日本では私たち自身の人権が侵害された場合、行政や裁判所に訴え人権を保護してもらうことができる。しかしそれでもなお、人権が守られなかった場合、他に手段はないのだろうか。私たちの人権を直接・間接に守る国際的な制度として国際連合（国連）などの国際的な制度がある。

　ではなぜ、国際的な制度が必要となったのだろうか。歴史的にみて、人権侵害を行うのは主に国家であった。第2次世界大戦以前、ある国の人権状況に関してたとえひどい人権侵害であっても、他国は干渉することが許されなかった。そこで国家が人権を守るように、国連などの第三者機関による監視が必要であると考えられるようになった。このような国際的な人権制度は国連の設立後大きく発展した。

　このように今日、国連をはじめとする国際制度は人権の保護・促進にあたって、重要な役割を果たしている。国連以外にも地域的機構やアムネスティ・イ

ンターナショナルなどのような人権NGOも数多く存在し、国家の人権保護・促進活動を手助けしたり監視したりしている。

　本章では、どのような人権の国際的な制度があり、それらがSDGsの実現とどうかかわっているのかをみていく。

II　国際連合による人権の保護・促進

　国連憲章の前文に「われらの一生のうちに二度まで言語に絶する悲哀を人類に与えた戦争の惨害から将来の世代を救い、基本的人権と人間の尊厳及び価値と男女及び大小各国の同権とに関する信念をあらためて確認し」と規定されるように、第2次世界大戦のなかで多くの人権侵害が起きたことから、国連はその目的の1つとして人権の保護・促進を掲げている。

　2005年、国連全体の改革が進行し、従来の人権委員会に代わって人権理事会が設置され（2006年）、また国連の活動全体に人権が組み込まれた（人権の主流化）。現在国連における人権の保護・促進活動は、多岐にわたる。それらは大別して2種類ある。第1に、国連憲章に基づいた人権機関であり、第2に、人権条約によって設置された委員会（条約機関）の活動である。

◎国連憲章に基づいた機関（charter-based bodies）

　国連憲章に基づいた機関とは、国連憲章上の主要機関およびそれらの下部機関による人権保護・促進活動である。具体的には国連総会、人権理事会、経済社会理事会（ECOSOC）、人権高等弁務官事務所（OHCHR）などがある。

　国連総会（主に第3委員会）は、国連憲章第13条1項bに基づき、世界人権宣言などの国際文書の審議、採択をしているほか、毎年人権問題に関する多数の決議を採択している。国際社会には、国会のような立法機関が不在であるため、世界にあるほぼすべての国の代表が集まる総会において、人権が審議され決議が採択されることの意義は大きい。たとえば、最近の例をとれば、2006年には、障がい者権利条約や強制失踪防止条約、2007年には先住民族の権利宣言が総会において採択された。

2006年の国連総会決議60/251により、総会の補助機関として人権委員会に代わるものとして人権理事会が設置された。そのメンバーは、総会の3分の2以上の票を得た、人権の尊重に積極的に取り組む意欲のある47カ国であり、任期は3年、ただし2回連続して選出された後は再選されない。その会合は年3回以上、また合計年10週間以上でなければならないとされ、ジュネーブで開催される。

　人権理事会には、特別手続き、通報手続き、普遍的定期審査（Universal Periodic Review　以下UPR）の3つの制度がある。

　特別手続きとは、経済社会理事会決議1235（1967年）をもとに、人権委員会が慣習的に発展させたものである。特定国・地域の人権状況（国別手続き）あるいは世界中の人権問題（たとえば女性に対する暴力）（テーマ別手続き）について扱う、特別報告者（独立専門家、特別代表といった呼び名もある）や専門家委員から成る作業部会の総称である。これらの専門家は、ある人権状況について、研究、現地調査などをとおして国際人権基準の履行の監視を行い、多くの場合勧告を含む報告書を理事会に提出する。特別報告者は、個人的な資格で行動し、独立性と不偏性の確保が重要となっている。特別報告者等の任命、報告書の勧告、現地訪問は、国際的に注目されるだけでなく、当該国家にとっては圧力となり、人権侵害の改善に一定の役割を果たしている。

　通報手続きは、人権委員会の時代に1503手続と呼ばれていたものである。1503とは、その設立根拠である1970年の経済社会理事会決議1503号に由来する呼び名である。この手続きの特徴は、個人から寄せられた人権侵害の通報を非公開で審議することである。大規模で、かつ、信頼できる証拠に基づく、一貫した形態の人権侵害が対象となる。

　通報手続きは、基本的に個人あるいは非政府組織（NGO）が、人権高等弁務官事務所に通報を送ることから始まる。それを人権理事会諮問委員会の作業部会、人権理事会の作業部会を経て最終的には人権理事会の非公開会合で審議される。問題となったケースは、公開手続きに移行する。

　UPRは、すべての国連加盟国が4年（2012年からは4年半）に一度、人権理事会の他の構成国によってその国の人権状況について審査を受ける制度であ

る。UPRは次のように進行する。まず審査対象国はガイドラインに基づき報告書を作成し、OHCHRに提出する。OHCHRは当該国の情報をまとめたもの（条約機関や特別手続き、NGOから寄せられたものなど）を国連文書として作成する。審査はまず人権理事会の作業部会で行われるが、審査の進行役として3カ国が地域的バランスを考慮に入れて選出され（トロイカという）、これらの国が提出した質問表に対し、審査対象国が答え、その後、他の国々から出された質問に対象国が答える。最終的には人権理事会の本会合において勧告および結論が採択されるほか、審査対象国の自発的な誓約からなる結果文書が採択される。その大きな特徴は、全国連加盟国が他の国々によって人権状況が審査されること（ピアレビュー）にある。日本は2008年、2012年、および2017年に審査を受け、第3回審査において、死刑廃止、未批准条約の批准、婚外子の人権、国内人権機関の設立などについて指摘された。

　人権理事会の下部機関として、人権理事会諮問委員会が人権小委員会に代わって設置された（2007年）。諮問委員会の会期は年間2週間で、18名の個人的資格の専門家から成る。その任務は、テーマ別の人権問題を調査研究し、人権理事会に対して助言することであり、これまでハンセン病患者、回復者とその家族に対する差別撤廃のための原則と指針（ハンセン病差別撤廃原則及びガイドライン）などを起草している。

　次に、国連憲章上の機関で人権問題を扱うものとして、経済社会理事会がある。国連憲章第62条2項に基づき、人権問題を扱っている。経済社会理事会は、総会の約4分の1にあたる54カ国によって構成される。その重要な任務の1つに、NGOの協議資格の認可がある。経済社会理事会は人権の他に国連システムにおける経済、社会と環境の中心としての役割を果たしており、SDGsの実現に当たっても期待されている。

　経済社会理事会の下部機関として、かつて国連の人権活動の中心的存在であった人権委員会があった。同委員会は国連憲章第68条を受け、1946年に経済社会理事会によって設立された。当初の目的は世界人権宣言を起草することであった。しかし人権委員会は、構成国の国家利益によって、審議が左右されること、アメリカや中国のような大国による人権侵害に関する決議は採択され

ないのに弱小国の人権問題を批判する決議は採択されやすいこと、世界の人権の向上よりも国家利益の追求がより重要視される傾向が強いことなどから、多くの批判があった。人権理事会の設置に伴い、2006年6月16日に60年の歴史を閉じた。

しかし、人権委員会のこれまでの功績は否定すべきではない。世界人権宣言、国際人権規約を始めとする数多くの国際人権文書を起草・採択したほか、独自の人権保護・促進手続き、すなわち特別手続き、1503手続きを構築・発展させ、世界の人権侵害の監視を行ってきたことは、人権の保護・促進にとって、きわめて重要なことであった。

また人権委員会の下部機関として、26名の個人資格の専門家によって構成された差別防止少数者保護促進小委員会（人権保護促進小委員会、人権小委員会）があった。この委員会も、人権理事会の設置に伴い、2007年夏をもって解散した。

最後に、事務局の一部として、OHCHRがある。国連人権高等弁務官の構想は、1950年代から存在していたが、実際に創設されたのはウィーンで開催された世界人権会議後の1993年12月の国連総会決議48/141によってである。人権高等弁務官は、事務次長（USG）のランクで、任期は4年であり、再任は一度だけ許されることになっている。歴代高等弁務官は、アヤラ・ラッソ、メアリー・ロビンソン、セルジオ・ビエラ・デメロ、ルイーズ・アルブール、ナヴァネセム・ピレー、ザイード・ラード・アル・フセインであり、現在はミシェル・バシェレが務める。

OHCHRは条約機関や人権理事会等の会議の事務局を務めるほか、技術援助やSDGsの実現などを行っている。OHCHRは、4つの部から成る。人権理事会および条約部は、主に、人権条約の委員会や人権理事会などの会議の事務局を担当する。特別手続き部は、特別手続きの補佐を行う。調査および発展の権利部は、発展の権利の保護促進を行い、調査のほか、開発プロジェクトに人権の導入をしたり、権利に基づいた開発の推進を行っている。フィールド・オペレーションおよび技術協力部は、現地事務所の統括、諮問的サービスおよび技術援助の実施、人権状況の事実調査団のサポート、国内人権機関の能力の強化、

国連平和活動の人権部のサポート等を行っている。

　ところで、国連の人権機関とはいえないが、安全保障理事会（安保理）も近年、人権にかかわる活動を行うようになった。アパルトヘイト政策を行った南アフリカに対して経済制裁を行ったほかに、最近は多くのPKOに人権の保護・促進に関する部門を導入したり、人権の保護・促進を求める内容の決議を採択したりしている。また、安保理決議によって、旧ユーゴスラビア国際刑事裁判所（ICTY）やルワンダ国際刑事裁判所（ICTR）も設立された。女性や子ども兵士の問題に関する報告書も作成し、審議している。ただ安保理は、あくまで国連憲章のもとで、「国際の平和及び安全の維持を危うくする虞のあるもの」と認定される事態に限り、人権問題を扱うことができる。つまり第一義的任務である、国際の平和および安全の維持に付随した人権問題のみが扱われる。さらに安保理が採択した決議が新たな人権侵害を生むこともあり、それを調整する機関は国連にはないのが課題である。

◎**人権条約に基づいた機関**（treaty bodies、人権条約機関）

　国連憲章に基づいた機関が、加盟国のすべての人権に関し、その保護・促進を図っているのに対し、人権条約機関は、人権の保護・促進の対象を、人権条約の締約国とし、保護・促進の範囲も人権条約上のものに限られる。加えて、人権条約によって設置された委員会も、国家代表によってではなく個人的資格の専門家委員によって構成される。

　人権条約の履行状況を審査する委員会としては、国際人権規約（自由権規約、社会権規約）を始めとして、女性差別撤廃条約、人種差別撤廃条約、子どもの権利条約、拷問等禁止条約、移動労働者条約、障がい者権利条約、強制失踪防止条約の9つがある。

　人権条約機関（委員会）には、4つの制度がある。締約国から定期的に提出される報告書を審査（国家報告制度）するほかにすべての人権条約には個人から寄せられる通報を審査する個人通報制度（これはこの手続きを受け入れた締約国についてのみ適用される）。他の国家による通報を審査する国家通報制度、および人権状況を実際に調査する調査制度がある。

細かい点では条約により異なるが、大まかな流れとしては、次のように進む。

　締約国は、まず人権条約の履行状況に関する報告書を数年に1度提出することが義務づけられている。提出された報告書は、委員会によって審査されるが、審査は裁判形式ではなく、委員が投げかける質問に政府代表が答えていく形の、委員と締約国代表団との間の「建設的な対話」によって進められる。審査の終わりに、委員会は当該人権条約の履行に関する見解を採択する（総括所見）。

　総括所見には、法的拘束力はないが、人権条約の履行は締約国に義務づけられていることから、一定の権威があり、締約国は無視することはできない。

　個人通報は、主に個人から寄せられる通報に基づき、人権条約機関がこれを審査し、人権侵害の救済を図る。人権理事会の通報手続きと似ているが、次の点で異なる。送付できる個人（匿名は不可）は、個人通報を認める条約を批准している国家の管轄下にいなければならない。また、当該人権条約の違反が対象となる。日本は、いずれの条約の個人通報に関する議定書も批准していないことから、ある人が日本において人権侵害にあった場合、個人通報を送ることはできない。しかし、たとえば、日本人であっても、個人通報の議定書を批准している国で人権侵害にあった場合は、個人通報を行うことは可能である。海外に行って、人権侵害にあった場合、私たちも通報を送ることができるのである。このようなケースは実際にあった。日本人で初めて個人通報を行ったのは、オーストラリア旅行中に逮捕された5名である。彼らは、オーストラリアに行く途中のマレーシアにおいてスーツケースが盗まれ、代わりにガイドからスーツケースをプレゼントされたが、その中にヘロインが入っていたのである。それが発覚したオーストラリア（個人通報を認める議定書批准国）において逮捕され、有罪判決を受け、刑務所に入れられた。彼らは自由権規約のもとの個人通報を送付した。個人通報が送られたと知ったオーストラリアは通報が審議される前に2002年、彼らを仮釈放した。彼らはようやく日本に帰国することができた（メルボルン事件）。

　このように、日本が個人通報制度を受け入れていなくとも、同意している国の「管轄下」にあって、自由権規約上の人権が守られていなければ、個人通報を送付できる。だが、いくつか条件がある。たとえば、原則的に個人が、書面

にて行うことが求められ、また、国内の救済手続きをすべて終了していることが条件となる（自由権規約第1選択議定書第5条）。

　個人通報は、個人の人権の直接的な救済につながる。しかし、日本のように個人通報制度を受諾していない場合にはこの手続きは適用されない。また個人が通報を送付できない状況下にある場合も救済されないことになる。さらに委員会の審査には時間がかかるため、審査中に政府によって死刑が執行されるケースもある。何より、委員会が審議の結果出した見解を、必ずしも国家が尊重しないこともあり、それを強制的に守らせる制度がないことも問題である。

　国家通報は、ある締約国が、別の締約国による条約違反を委員会に書面にて通報する制度である。この制度は長いこと一度も用いられたことはない。その理由は、人権侵害をしない国家は存在しないことから、ある国家の人権侵害を別の国家が通報した場合、通報した国家自身も逆に通報されかねず、よほどの政治的な理由がない限り、そのような危険は侵さないためである。また、他に人権理事会や総会、安保理などより適した機関があることもある。しかし、2018年、カタールはサウジアラビアおよびアラブ首長国連邦に対して、またパレスチナはイスラエルの人権違反の通報を、人種差別撤廃委員会に送付し、同委員会はそれぞれの通報を審議できるとし、管轄権を認めている。

　上記の制度の他に、各委員会は条約審査の基準となる、条約を解釈ないし補足するための一般的意見を採択している。たとえば、女性差別撤廃条約には、本来女性に対する暴力（DV）の具体的な規定はないため、委員会は、一般的意見12を採択し、同条約を補った。それによれば、DVは同条約の第2条、第5条、第11条、第12条、第16条にかかわる問題であるとし、締約国が女性に対する暴力についても報告することを要請している。このような、一般的意見には法的拘束力はないが、少なくとも条約の権威のある解釈として認識されており、報告書の審査においては指針となるなど、重要なものとみなされている。

Ⅲ　人権NGOの働き

　人権の保護・促進、SDGsの実施においても人権に関するNGOの働きはきわ

めて重要である。NGOの存在がなければ、国家の人権侵害は脚光を浴びることはなく、人権基準の起草も進まず、国連等の人権活動も停滞し、国家による人権尊重義務の不履行を監視することもできない。つまり、極論すれば、人権の保護・促進はNGOがあって初めて成り立つともいえるのである。そもそも、国連が人権を扱い、そして世界人権宣言を起草することになったのも、背後で人権NGOの果たした役割が大きい。また、SDGsは国家だけでなく、NGOや企業にもその実現の一端を担わせていることから、この分野でのNGOの役割は大きい。

　国連の会議は政府代表によって構成されるが、国連憲章第71条でNGOとの関係も規定している。経済社会理事会は、NGOに協議資格を付与し、国連における討議や活動への道を開いている。協議資格には、「経済社会理事会およびその補助機関のほとんどの活動に関係」する包括的協議資格、「経済社会理事会の一部の活動分野だけについて特別の能力と関心を有する」特殊協議資格、そして、「場合によって経済社会理事会あるいはその補助機関の活動に有用な貢献を行いうる」ロスター（限定的協議資格）がある。人権NGOの場合は、人権問題に特化していることから、特殊協議資格の場合が多い。

　協議資格を得た人権NGOは、経済社会理事会や国連の人権関連会議に出席したり、文書を作成し配布することができる。具体的には、会議において現状を訴えたり、改革の具体案を提案することができるほか、決議や条約の起草に携わったり、ロビイング活動を行ったり、特別報告者による監視活動に対して情報提供もできる。経済社会理事会の下部機関のほか、総会の補助機関である人権理事会への参加もできる。

　協議資格がなくともNGOの活動は可能である。国によっては、NGO職員が代表団の一員として参加することや、人権政策にかかわることを認めている場合もあり、NGOと政府は必ずしも対立的ではなく協力関係にある。人権条約の政府報告書審査においては、NGOは政府報告とは別の人権状況を記したレポート（日本ではこれをカウンターレポートとよぶが、国連ではパラレルレポートもしくはシャドー・レポートと呼び、政府と敵対関係にあるのではなく、むしろ人権の保護・促進を行うパートナーとしてNGOをとらえている）を提出したり、委員にロビイン

グ活動を行うなど、人権の保護・促進にかかわっている。

　国内においても、人権状況の監視・啓蒙活動や、人権侵害を政府に対して訴えるなど、人権の保護・促進活動を行っている。このように、人権NGOは、人権の保護・促進機関としては最も身近なものであり、その活動に参加することによって、国際人権の保護・促進に直接携わることもできる。

　人権NGOとして良く知られるものとしてアムネスティ・インターナショナルがある。これは、ロンドンに本部をおき、日本にも支部があるが、1961年にベネンソン氏が、世界各地の人々に、良心の囚人の釈放が無条件でなされるように、関係国の元首などに手紙を書くように呼びかけたことに始まる。その後、1977年にノーベル平和賞、翌1978年には国連人権賞を受賞している。各国に人権調査団を送り、人権侵害状況について毎年レポートを発行することに加え、人権侵害を行っている政府や集団に対して、それをやめるよう要請したり、被害者を励ます一般市民による手紙（今では、電子メールも可能）も出している。

　ヒューマン・ライツ・ウォッチは、おそらく人権NGOとしては現在最も規模の大きいものであろう。1978年にヘルシンキウォッチとして設立され、1988年に現在のような形態をとるようになった、アメリカに本部をおく団体である。人権弁護士やジャーナリスト、専門家、地域の専門家などが、世界中の人権問題の現地調査を行い、それを冊子やレポートにまとめて刊行することによって、世界中の人々に人権侵害の現状を訴え、国連などでのロビイング活動を通して、政府に対して圧力をかけ人権の保護・促進を働きかけている。

　多くの人権NGOは、西欧諸国に活動基盤をおいており、弁護士や学者、外交官などによって構成されている人権に関する専門家集団である。しかし、自由権に偏っている、途上国における人権侵害を西欧的な尺度で批判している、社会権にはあまり力を入れていないといった問題点も指摘されている。

　日本の人権NGOの状況はどうだろうか。日本のNGOの活動は、比較的歴史が浅い。日本の人権NGOのうち、協議資格をとったものとして、反差別国際運動（IMADR）、ヒューマンライツ・ナウなどがある。たとえば日本国内の人権問題のほか、ミャンマーやインドの状況などについても多くの情報を発信し、

一般の人々もホームページなどを通じて現状を簡単に知ることができる。日本の人権NGOの活動も活発になってきたが、その歴史が浅いこと、資金や専門家が不足していることなどの問題点も指摘されている。しかし、近年日本のNGOの発展はめざましいものがあり、やがてこれらの問題は克服されていくものと思われる。

Ⅳ　国内人権機関

　国連の人権条約を批准し、国内で国際的な人権基準に合致した国内法の整備がなされても、実際に人権が守られていなければ意味がない。裁判は人権侵害後に機能するため、人権侵害を未然に防止することはできない。慣習や伝統ゆえに人権が守られていない場合、社会の考え方を変えていくような何らかの制度が必要となる。さらに、そもそも国内の裁判や行政に問題があると、人権の実現は困難である。これまでみてきた国連のような国際的な人権制度やNGOが果たしうる役割も大きいが、今日、行政や裁判、NGOとは別個の、国内の第三者制度の重要性が認識されている。

　このような国内の制度を国内人権機関（National Human Rights Institutions, NHRI）という。国連は、1990年代前半より国内人権機関の設置を推進してきた。現在、日本には国内人権機関は不在で、人権理事会や条約機関からは設立するようにたびたび勧告を受けている。一方世界の120カ国近くは国内人権機関を設置しており、人権の保護・促進を国家、国連、NGOとともに担っている。

　国内人権機関は、1993年の世界人権会議でその重要性について確認され、同年国連総会決議48/134によって国内人権機構の地位に関する原則（パリ原則）が採択された。パリ原則では、国内人権機関は、憲法もしくは国内人権機関の規程によって政府から独立し、普遍的な人権規範や基準に基づいた広い職務権限が与えられ、構成員は多元的であり、十分な財源があり、適切な権限が与えられるべきとする。またその任務は大別して2つあり、人権侵害の申立ての受理、調査、申立ての解決、紛争の調停および人権に関する活動の監視といった人権の保護活動と、人権教育、研修および能力構築、メディアや刊行物を通し

ての情報の拡散、そして政府への諮問や支援などを通しての人権の促進活動がある。具体的には、人権教育や研修のほか、国内法の整備にあたっての諮問や国際人権法の実現、条約機関等の審査の支援や審査後の総括所見の実施における支援など多岐にわたる。また、国内人権機関の代表が国連の人権関係会議にオブザーバーとして出席し、情報を提供するなどしている。

　1993年、チュニスで開催された第2回国内人権機関ワークショップにおいて、国内人権機関がパリ原則に沿ったものであること、国内人権機関の活動の調整のために、国連人権機関国際調整委員会が設立された。2016年、この委員会はグローバルアライアンス（GANRHI）と名称を変更した。GANRHIは、OHCHRと協力して、パリ原則に従い2つのステータスの国内人権機関をそのメンバーとして認定している。2021年1月現在117カ国の国内人権機関がある。ステータスAは、パリ原則に全て合致するもので、84カ国ある。他方、パリ原則には十分に合致していないもしくは資料の提供が十分でないステータスBがあり、その数は33である。なおパリ原則に合致していない場合（ステータスC）はメンバーにはなれない。ステータスAは、国連の人権理事会およびその下部機関、総会のいくつかの機関において独立した参加資格を有し、GANRHIにおいては、完全なメンバーシップを有し、管理的な地位や投票権をもつ。他方、ステータスBは、GANRHIの会合には参加できるが、管理的な地位や投票権はもたない。このステータスは5年に一度、再認定される。OHCHRは、各国の国内人権機関がパリ原則に合致した活動ができるように支援している。国内人権委員会は国連の人権理事会のUPR等にオブザーバーとして参加ができ、各国の人権状況の向上を国連とともに担っている。

　GANRHIによれば国内人権機関の形態（モデル）は6つある。それは、委員会型、オンブスパーソン型、混合（ハイブリッド）型、協議・諮問機関型、機関・センター型、多様型である。

　日本は、UPR審査の際の勧告が非常に多く、また人権条約機関の勧告も同じものが繰り返されることが多い。その理由の1つに、国内人権機関の不在が指摘されている。国内人権機関の任務の1つが人権機関の勧告のフォローアップであることから、今後日本でも設置の議論が本格化することが望まれる。

V　SDGsとの関係

　この章の冒頭でも述べたように、SDGsのあらゆる側面は人権と関連しており、本章でみた国連の人権制度は直接的間接的にSDGsの実現に関与している。また、SDGsの実現には市民社会の参加も望まれており、人権NGOや国連人権機関もかかわっている。

　国連人権制度はたとえば次のような形でSDGsの実現を担っている。

　まず、SDGsのハイレベル政治フォーラム（HLPF）への情報の提供がある。たとえば、人権理事会や人権条約機関は、SDGsが実行される際、どういった人権に注意を払わないといけないのか、あるいは目標となっている人権の事項をどのように実現できるのか（できていないか）について情報を提供している。たとえば、人権理事会は、2019年にHLPFと持続可能な2030アジェンダと人権に関する対話と協力に関する2日間の会合をもった。そのうち第1回目の会合は「人々のエンパワーメントと包括性と平等の確保」と題し、SDGsの目標4、8、10、13、16および17の実現のグローバルな進展について評価した。そこで、SDGsの実現にあたってどのSDGsの目標と人権の間の協働や連携がどのような意味をもつのかが明らかになった。それを受け、第2回会合は、「加速する行動と変化する経路：持続可能な開発のための行動と遂行のための10年の実現のために」のテーマに焦点を絞り、議論された。どのように人権の制度が行動と遂行の10年に貢献できるかについて報告をまとめている。条約機関も同様に、HLPFに情報提供をしている。

　次に、政府報告書審査を通してSDGsの実施状況をチェックする場合がある。たとえば、女性差別撤廃委員会（CEDAW）は、政府報告書審査の際、SDGsの実施についても報告を含むように政府に要請している。条約の締約国に限られるが、SDGsの条約上の権利に関連する箇所については、委員会によって各国の履行状況が審査され、フォローアップが求められることになる。

　最後に、各国はHLPFに対してSDGsの実施状況を報告する自発的国家評価（Voluntary National Reviews, VNR）をしている。このようなVNRが困難となる

途上国への支援をOHCHRが行なっている。OHCHRは、さまざまな分野において諮問サービスと技術援助を行なっており、間接的直接的にSDGsの実現につながっている。また、OHCHRはSDGsの17の目標と国連の9つの人権条約の条文の対応表をまとめており、ホームページに掲載している。人権の観点からSDGsをどのように具体的に実現できるのかを知り、実行に移す上で、専門家や学習者にとって非常に有用なものとなっている。

Ⅵ　おわりに

　本章では、国連の人権制度、すなわち国連憲章に基づいた機関と人権条約機関の活動についてみてきた。そのほか、人権の実現にあたって重要な役割を果たしている人権NGOおよび国内人権機関についてもみた。

　SDGsの実現のあらゆる側面において人権はかかわっている。SDGsの担い手として、国家だけでなく、さまざまな人権制度や機関そして私たち1人ひとりも関与している。ここでみた制度や機関のうち、もっとも身近なものはNGOであろう。NGOの発する情報をホームページを通して見てみたり、ボランティアをしたりすることによって、私たちも国内外の人権の保護・促進、そしてSDGsの実現に携わることができるだろう。

♣次の設問を考えてみよう。
  (1)　国際人権制度はなぜ重要なのだろうか。
  (2)　国連にはどのような人権保護・促進制度があるのか、まとめてみよう。
  (3)　SDGsの実現にあたって、国連の人権制度はどのような活動をしているのだろうか。

第3章

国際人権章典

I　はじめに──国際人権章典とは何か

　人権の保護促進は、第2次世界大戦の反省から平和と不可分の関係にあるものとして国連憲章の目的の1つに掲げられた。

　国連憲章の前文は、基本的人権と人間の尊厳および価値の普遍的な尊重と遵守や男女の同権への信念を掲げ、第1条3項で人権を諸国の国際協力の達成の目的として明記した。第56条では人権および基本的自由の普遍的な尊重および遵守の目的達成のために加盟国が共同および個別の行動をとることを誓約している。しかし、諸国の憲法のように遵守すべき人権の具体的な内容、すなわち権利章典（Bill of Rights）を条文化することは、憲章起草の時点では時間的余裕がなかったこともあり実現しなかった。そこで国連発足後に国連人権委員会の設置にあたって与えられた最初の任務が、「国際人権章典（International Bill of Human Rights）」の起草であった。

　国際人権章典は、世界人権宣言と国際人権規約の採択という形となった。それらの人権文書は、すべての個人を対象とし、広範囲にわたる人権を一般的かつ包括的に保障することを目指したものである。

　2030アジェンダの第10と第19の段落において、このアジェンダが基礎を置くものとして、世界人権宣言および人権諸条約が国際法、国連憲章と並んで明記されている。

　本章では、「国際人権章典」として起草された世界人権宣言と国際人権規約が保障する人権の具体的内容を概観し、次に実施措置についてのべ、最後に国際人権章典とSDGsとの関連、日本の課題について概観する。

Ⅱ　国際人権章典の制定作業——宣言、次に条約を

　国連人権委員会に付与された「国際人権章典」の作成作業は、諸国の異なる人権観をまとめあげていくという困難な過程であった。国連発足当時、加盟国は51カ国で、現在の193カ国という加盟国数と比べると3分の1以下であったにもかかわらず、人権の概念、国家の果たす義務の内容などについて、諸国の見解の対立が激しかったからである。とりわけ、東西冷戦による社会主義国と資本主義国の理念上の対立は、国際人権章典の起草にも影響した。

　国連人権委員会の初代委員長として国際人権章典の起草委員会の議長となったエレノア・ルーズベルトの提案に沿って、人権委員会は、国際人権章典の作成を、単一の文書という方針を変更して、最初に拘束力のない宣言、次いで拘束力のある条約、という二段階の手順で進めていった。

　1948年にはまず、世界人権宣言が国連総会決議の形で採択された。その後、1966年に国際人権規約が採択された。世界人権宣言が社会権と自由権を同時に含めたのに対して、国際人権規約は「経済的、社会的及び文化的権利に関する国際規約」（社会権規約）と「市民的及び政治的権利に関する国際規約」（自由権規約）に分けて採択されるという経緯をたどった。自由権規約について個人通報手続きを設置できる「市民的及び政治的権利に関する国際規約選択議定書」（自由権規約選択議定書）も同時に採択された。ここに掲げた4本の人権文書の形で国際人権章典は実現した。なお、自由権規約選択議定書は、その後、1989年に死刑廃止に関する第2選択議定書が採択されたため、第1選択議定書とよばれるようになった。

Ⅲ　国際人権章典の規定する人権

◎世界人権宣言

　SDGsの中でも明記されている世界人権宣言は、1948年12月10日の国連総会において決議217A（Ⅲ）として採択された。同宣言は、ソ連（当時）やサウ

ジアラビアなど8カ国の棄権があったものの、反対0、48カ国の賛成で採択された。

　世界人権宣言は、その前文で、人権が「固有の尊厳と平等で譲ることのできない権利」だとして、人権の基礎が「不可譲な人間の尊厳」にあるとした。同宣言は「すべての人民とすべての国とが達成すべき共通の基準」であり、主権国家に法的義務を課すものではないが、国連加盟国を含む「社会のすべての個人およびすべての機関」に対して人権の尊重保護を強く求める勧告的文書である。さらに、世界人権宣言は、対象とする個人を国籍によって区別せず、内外人平等の理念に立つ。

　世界人権宣言は全30カ条から成る。第1条から第21条までは自由権を、第22条から第26条までは社会権を、そして第27条は文化的権利を掲げている。自由権とは、一般的に国家に対し不当な介入を控えるよう求める権利のことをいう（したがって消極的権利ともよばれる）。社会権とは、一般的に人権の実現のために国家に対し積極的関与を求める権利をいう（したがって積極的権利ともよばれる）。文化的権利とは、伝統的な芸術、文学、音楽、演劇、大衆文化だけでなく、科学や情報を受け取る権利をも含む。広くは教育の権利や学問の自由も含む知的精神的権利とされる。

　世界人権宣言の人権のほとんどは、後の2つの国際人権規約においてさらに詳細に規定されている。しかし、世界人権宣言のなかには、迫害からの庇護を他国に求め、享受する権利を定め（第14条）、財産権（17条）の規定をおくなど、後の国際人権規約では実現をみなかった権利も明記されている。

　世界人権宣言は、その他にも第28条で「社会的および国際的秩序への権利」を定める。これは後に述べる「第三世代の人権」である集団的権利の萌芽ともいえ、国際協力により権利を達成する国家の義務を意味する。第29条では個人の社会に対する義務とともに、他の者の権利や自由の承認、「民主的社会における道徳、公の秩序及び一般的福祉の正当な要求を満たすことを専ら目的として法として定められた」場合のみの人権の制限、国連憲章目的に反する権利行使の禁止も規定されている。

　世界人権宣言は、法的拘束力を伴わない勧告として採択されたが、国際人権

法の発展に与えた影響は大きい。今日においては、同宣言のなかの多くの規定は、慣習国際法としての地位を得ていると考えられる。

　さらに世界人権宣言は、国連機関においては、人権侵害の有無を判断する基準、実際上の法的な規範として機能している。たとえば通報手続きにおける重大な人権侵害の有無の判断基準は、世界人権宣言であり、国連人権理事会の普遍的定期審査の審査基準の１つにも世界人権宣言が入っている。

◎国際人権規約——自由権規約と社会権規約

ⅰ）**人権の政治化と２つの国際人権規約**　　国際人権章典の第二段階が条約の形で国際人権規約として実を結んだのは、世界人権宣言の採択から18年後の1966年であった。当時世界は冷戦のさなかにあり、東西両陣営のイデオロギー論争、脱植民地化の影響は国際人権規約にも及んだ。当時は権利の性質のイデオロギー論争が履行確保措置のあり方にも結び付けられた。そのため、国際人権規約は、結局、経済的、社会的、文化的権利を規定した社会権規約と市民的、政治的権利を規定した自由権規約、さらに自由権規約第１選択議定書に分かれて、それぞれ別個の文書として成立した。

ⅱ）**国際人権規約の一体性**　　両規約の前文は、ごく一部を除いて同一の内容であり、両規約が国際人権規約として関連しあって存在するという、人権本来の相互依存性、不可分性による一体性を示した。両規約の前文は、世界人権宣言と同様に、人権の淵源が「人間の固有の尊厳に由来する」ことを明記した。

　２つの国際人権規約は、共通第１条にすべての人権の前提として人民の自決権を規定した。その内容は、すべての人民が自らの政治的地位を自由に決定し、その経済的、社会的および文化的発展を自由に追及する権利とされた。人民の自決権の主体は「すべての人民」（all peoples）であり、集団的な権利である。これは典型的には植民地支配のような抑圧的な状況における人民が想定されている。国際司法裁判所は、「西サハラ事件」（1975年勧告的意見）や「東ティモール事件」（1995年判決）において、人民の自決権を一般国際法上の権利として確認した。ただし、人民の自決権が、植民地支配からの解放以外に、国家からの

分離独立のための根拠となるかどうかについては争いがある。先住民族、少数民族の権利も集団の権利を構成しうるが、自由権規約では第27条少数者の権利のなかで個人の権利として検討されている。

　両規約とも一般的原則として、人民の自決権のほかに差別禁止原則と男女平等原則を規定する。まず規約のそれぞれ第2条には、規約に定める諸権利が、「人種、皮膚の色、性、言語、宗教、政治的意見その他の意見、国民的もしくは社会的出身、財産、出生または他の地位」によるいかなる差別もなく適用されるという人間の平等（差別禁止原則）に基づくことが規定されている。さらに規約に定められる諸権利が、男女の間で平等に適用されることついては、双方の規約の第3条にも規定されている。

ⅲ）**国際人権規約の人権規定**　　国際人権規約のうち社会権規約は、人民の自決権、差別禁止原則、男女平等原則を一般的に規定したうえで、保障されるべき人権を次のように定める。

　まず経済的権利として、労働の権利および労働条件（第6条、第7条）、ならびに団結権およびストライキ権（第8条）を規定する。次に社会的権利として、社会保障（第9条）、家族および母親と子どもの保護（第10条）、生活水準および食糧の確保（第11条）、健康に対する権利（第12条）を規定し、最後に社会権や文化権の要素をあわせもつ教育に対する権利と無償教育（第13条、第14条）、および科学・文化への権利（第15条）を定める。

　自由権規約は、社会権規約と同じく、人民の自決権、差別禁止原則、男女平等原則を一般的に規定するとともに、具体的に次のような権利を定める。

　市民的権利としては、まず身体的自由に関して不当な刑罰や身体的拘束を厳しく禁止している。具体的には、生命に対する権利と死刑の制限・禁止（第6条）、拷問または残虐な刑罰の禁止（第7条）、奴隷・強制労働の禁止（第8条）、身体の自由、逮捕・抑留の要件（第9条）、被拘禁者の取扱い（第10条）、契約不履行による拘禁の禁止（第11条）、移動・居住・出国の自由（第12条）、外国人の恣意的追放からの保護（第13条）、公正な裁判を受ける権利（第14条）、遡及処罰の禁止（第15条）、法の前に人として認められる権利（第16条）が定められ、社会権規約に比べて、条文数も多い。市民的権利については、このほか、精神

的自由として、プライバシーの権利（第17条）、思想・良心・宗教の自由（第18条）、表現の自由（第19条）、戦争宣伝・差別等の扇動など憎悪唱道の禁止（第20条）、集会の自由（第21条）、結社の自由（第22条）、婚姻の自由（第23条）がある。さらに政治的権利として、選挙・公務に参加する権利（第25条）が規定されている。市民的権利と政治的権利は必ずしも区別しうるものではなく、思想の自由、表現の自由、集会の自由、結社の自由などは市民的権利であると同時に政治的権利ともなりえよう。自由権規約が重視する差別禁止については、第2条、第3条が一般的原則として規約の権利全体に及ぶ他、個別の条文においても差別禁止が明記されているものがある。法の前の平等に関する第26条は、人種、皮膚の色、性、言語、宗教、政治的意見やその他の意見、国民的もしくは社会的出身、財産、出生または他の地位などあらゆる差別を禁止している。また、特定の集団として、子どもの差別のない保護や出生後の国籍取得などの権利が規定され（第24条）、少数者（マイノリティ）については、文化、宗教、言語に関する権利の保護（第27条）が定められている。

　自由権規約第4条は、「国民の生存を脅かす公の緊急事態の場合において……事態の緊急性が真に必要とする限度においてこの規約に基づく義務に違反する措置をとることができる」とする。同時に、2項において緊急事態の場合にも制限されてはならない人権の保障についても明記している。このような人権を「逸脱不可能な権利」（Non-Derogable Rights）とよんでいる。これに該当する人権は、生命に対する権利と死刑の制限・禁止（第6条）、拷問または残虐な刑罰の禁止（第7条）、奴隷・強制労働の禁止（第8条）、契約不履行による拘禁の禁止（第11条）、遡及処罰の禁止（第15条）、法の前に人として認められる権利（第16条）、思想・良心・宗教の自由（第18条）である。

　第4条3項では、「義務に違反する措置をとる場合、国連事務総長を通じて規約の他の締約国に直ちに報告する」としている。COVID-19の蔓延により緊急事態を宣言または予定する国々が急増した。2019年1月から2020年3月までに第4条のもとの措置を国連事務総長に通知した国は20カ国にも及んだ。自由権規約委員会は、2020年4月に第4条に基づく措置をとる締約国に通知義務を直ちに果たすこと、緊急事態の開始と停止について公式に宣言すること、

上記の逸脱不可能な人権規定についても運用を確認する声明を発出した。

ⅳ）2つの国際人権規約の相違　　社会権規約と自由権規約は、前文や人民の自決権の規定など共通する部分もあるが、締約国の義務と履行確保措置の規定の仕方には相違をもたせて設計された。社会権規約第2条1項は、規約の権利の実現の漸進的な達成という文言により、社会権規約を実施する締約国の義務は、その国の財政などの利用可能な手段を最大限用い、国際協力を通じたものも含めて行動することを約束する、とした。他方で、自由権規約第2条1項は、漸進的な達成の文言はなく、締約国が必要な行動をとる即時的実施義務であると解されてきた。しかし、利用可能な手段を最大限用いることは自由権においてもあてはまり、即時的な実施が必要とされる社会権も多い。社会権規約上も権利の完全な実現のために積極的な措置をとることが求められている。

　また、規約の保障する人権が誰を対象とするかについても、両規約の規定の仕方は異なっている。自由権規約では、自由権規約第2条1項が、規約の締約国の管轄下のすべての個人に対し、いかなる差別もなしにこの規約において認められる権利が保障されるとしている。いいかえると、自由権規約は、世界人権宣言と同様に内外人平等の理念に立つ。社会権規約は、管轄下のすべての個人の文言はないが、各条文で「すべての者」の権利を認めている。社会権規約第2条3項は、途上国については、人権と自国経済の双方を考慮して、規約の経済的権利の漸進的実施をどの程度まで外国人に保障するかを決定できるとしている。しかし、いったん立法された法律に不平等があってはならず、区別を設ける場合、合理的理由がなければならないとされる。

ⅴ）留保と解釈宣言　　条約を批准する際に、留保（reservation）を付することで、条約の特定の規定に自国が拘束されないこと、あるいは一定の制限のもとでのみ拘束されることをあらかじめ他の締約国に認めさせることが可能である。留保は無制限に可能なわけではなく、国家は、規約の目的と両立しない留保を付することはできない。自由権規約委員会は、留保が条約目的に照らして許容できるかの判断を行うことができる（一般的意見24）。いずれの人権条約の実施機関も、留保の許容性についての評価をすることができると国連国際法委員会の条約の留保に関する実行の指針においても認められている。日本は、自由権規

約については留保はしなかったが、社会権規約には留保を付した。すなわち日本は、社会権規約第7条（d）の「公の休日についての報酬」に拘束されない権利、第8条（d）に規定される同盟罷業（ストライキ）をする権利、第13条2項（b）（c）の中学校・高等学校における無償教育の漸進的導入の規定を留保し、締約国からの反対もなかったため認められた。なお第13条2項（b）（c）について、日本政府は2012年に閣議決定で留保撤回を決定し、国連に通知した。

　留保と同様に、条約を批准する際には、解釈宣言を付するということもある。解釈宣言とは、留保のようにある条文の拘束力を排除ないし制限するという法的効果は生まないが、ある条文の文言を自国ではこのように解釈するということをあらかじめ断っておくことである。

　日本は、社会権規約第8条2項、自由権規約第22条2項の「警察の構成員」には日本の消防職員も含まれると解釈することを宣言し、消防職員の団結権、ストライキ権が制限される余地を残している。

◎人権の普遍性・不可分性・相互依存性とウィーン宣言

　国際人権章典をはじめとする国際人権基準がはたして普遍的な価値を表現しているかどうかについては、見解の対立があった。そもそも、国際人権章典の最初の文書である世界人権宣言は、国連加盟国56カ国で採択されており、当時は日本を含むかなりの国が国連加盟国ではなかった。その後国連加盟国は193カ国にまで増加し、世界人権宣言や、植民地が残っていた時代の1966年に採択された国際人権規約が普遍性をもつ人権文書といえるのかどうかが問われた。たとえば1990年代初めにマレーシアやシンガポールが、アジアにはアジアの人権があるとしてアジア的人権観を声高に主張したのはその一例である。

　こうした人権の普遍性の問題が正面から国際的に議論されたのが、1993年のウィーン世界人権会議であった。会議の最終日に、ウィーン宣言および行動計画（ウィーン宣言）が採択され、ウィーン宣言第5項は、「すべての人権は、普遍的であり、不可分かつ相互に依存し相互に関連し合っている」とし、人権の普遍性、不可分性、相互依存性を承認した。ウィーン宣言は地域的な人権も排除はしていないが、それが普遍的な人権を損なう形で主張されてはならない

としている。

ウィーン宣言が普遍性に加えて公式に確認した原則は、自由権と社会権の不可分性と相互依存性である。国際人権規約の起草段階で、社会権、自由権の2つの規約に分けることで決着をみたことはすでに述べた。また、自由権は第一世代の人権、社会権は第二世代の人権、集団的権利は第三世代の人権としてカテゴリーに分け、歴史的に人権の生成を理解することもできる。しかし、個々の人権の保護、促進といった人権の実現にとっては、カテゴリーは必ずしも助けにはならない。実際には、人権は、自由権的な要素と社会的な要素の双方を伴うことも珍しいことではないからである。たとえば、労働組合を結成する権利は労働者の団結権として社会権に分類されるが、それは同時に自由権としての結社の自由の権利でもある。労働に関する権利は、社会権規約（第6‐8条）と自由権規約（第22条）に規定があり相互に補完し合っている。

人権の普遍性、相互依存性、不可分性の観点からは、国家は国際人権規約の社会権規約、自由権規約をともに批准することが望ましい。人権の保障を実効的に促進できるからである。日本は両方の規約を1979年に同時に批准している。条約の批准状況は、2021年現在、社会権規約が171カ国、自由権規約が173カ国である。

Ⅳ　国際人権規約の実施措置

◎自由権規約委員会

自由権規約委員会（Human Rights Committee）は、自由権規約の履行監視機関（monitoring body）である。自由権規約第28条に基づいて設置され、18人の個人的資格の専門家が締約国による規約の実施状況について、監視を行う。実際には、1年に3回、春夏秋にそれぞれ3週間ずつジュネーブの国連の会議場で定期会合をもつ。自由権規約委員会には、政府報告書の審査、国家通報の処理および個人通報制度という3種類の自由権規約の実施措置において規約の履行を監視している。そのほか、緊急事態にも柔軟に対応できるように、特別会合も開催できる。

　自由権規約委員会は、各規約履行の監視の任務を果たしながら、規約の保障する規定や諸権利の内容を明確にするための研究を行う。その成果が、一般的意見（General Comments）である（自由権規約第40条4項）。一般的意見は、自由権規約委員会による規約の文言などの一般的な解釈を文書化したきわめて権威の高いものである。締約国の政府報告書の作成や、その審査の際に頻繁に参照される。

ⅰ）**国家報告制度の審査**　　　自由権規約の締約国の政府は、批准してから1年以内、その後原則として5年ごとに、自由権規約の国内における履行状況に関する政府報告書を、自由権規約委員会に提出する（第40条1項、2項）。国家報告制度と呼ばれるこの制度は、条約の実施措置の基本となるものであるが、定期とされる5年は柔軟に運用されており、最長6年として随時サイクルが決められている。締約国政府は条約の実施状況について条文ごとに政府報告書に記載することが求められる。政府報告書に対して、パラレルレポートといって、人権関連のNGOが政府報告書に批判的なコメントを加える報告書が出されることもある。委員会は、パラレルレポートの他、国連機関や特別報告者の報告書、他の条約機関などから信頼できる情報を用いて審査にあたる。

　自由権規約委員会による政府報告書の審査は、委員と政府代表が同席して、質疑応答が繰り返される。この委員と政府代表とのやりとりは、規約履行のための専門家からの締約国政府への助言という趣旨から建設的対話（constructive dialogue）とよばれる。NGOからのパラレルレポートにおいて出された情報や他の情報源に基づいて、委員から政府に質問が及ぶこともある。1992年からは、建設的対話の後、自由権規約委員会が統一したコメントとして、政府報告書に対して総括所見（Concluding Observations）を出すようになった。政府は、総括所見で指摘された問題を、次回報告書までに改善するよう求められる。自由権規約委員会は総括所見について、審査国にはその内容を国内に周知して検討することを求め、国連総会には年次報告書に掲載して報告をする。2002年からは総括所見のフォローアップ制度により、総括所見の中でも懸念が高い数項目について建設的対話を継続するために早期に情報提供を求めてきた。フォローアップ制度には特別報告者も任命される。

国家報告制度は重要な履行確保措置であるが、報告書提出の遅れ（バックログ問題）や不完全な報告書により審査の遅滞が問題となっている。これを受けて、自由権規約委員会は2009年、国家報告制度に新方式である事前質問事項方式（List of Issues Prior to Reporting Procedure, LOIPR Procedure）を採用することを決定した。新方式では、自由権規約委員会が先行して事前質問事項表を作成し、それに対しての政府による書面の回答により報告書とみなすため、報告書作成の政府への負担の軽減が見込まれる。質問表先行方式を採用するかどうかは締約国が選択できる。2014年の国連総会の決議（人権条約機関の強化68/268）により自由権規約以外の全ての人権条約でも同様の改革が進んだ。

ⅱ）**国家通報制度**　　　自由権規約の締約国は、他の締約国の規約の不履行について自由権規約委員会に通報を行うことが認められている。自由権規約委員会は、通報について非公開で検討し、関係締約国が満足するように斡旋などを通じて解決を図る。これを国家通報の処理という。国家通報は、あらかじめ自由権規約第41条に基づいて通報を受け付けてよいという宣言をした締約国に対するもののみ受理される。現在、第41条の受諾を宣言している締約国は50ヵ国である。しかし、これまでに、同条に基づいて通報された事例はない。

ⅲ）**選択議定書と個人通報制度**　　　自由権規約の第1選択議定書は、締約国の管轄下の個人が、政府によって自由権規約の保障する人権を侵害された場合に、被害者である個人が通報を行い、自由権規約委員会に審査を求める個人通報制度を設けた。2021年現在、116ヵ国が自由権規約第1選択議定書を批准している。2008年には社会権規約選択議定書も採択され2013年に発効した。

　自由権規約委員会が個人通報を受理できる要件は、①氏名・連絡先など形式的条件を満たしていること、②自由権規約の保障する権利の違反の事案であること、③自由権規約第1選択議定書の締約国の管轄下にある個人によるものであること、④国内的救済を尽くしていること、⑤他の国際的手続きを利用していないこと、等である（自由権規約手続き規則第80条1項）。

　受理された個人通報は、非公開で受理可能性審査と本案審査を行い、本案審査を経た場合は規約違反の有無について、委員会の見解（view）が示される。緊急の場合に委員会が締約国に暫定措置を命ずることも可能である。委員会の

●資料3-1　国連の採択した主要人権条約のもとの委員会と実施措置

人権条約名	委員会名	国家報告制度	国家通報制度	個人通報制度	調査制度	防止制度
自由権規約	自由権規約委員会	○	○※1	○※2		
社会権規約	社会権規約委員会	○※3	○※2	○※2	○※2	
人種差別撤廃条約	人種差別撤廃委員会	○	○※1	○※1		
女性差別撤廃条約	女性差別撤廃委員会	○		○※2	○※2	
拷問等禁止条約	拷問禁止委員会	○	○	○		○※2
子どもの権利条約	子どもの権利委員会	○		○※2		
移住労働者権利条約	移住労働者委員会	○		○		
障がい者の権利条約	障がい者権利委員会	○		○※2	○※2	
強制失踪防止条約	強制失踪委員会	○	○	○		

備考：※1　宣言が必要　　※2　関連の選択議定書の批准が必要　　※3　経済社会理事会決議により設置

見解は、法的拘束力はないものの、自由権規約委員会の総意として権威がある。フォローアップ制度は、1990年に開始されており、見解の実施についての調査と勧告が行われ、履行が一層促されるようになっている。

　自由権規約委員会の年次報告書（2020年）によれば自由権規約のもとの個人通報制度は、1977年に開始されてから93カ国にかかわる3624件の通報の登録がなされたうち、1577件の見解の採択がされた。そのうち、1213件が規約違反の見解となっている。年次報告書は個人通報の規約違反について毎年掲載をしている。個人通報制度は準司法的な手続きであるが見解には拘束力はなく、国家の協力が不可欠である。個人通報制度においても建設的対話やフォローアップによる説得の力により事態の改善が図られうる。

◎社会権規約委員会

　社会権規約委員会（Committee on Economic, Social and Cultural Rights）は、社会権規約の履行監視機関で、政府報告書や個人通報の審査にあたる。同委員会は、1985年の経済社会理事会決議1985/17によって設立された。それまでは国連の経済社会理事会の15カ国の代表が社会権規約締約国の報告を審議していたが、個人的資格の専門家18人から成る社会権規約委員会が設けられて、社会権規約の履行監視活動は大きく前進した。委員会は年に2回ジュネーブの国

連において3週間ずつの会合をもつ。

　社会権規約委員会も1989年から一般的意見を採択してきた。その内容は、締約国の報告や規約の国内適用といったテーマに関するものから規約の規定する権利に関するものまである。社会権規約委員会は、これらの一般的意見を国家報告制度の審査の経験から作成してきたが、同時に、一般的意見を作成し公表することで、締約国や、国連専門機関や他の国際機構による効果的実施を促進することも目的としている。教育に対する権利（一般的意見13）、到達可能な最高水準の健康に対する権利（一般的意見14）、水に対する権利（一般的意見15）などSDGs目標の効果的実現に資するものも多い。

　社会権規約委員会では、規約の規定する権利の「漸進的な達成」という義務の意味を確定することが、喫緊の課題であった。社会権規約委員会は、一般的意見3において漸進的義務の意味内容を検討した。委員会は、権利の完全な実現のための行動を、「規約の効力発生後、合理的短期間の間にとること」とし、その行動は、「計画的、具体的で、かつ規約上認められる義務に合致するためにできる限り明確に目標づけられたものであるべき」だとした。また、同じ一般的意見3では、各権利が、「少なくとも最低限の不可欠なレベルの充足を確保する最低限の中核的義務（a minimum core obligation）」を伴うとしている。かりにある締約国において、相当数の個人が、不可欠な食糧、基礎保健、基本的な教育などを奪われている場合には、その締約国は規約の義務の不履行の状況にあるとみる。最低限の中核的義務が履行できない場合、自国の利用可能な手段を最大限に用いても実現できなかったと抗弁をするためには、「最低限の中核的義務を優先事項としたうえで、利用できるすべての資源を用いるあらゆる努力をしたことを立証しなければならない」としている。利用可能な手段には、国内で得られる手段に加えて、国際的な支援による手段も含まれる。以上の理解により、社会権規約の締約国は、最低限の中核的義務の実現に優先順位を与えなければならない。委員会は、同じ一般的意見3で、さらに、規約の差別禁止原則と、男女平等原則については、即時的実施義務があるとしている。

　社会権規約委員会は、一般的意見や審査国の総括所見の中で、国家の義務を3つの側面に区別する試みも行った。尊重義務（権利を国家が害しない消極的義

務）、保護義務（国家のみならず私人による権利侵害からも個人を保護する積極的義務）、充足義務（権利を実現するためにあらゆる適切な措置をとる積極的義務）という３側面である。とりわけ、社会権規約上の義務は、充足義務にあたり、法的、制度的な整備、意識啓発のみならず、環境の整備、直接的な給付が義務に含まれるとしてきた。

ⅰ）**国家報告制度**　　社会権規約は第16条、第17条により、自由権規約と同様に国家報告制度を備えている。政府報告書の頻度については初回の報告ののち５年ごとを目安にしてきた。政府報告書には、各国の国内法制度などの基本情報の他、義務の履行に影響を及ぼす要因や障害を記載することができる。自由権規約と同様、遅延レポートの問題があり、３回の報告を１本の政府報告書にまとめることも認める措置をとるなどの工夫をしている。2014年の国連総会の決議（人権条約機関の強化68/268）により事前質問事項（LOIPR）に回答する方式も導入された。

　社会権規約委員会も、政府報告書の審査を経て、自由権規約委員会と同様に、当該政府に対する総括所見を出す。総括所見を出すまでに、社会権規約委員会は、一般的意見３や充足義務にみた規約上の義務の理解に立って、社会権規約の保障する権利の実現のために締約国政府とともに建設的対話を行う。委員会は、具体的な権利の実現のための行動を明確にし、目標を立て、締約国が次の報告書までに目標を達成できるように促してきた。政府報告書審査の総括所見は年次報告書として経済社会理事会に提出される。

　SDGs目標１の貧困の撲滅に関連して、貧困や格差に直面する締約国の個別の総括所見において社会権規約の果たす役割も大きい。社会権規約委員会は総括所見の中で、貧困問題に対して国家行動計画（NAP）の策定、その評価のための測定可能なターゲットや指標の提示、進捗が見られない場合には成長モデルの見直しの提案を行ってきた。同様に、気候変動に関するSDGs目標13に関連して、社会権規約委員会は、気候変動がもたらす規約上の人権の侵害について利用可能な手段を最大限用いないことは規約上の違反になるとしている。このように、国家報告制度の総括所見を通じて、SDGsの目標の実現が目指されてもいるのである。

ⅱ）個人通報制度　　社会権規約選択議定書には2021年現在26カ国が批准している。2013年の選択議定書の発効から2020年までに162件の個人通報が登録されており、件数は増加傾向にある。自由権規約と同様に、受理可能性を含めた手続規則を設けている。また、議定書の第9条に委員会の見解の追跡調査として自由権規約と同じくフォローアップ制度も設けている。

　なお、社会権規約選択議定書は第10条で国家通報手続を、第11条で調査手続を設けた。これらはそれぞれ宣言が必要となっているが、2021年現在これらの手続きは開始には至っていない。

Ⅴ　世界人権宣言、国際人権規約とSDGs

　すべての人の人権保障を目指す世界人権宣言、自由権規約、社会権規約は、SDGsのいずれかの目標と関連をもっている。

◎世界人権宣言とSDGs

　世界人権宣言は「誰1人取り残さない」という出発点をなしており、SDGsのすべての目標と関連がある。特に、生活水準についての権利（第25条）は広範囲に関係し、貧困、飢餓、健康に関するSDGs目標1～3、安全な飲料水に関する目標6、エネルギーや技術へのアクセスに関する目標7と目標9、さらには、持続可能な環境への権利にかかわるSDGs目標11～15にも関係する。グローバル・パートナーシップに関するSDGs目標17は、社会的および国際的秩序への権利（第28条）が特に関係する。目標17の技術面のターゲット17.6には科学的進歩から利益を享受する権利（第27条1項）も関連する。宣言の第28条は、このほか、国際協力による食糧供給の公平分配、ユニバーサルヘルスカバレッジの達成、教育協力などとの関係でSDGs目標2、3、4ともかかわりをもつ。

◎自由権規約とSDGs

　世界人権宣言の多くの権利を条約として詳細に規定した自由権規約は、特に

SDGsとの関係では差別の禁止にかかわるSDGs目標10や人と国の不平等に関するSDGs目標16との関連する規定が多い。

SDGs目標10は、自由権規約の規定する差別禁止原則（第2条1項）とともに法の前の平等（第26条）がかかわる。また、選挙・公務に参加する権利（第25条）も関係する。

SDGs目標16は、暴力の減少についてのターゲット16.1、子どもへの虐待・搾取・取引や拷問の撲滅に関するターゲット16.2との関係で、生命に対する権利（第6条1項）、拷問等の禁止（第7条）、身体の自由と逮捕抑留の要件（第9条)が不可欠である。法の支配の促進と司法への平等なアクセスに関するターゲット16.3については、救済措置を求める者の権利（第2条3項）、公正な裁判を受ける権利（第14条）、遡及処罰の禁止（第15条）が関係する。出生登録に関するターゲット16.9には法の前に人として認められる権利（第16条）、ターゲット16.7の参加型の意思決定に関連して、選挙・公務に参加する権利（第25条）、ターゲット16.10の情報への公共アクセスの確保に関しては情報を受ける権利（第19条2項）が関係している。

目標10と目標16の他にも、SDGs目標と自由権規約の規定はさまざまに関係する。たとえば、自由権規約と社会権規約が共通第1条人民の自決権の2項で定める天然資源への権利は、SDGs目標12ターゲット12.2.の天然資源の持続可能な管理および効果的な利用や気候変動への対策の目標13、海と陸の資源の持続的利用についての目標14、目標15と関連する。

◎社会権規約とSDGs

社会権規約は人権条約のなかでもSDGsとの関連が深い。社会権規約委員会はSDGsのハイレベル政治フォーラム（HLPF）の求めに応じ、2019年に発出した声明の中で、SDGsの実現の基盤として、社会権規約の権利基底的アプローチが役割を果たすと述べた。SDGsは、社会権規約が取り組んできた貧困など社会的、経済的、文化的に排除され不利益を被り、周縁化されている人の権利の保護・充足と重なるほか、SDGsも社会権規約も、最貧国、島しょ国、紛争影響国などの脆弱な国々の必要や状況に対応するという意味で目標を共有して

いるとする。

　規約上の権利にはSDGs目標やターゲットと関連するものが実に多い。委員会声明は以下のように規約上の権利とSDGsの関係を示している。SDGs目標5と他の目標におけるジェンダー主流化は男女の平等（第3条）と関係する。労働の権利（第6条から第8条）は、SDGs目標8と関係し、社会保障（第9条）は、SDGs目標1－3、5、10にわたって関係する。家族および母親と子どもの保護（第10条）は、SDGs目標3と5に関係する。生活水準および食糧の確保（第11条）は、SDGs目標1、2、6、7、さらに11から16までと世界人権宣言第25条と同様に広範囲に関係する。健康に対する権利（第12条）はSDGs目標3と目標6に関係する。教育に対する権利（第13条）、無償教育（第14条）はSDGs目標4に対応できる。科学・文化への権利（第15条）の1項(a)の文化的な生活に参加する権利はSDGs目標16や目標2のターゲット2.5、目標4のターゲット4.7、目標8のターゲット8.9、目標11のターゲット11.4、目標12のターゲット12.bと関係しており、同条1項(b)の科学の進歩およびその利用による利益を享受する権利はSDGs目標9、10と関連している。SDGs目標10は差別禁止原則（第2条2項）にかかわる。目標16のターゲット16.5のあらゆる形態の汚職やわいろを大幅に減少させるターゲットも社会権規約委員会の関心と重なる。目標17のグローバル・パートナーシップについても、国際協力により規約上の権利を実現することが重要としている第2条1項、第11条2項と関係する。目標17との関係では、ビジネス活動の文脈で国家が負う義務に関する社会権規約委員会の一般的意見24も関係する。そこでは、規約上の国家の義務が締約国の領域内や管轄下の個人のみならず、域外における人権についての義務にも及ぶこと、自国を拠点とする企業による人権侵害の防止についての義務にも及ぶとしている。

　社会権規約委員会は総括所見を通じ、SDGsの実現についても言及をしている。その際に脆弱な人々を対象ではなく権利保有者としてとらえて、そうした人々の人権救済へのアクセス権、政策策定への参加、差別の禁止を確保することでSDGsの実現がより促進されるとする。

　社会権規約の権利の保護、充足は締約国に法的義務を課し、SDGsの実現に

法的基盤を与える。人権の相互依存性・不可分性という性質を考えれば、自由権規約に規定される権利の保障が関係してくる。2つの国際人権規約に規定される権利の充足のため国際的、国内的な実施義務を締約国が果たすこと、両規約の普遍的な批准がなされることはSDGsを補完する上で大変重要であることがわかる。

<h2>Ⅵ　国際人権規約と日本</h2>

◎国家報告制度と日本

　日本は、1979年6月に社会権規約と自由権規約に同時に加入し、これらの規約は日本について同年9月に発効した。

　日本の人権状況は政府報告書の審査を通じて建設的対話がなされ、一定の成果があった。たとえば、アイヌ民族を少数民族、先住民族として認めるかどうかについて、自由権規約委員会への日本の第1回政府報告書（1980年）では、アイヌ民族を含め少数民族は日本には存在しないというものであったが、政府報告書審査を経るなかで2008年に国会が「アイヌ民族を先住民族とすることを求める決議」を採択し、政府としても、公式にアイヌ民族を先住民族と認めることになったのである。

　非摘出子（婚外子）の差別は、両規約委員会の総括所見で出生にもとづく差別の禁止に反するとの懸念が重ねられ、変化を促した。非嫡出子の国籍差別や法定相続分の差別規定については、最高裁判所で2008年と2013年に違憲判決がそれぞれ下され、国会でも国籍法の改正（2008年）、民法改正による差別規定の削除（2013年）がなされた。社会権規約においても、アイヌを先住民族と認めたことが評価されるほか、高等学校の授業料無償化、待機児童ゼロ作戦の実行、非嫡出子に関する国籍法の改正を肯定的側面として評価している。

　しかし、両規約に照らし、日本の人権状況には課題が多い。両方の総括所見でパリ原則に沿った独立性のある国内人権機関の設立が求められ、女性、子ども、マイノリティへの直接・間接の差別への懸念が多く指摘されている。

　自由権規約委員会の第6回政府報告書の総括所見（2014年8月）の主な懸念

事項および勧告として以下が含まれている。公務分野や経済分野での男女格差や女性の参画の一層の拡大の必要性、マイノリティ女性の権利、ジェンダーに基づく暴力と対応する刑罰化、ハラスメント対策、性的志向等に基づく差別、ヘイトスピーチと人種差別、死刑制度の廃止や死刑確定者の処遇、「慰安婦」当事者の被害の継続、人身取引、技能実習生制度の悪用、精神障がい者の非自発的入院、代用監獄、庇護申請者や不法移住者の退去と収容、ムスリムの監視とプライバシー権の侵害、特定秘密保護法の適用と規約第19条の要件の適合性、福島原子力災害後の住民の安全、学校での体罰の禁止、先住民族の権利としてアイヌの人々の土地や資源利用・言語教育の問題の指摘等である。

　社会権規約委員会は、第3回政府報告書の総括所見（2013年5月）の主な懸念事項および勧告として概要以下の点をあげた。社会保障費の削減への懸念、法制度における女性、非嫡出子、同性カップルへの差別的規定の改正、包括的な差別禁止法の必要性、刑としての強制労働の廃止、労働（同一労働同一賃金、労働契約、労働時間、最低賃金、男女の賃金格差、セクシャル・ハラスメント、在留資格にかかわらない労働関連法の適用）、高齢者の貧困と年金の保障、東日本大震災・福島原発事故後の災害復興計画に人権の視点を含めること、原子力発電施設の安全性にかかわる情報の開示、「慰安婦」の社会権の享受、高校授業料の無償化の朝鮮学校への適用、外国人児童の不就学、義務教育の教材費を含めた完全無償化の漸進的導入、アイヌの人々の生活水準の向上、アイヌ語の保存、政府開発援助のGDP比0.7％の国際基準目標の達成と開発協力政策における社会権規約上の権利を含む人権アプローチ等である。

　日本はこれらの総括所見に誠実に対応し説明をする責務を条約上負っている。これらは日本国内におけるSDGs課題でもある。

◎裁判所による両規約の適用

　両規約委員会の総括所見では国会や政府への対応を求めるものが多いが、委員会は、日本の国内裁判所および司法関係者に対しても、規約上の権利の適用が限られていることについて懸念を表明している。日本は国際法については、受容方式をとっており、いったん批准した条約は国内法としても効力をもつ。

国際人権規約も自動執行力すなわち裁判での直接適用が可能な規定内容であれば憲法や法律と同様に裁判規範とすることができる。直接適用ができない規定であっても、間接適用によって条約の趣旨を生かした解釈が可能になる。

　自由権規約については、1993年の東京高裁の判決で、自由権規約第14条3項（f）を直接適用して無料で通訳の援助を受けることの保障を認めた。1997年の徳島地裁の「徳島刑務所における受刑者への弁護士接見妨害事件」などの刑事手続きに関する事例において、自由権規約第14条1項が受刑者と弁護人の接見する権利を保障しているとして、直接適用をした。二風谷ダム判決でも、札幌地裁は自由権規約を憲法第13条の幸福追求権の解釈、国内法である土地収用法第20条3号の解釈指針として用いており、間接適用を行った事例といえる。このように徐々に裁判のなかで、自由権規約が引用され、直接適用、間接適用される例も出てきていることは、司法による国際人権規約の実現という意味で重要である。

　社会権規約については、障害福祉年金の受給者資格に国籍差別があることを争った最高裁の塩見事件（1989年）で、社会権規約第9条のすべての人の社会保障への権利に具体的な権利性を認めないとし、社会権規約の直接適用をしなかった。しかし社会権規約は「すべての者に」として権利を付与しており、差別禁止（第2条2項）や男女平等（第3条）など裁判でも直接適用できると解されている。社会権規約委員会は、社会権規約の司法適合性に配慮した司法専門家への研修を行うことや、一般的意見9にあるように社会権規約の国内適用について規定が自動執行力がない場合にも関連法の制定を含めて必要な措置を講じることを求めている。

　ところで、日本の民事訴訟法（第312条）では、最高裁判所への上告理由を憲法の解釈や憲法違反に限っており、条約違反の主張は適法な上告理由にあたらないと判断される。刑事訴訟法においても上告理由は憲法違反に限られる。地方裁判所、高等裁判所レベルで人権条約を直接、間接に適用して判決を出すだけでなく、最高裁判所で裁判官が国際人権規約を適用して人権規約違反について判断することで人権規約に照らした司法救済が進むことが望まれる。

　日本は、自由権規約の第1選択議定書、社会権規約の選択議定書を批准して

おらず、他の人権条約についても同様に個人通報制度を受け入れるかどうか日本政府は検討の段階である。個人通報制度は、日本の三審制の上にたつ司法審査ではない。個人通報制度の結果として出される見解は国際的に高い権威を有するものではあるが、規約違反がある場合勧告の指示に従った救済措置を講ずるかどうかは、最終的には司法機関も含めた統治機構の意思に任されている。そのため、司法の独立が脅かされるということにはならない。現在、個人通報制度を定める自由権規約第1選択議定書には、先進国のなかではアメリカと日本のみが未加入という状況である。

　日本は世界的な人権状況からみると、改善が進んできた国である。しかし人権条約の発展は著しい。日本は、さらに人権条約の締約国として国内的実施について一層の責務を果たすことが必要である。日本はまた、他国の人権状況改善に努力することも期待される国であるといえる。すべての人の人権を規定した国際人権章典を日本と諸外国における人権状況を照らす鏡として用い、共通の関心事項として経験を共有し、行動していくことが政府はもちろん、私たちにも求められている。

♣次の設問を考えてみよう。
　(1)　ウィーン宣言にかかげる人権の普遍性・不可分性・相互依存性とは何か。
　(2)　日本の個人通報制度への参加の意義と課題について家族、知人、同僚と話し合ってみよう。

コラム 1　　ヘイトスピーチ

　ヘイトスピーチとは、人種、民族、宗教、国籍、性など変えられない属性を理由とする差別的憎悪表現を指す。

　2009年、京都の朝鮮学校が長時間の過激な街頭宣伝を伴うヘイトデモ、ヘイトスピーチにさらされた。この事件は、2011年4月、京都地裁において侮辱罪、威力業務妨害罪などの有罪判決が下された。同じ事件の民事訴訟で京都地裁は、人種差別撤廃条約上の人種差別に該当するとし、それが民法の不法行為となる事実を認め、損害賠償の支払いを命じた。この経緯と被害者の苦しみを中村一成著『ルポ京都朝鮮学校襲撃事件──〈ヘイトクライム〉に抗して』(岩波書店、2014年)が描き出した。

　自由権規約委員会は第6回日本政府報告書審査の総括所見(2014年8月)で、「韓国・朝鮮人、中国人又は部落民などのマイノリティーグループの構成員に対する憎悪及び差別を先導している広範囲に及ぶ人種差別主義的な言説並びにこれらの行為に対する刑法及び民法における保護が十分でないこと」に、規約上の権利第2条、第19条、第20条および第27条との関係で懸念を表明した。自由権規約第20条は、「差別、敵意又は暴力の先導となる国民的、人種的又は宗教的憎悪の唱道は、法律で禁止する」としている。人種差別撤廃条約第4条(a)(b)は、人種的優越性に基づく差別・煽動のさまざまな形態は、法律で処罰される犯罪とすることを規定している。日本は、この第4条(a)(b)を留保しており、その理由として、「日本国憲法の下の集会、結社及び表現の自由その他の権利の保障と抵触しない限度においてこれらの義務を履行する」としたのである。

　2016年、ヘイトスピーチ解消法(本邦外出身者に対する不当な差別的言動の解消に向けた取組の推進に関する法律)が施行された。立法過程では憲法第21条で保障される表現の自由の制約を認められるかどうかが問題となってきた。しかし、人権条約に適合するようヘイトスピーチへの対処と表現の自由を整合させた。

　ヘイトスピーチ解消法はヘイトスピーチの直接の禁止や犯罪となるようなヘイトスピーチについて処罰の規定を欠いており、被害者の適用範囲も適法に日本に在留するものに限られている。人種差別撤廃委員会の一般的勧告35にある被害者の救済措置も設けられていない。人種差別撤廃委員会は引き続き総括所見で懸念を表明している。2019年の「川崎市差別のない人権尊重のまちづくり条例」は、一定の深刻なヘイトスピーチ行為に対して罰金や氏名の公表などの行政上の罰則規定を備えた。

　ヘイトスピーチについては人権条約機関の総括所見の勧告や助言をふまえ、より十分な体制にする必要がある。属性を理由にしたヘイトスピーチや差別を禁止する法律も必要である。それは無差別に関するSDGs目標10の達成にもつながる。

第4章　人身の自由と拷問等の禁止

I　は じ め に

　SDGsとこの章で扱う人権問題は、一見あまり密接な関係がないようにみえる。しかし、本章で見るように目標16だけでなく他にも多くのSDGsの目標が関連していることがわかる。

　本章では人身の自由のうち、死刑や奴隷制および拷問の禁止といった人権について、その内容、国際社会や日本の現状、SDGsの意義について検討する。

II　生命に対する権利および死刑

　「日本でよく守られていると実感できる権利は何か」と聞かれたとき、「生命の権利」と即答する人はごく少数だろう。毎日を無事に生きることができるのはあまりにも当たり前すぎて、生命の危機に直面するのは極めて特殊な場合だからだ。しかし、日本でも生命に対する権利が保障されるようになったのは、第2次世界大戦後のことである。大戦前は、不敬罪や治安維持法違反を理由に、多くの人が逮捕され死刑や重罪に処せられた。

　一方世界では、今日でも多くの人が日本では考えられないような理由によって、生命の危険にさらされている。独裁政権下で反政府の立場にいる人たちはもとより、言論や宗教、出身、ジェンダーを理由に、生命の権利が危くされる人が何百万人といる。イランでは女性の姦通罪を理由に死刑となる人や、インドでは結婚持参金（ダウリー）が充分でない花嫁が夫の親族によって拷問を受け死にいたらしめられたりすることがある。また、バングラデシュでは寡婦は

夫の死の際、生きたままともに火葬にされる習慣が一部で残っている。

　世界人権宣言は、第3条で「すべての者は、生命、自由及び身体の安全に対する権利を有する」と規定し、また、自由権規約では第6条1項で、「すべての人間は、生命に対する固有の権利を有する。この権利は、法律によって保護される。何人も、恣意的にその生命を奪われない」と規定している。

　市民的及び政治的権利に関する国際規約（自由権規約）委員会はこの条文に関する一般的意見で、生命に対する権利は、至高の権利であると述べている。それは、国家の非常事態においてさえも、国家は守らなければならない重要な権利とされる。この権利が大事なのは、人間は生きているからこそ、人権の実現が可能となるのであって、他の権利の前提となるからである。

　自由権規約の第6条は、たとえば殺人、拷問や死刑などといった形で恣意的に命が奪われないと規定する。しかしそれだけでなく、社会権的な生存権も含まれると自由権委員会は考える。締約国は、この権利を実施するために積極的な措置をとることが要求され、特に栄養失調、伝染病をなくす措置において、幼児死亡率の減少、平均寿命の引き上げのために可能な、あらゆる措置をとることが望ましいと委員会は同じ一般的意見で述べている。その意味で、第6条の生命に対する権利は、SDGsの目標のほとんどに関係があるのである。

◎死刑の廃止

　アムネスティ・インターナショナルによれば、現在56の国と地域で死刑が存置・適用され、その多くは、途上国であり、アジア諸国が多数を占める。反対に、法律上・事実上の死刑の廃止国は142であり、先進国のほとんどは死刑を廃止している。そのうち死刑が残っているのは、日本とアメリカだけである。ただ、アメリカの場合、半分近い州で、死刑を廃止している。2019年、世界の196カ国中のわずかに20カ国で、判明しているだけで657件の死刑が執行されている。日本もそのうちの1カ国である。

　2012年の国連総会でも、死刑廃止に向け死刑の執行のモラトリアム（停止）を設けることを、決議した。国際的には、死刑廃止への流れが顕著であり、執行の数も減少している。

◎死刑廃止に関する関連条約

　自由権規約第6条は、死刑を禁止してはいない。しかし、重大な犯罪のみに適用されること、権限のある裁判所が言い渡した確定判決によってのみ執行されうること、18歳未満の者や妊娠中の女性に対しては死刑を執行してはならないこととしている。第6条の一般的意見6では、死刑の行使を限定すること、死刑は最も重大な犯罪に限定されるべきであること、重大な犯罪以外は廃止すべきこととしている。さらに、これまでの委員会の慣行では、死刑が仮に執行される場合、それは残虐であってはならないとされる。アメリカも州によって死刑の執行方法が異なり、電気椅子によるものは残虐であるとされた。とはいえ、死刑自体から生還した人はおらず、生きた人間を死に至らしめるものである以上、残虐ではない死刑はないという考え方が強まってきている。

　死刑の廃止を義務化しているのは、死刑廃止議定書としても知られる自由権規約の第2選択議定書である。現在、88カ国が批准している（日本は未批准）。各締約国は、その管轄内において死刑を廃止するために、あらゆる措置をとることが義務づけられている。

　このほか、地域的人権条約として、「死刑を廃絶する人権に関する米州条約議定書」「人権および基本的自由の保護のための欧州条約の第6議定書（欧州人権条約）」「人権および基本的自由の保護のための欧州条約の第13議定書（欧州人権条約）」などがある。

◎死刑と日本

　一般的に死刑存続派は、死刑による凶悪犯罪の抑止、被害者家族の気持ちへの配慮、国民の意識調査の結果などを根拠に主張する。日本政府は、自由権規約委員会の政府報告書審査などで、死刑を存続する理由として、国民の意識調査の結果、多数が死刑存続を支持していることをあげている。しかし、すでに死刑を廃止したフランスにおいて、廃止前に行った世論調査では、死刑存続が多数であった。また、アメリカの死刑のある州とない州とで犯罪率を比較した結果、死刑が必ずしも犯罪抑止にはつながらないという分析結果もある。

　自由権規約委員会は、政府報告書に対する総括所見で日本政府に対して死刑

廃止に向けた措置を講ずること、未批准の死刑廃止議定書に加入すること、死刑確定者の面接および通信に対する不当な制限をやめること、死刑確定者の家族および弁護士に死刑の実施日を通知すること、単独室収容は期間を限定した例外的な手段とすべきこと、減刑、免刑についても考慮すべきことなどを勧告している（2008年）。国連人権理事会の普遍的定期審査（UPR）の審査でも日本が死刑を廃止するよう多くの国から指摘を受けている。

　さらに日本の場合、死刑の確定から執行まで、きわめて長い時間がかかり、死刑がいつ執行されるかわからない不安な精神状態に死刑囚が長期間おかれていることが、国際的に批判されている。たとえば1996年から2005年までに執行された死刑の確定判決から執行までの期間は、平均で7年5カ月であった。刑事訴訟法上、再審請求などがあった場合を除いて、判決確定から6カ月以内に執行されなければならないことになっている。しかし、死刑執行には、命令書に法務大臣の署名が必要で、多くの大臣が、在任中に署名することを先延ばしにする傾向があるために、死刑がなかなか執行されないという事情がある。再審請求をしている人の場合、拘置期間が20年を超えることもある。

　死刑がある限り、無実の人に対して死刑が執行される可能性はなくならない。また、殺人を犯した人が、殺人を禁じている国によって死刑によって命が絶たれるのは、矛盾だとみる人もいる。被害者の立場からすれば、大切な人を殺されたのだから、殺人者は自分の命を絶つことで、罪を償うべきだ（応報刑、目には目を、歯には歯をの考え）とされる。

　このように生命に対する権利との関連で、日本が国際的に非難されている問題の1つは、死刑問題である。国際的には、死刑の制度の廃止・停止している国の数は増加しており、死刑の執行の数も減少している。日本において仮に死刑が執行されるのであれば、それが国際基準に合致する必要がある。死刑の廃止への一般的な議論も世論が死刑を求めているという理由から滞っているが、廃止も含め、死刑制度について考える必要があるだろう。

III 拷問または残虐な刑の禁止

◎拷問の実態

　ヨーロッパを旅すると、都市に拷問博物館があったりする。そこには恐ろしい拷問器具などが保存されている。拷問は、最も古い人権侵害だといわれる。拷問は中世のものと思うかもしれないが、現在でも世界中で行われている。

　2006年12月10日（人権デー）に、アウグスト・ピノチェト元チリ大統領が死去した。彼は、大統領時代に、反対派に対して拷問、ら致、殺人などによって大規模な人権の抑圧を行ったことで知られていた。2004年のチリ政府公式報告書によれば、在任中の16年間に死者・行方不明者は3000名を超えたという。しかし、実際にはもっと多いともいわれる。彼は後に1998年、殺人、殺人未遂、拷問等を行ったことを理由に、スペインが引き渡しを要求し、療養中のイギリスにおいて逮捕されたことで、再び脚光を浴びることになった。しかし、実際には彼がスペインに引き渡されることはなく、2005年のチリ最高裁判決も彼の健康を理由に、裁判の継続を中止した。

　アムネスティ・インターナショナルの報告によれば、1997年から2000年半ばまでで、150カ国以上において公務員による拷問、虐待があり、80カ国以上で拷問の結果、死亡しているという。犠牲者のほとんどは刑事犯罪の被疑者ないし有罪判決を受けた受刑者で、拷問実行者は警察官や刑務所の看守が大半であった。拷問の方法は、殴打、電気ショック、拘禁中の強姦と性的虐待、身体の宙ずり、脅迫、水中に沈めること、眠らせないことなどが知られている。

　拷問はなぜ起こるのか。途上国のなかには、拷問が合法化（刑罰としての身体刑、四肢切断など）されているところもある。合法化されていなくとも、拷問が違法だという認識不足、警察官や刑務所看守の訓練不足、人手不足、刑務所の過密などによって、刑務所内の秩序を保つ目的で拷問が実行されている。拷問は、ジェンダーや人種による差別や偏見によって助長されることもある。拷問が行われている国の国内法の改正のほか、拷問の背景となっている差別や偏見の除去、法執行官の教育・訓練、刑務所の増加、実行者の処罰などが、解決の

糸口となるだろう。

　しかし、拷問は、途上国だけでなく先進国においても存在する。とりわけ問題となったのが、アメリカである。9.11テロ事件直後、ブッシュ（ジュニア）大統領は大統領権限に基づいて、世界中で、無制限にテロ容疑者の身体拘束を許す大統領令を発した。アル・カーイダの一員ないしそれと関係があると疑われただけで、正式な法的手続きなく逮捕され、キューバのグアンタナモにあるアメリカ軍基地に送られ、すさまじい拷問が行われた。自由の国を創設するという目的でできたアメリカにおいて、テロリズムを防止するという名のもとに多くの人権が抑制されるという現実がある。

◎拷問とはなにか

　拷問及び他の残虐な、非人道的な又は品位を傷つける取扱い又は刑罰に関する条約（拷問等禁止条約）（第1条）によれば、拷問とは次のようなものをさす。

> 「身体的なものであるか精神的なものであるかを問わず人に重い苦痛を故意に与える行為であって、本人若しくは第三者から情報若しくは自白を得ること、本人若しくは第三者が行ったか若しくはその疑いがある行為について本人を罰すること、本人若しくは第三者を脅迫し若しくは強要することその他これらに類することを目的として又は何らかの差別に基づく理由によって、かつ、公務員その他の公的資格で行動する者により又はその扇動により若しくはその同意若しくは黙認の下で行われるものをいう。」

　つまり、第1に、「激しい苦痛を故意に与える」ことである。これは肉体的な拷問だけでなく、精神的あるいは心理的拷問も含まれる。第2に、情報や自白を得たり、罰したりする目的が存在することである。第3に、公務員その他の公的資格で行動する者によって行われることである。彼らの同意や黙認も含まれる。拷問等禁止条約は、公務員ないし公的資格をもった人による拷問を対象としており、私人によるドメスティックバイオレンス（DV）などは含まれていない。ただし、アムネスティなどは、より広義の立場をとり、こういった私人によるものも拷問に入るとしている。

◎関連条約の拷問禁止規定

　人権条約では、拷問の禁止をどのように規定しているのだろうか。

　自由権規約第7条は、「何人も、拷問又は残虐な、非人道的若しくは品位を傷つける取扱い若しくは刑罰を受けない」と規定している。またこれとの関連で身体の自由について自由権規約第9条1項では、次のように規定している。

> 「すべての者は身体の自由及び安全についての権利を有する。何人も、恣意的に逮捕され又は抑留されない。何人も、法律で定める理由及び手続きによらない限り、その自由を奪われない。」

　特に拷問に注目して規定しているのは、拷問等禁止条約である。この条約は、とりわけ1970年代にチリなどの軍事独裁政権による拷問が、国際的に非難されたことから、これを禁止する国際文書の必要が叫ばれたことを背景として起草され、1987年に発効した。批准国は、171カ国である。拷問等禁止条約は、拷問禁止委員会によって履行が監視されている。また拷問禁止委員会には、選択議定書によって締約国の拘禁施設を直接訪問する拷問禁止委員会の下部委員会（拷問禁止小委員会）ができた（2006年6月22日に発効）。この議定書の批准国は、91カ国である。日本は、1999年6月29日に拷問等禁止条約を批准したが、選択議定書には加入していない。

　拷問等禁止条約は、拷問の定義をしているほか、国家に対して拷問を防止するための立法上、行政上、司法上その他の効果的な措置ととること、拷問およびその未遂、共謀、加担等に関して、自国の刑法上の犯罪とする義務を締約国に負わせている。さらに、締約国は外国で拷問を行った容疑者が領域内にいる場合、その者を「引き渡すか訴追するか」の義務を負う。引き渡しをしない場合、容疑者の国籍国や拷問の行為が行われた国（行為地国）でない第三国でも、逮捕し裁く義務がある（普遍的裁判権）。たとえばかつてベルギーは、拷問を行なった前チャド大統領がセネガルに逃亡していたにもかかわらず、拷問等禁止条約の締約国であるセネガルが訴追も引き渡しも行わなかったことを不服として、国際司法裁判所（ICJ）に提訴した。これに対してICJは、セネガルが拷問等禁止条約に違反していると結論づけ、これを受けセネガルは国内法を整備し、

前チャド大統領を訴追した。

　拷問等禁止条約はまた、第3条で「いずれの者をも、その者に対する拷問が行われるおそれがあると信ずるに足りる実質的な根拠がある他の国へ追放し、送還し又は引き渡してはならない」（ノン・ルフールマンの原則）を規定し、拷問のおそれがある国への送還、引き渡しを禁じている。

　最後に、国際刑事裁判所（ICC）規程も、人道に対する罪の1つとして拷問を規定している（第7条）。ICCは、個人の刑事責任を問う国際裁判所で、行為地国か国籍国が締約国であれば、管轄権を行使することができる。しかし、ICCはあくまでも国内の裁判所を補完するもので、国内裁判所をさしおいて容疑者を裁くことはできない。

◎日本における拷問

　日本においても、自白を得るために警察の留置場で、拷問が行われている、あるいは懲罰という名のもとに刑務所で拷問が行われているという指摘がある。

　たとえば、警察の捜査段階での自白偏重に伴う拷問が問題となっている。2003年の鹿児島県議選の買収をめぐる事件では、容疑者を精神的に追い詰めていき、自白を強要する「たたき割り」とよばれる捜査の手法が問題とされた。鹿児島地裁は、「自白は捜査官の強圧的な誘導に迎合した疑いがある」として、無罪を言い渡し、この判決は確定している。また、2012年の、脅迫メールを送信したとして誤認逮捕された学生らも、自白によっていったん罪を認めたが後にパソコンのウイルスによるものと判明し、自白までの経緯に問題がなかったかが問われている。

　自由権規約委員会も刑事裁判における多数の有罪判決が自白に基づく事実に深い懸念を示してきた。特に自白が強要により引き出される可能性を排除するため、警察留置場を拘置施設に代用すること（代用監獄）の廃止や捜査の可視化をはじめ、起訴前釈放制度の導入を勧告した（2008年）。

　次に、刑務所の中における拷問がある。名古屋刑務所事件は2002年から2003年に起きたもので、革手錠および高圧の放水の結果受刑者が死亡したり、

その他受刑者に対する傷害が問題となった。

　この事件がきっかけとなって、2006年「刑事施設及び受刑者の処遇等に関する法律」が施行された。この法律は、それまでの監獄法の問題点を改善し、代用監獄として批判されてきた警察の留置部門と捜査部門を明確に分けた。しかし、国際的な基準からみて、まだ不十分な面も少なくない。たとえば、警察における留置期間が国際基準からみると長い点、また刑務所内の宗教的な礼拝に一定の制限がある点、さらに不服申立て制度が独立した、法律に基づいて設置された機関によるものではない点、信書や書籍、面会について制限がある点などである。

　日本は、2007年と2013年に第1回および第2回政府報告書審査がそれぞれ行われた。委員会は、拷問の定義を、適切な刑罰とともに、特定の犯罪として拷問を特徴づけるすべての構成要件を含める形で国内法に取り込むべきこと、未決拘禁の期間が国際基準に照らして長いことの改善、留置場における拷問の実態、拷問を誘発する自白による有罪判決が多いことへの懸念、「国際連合被拘禁者処遇最低基準規則」に従って刑事施設の状況の改善、法執行官の人権教育、ノン・ルフールマン原則の徹底、死刑確定者が条約上のあらゆる法的保障措置および保護を受けられることなどを勧告した。

　この条約には個人から条約上の義務違反について通報を受けつけ審議する個人通報制度が用意されている。日本は国内的に人権侵害について訴えるための独立した第三者機関が不在で、裁判による訴えも必ずしも有効ではないことなどから、勾留施設における拷問等の被害者は、国際的な制度により救済されることがきわめて重要である。その意味で、個人通報制度の受入れが課題となっている。

IV　奴隷の禁止および強制労働の禁止

　多くの人は、奴隷制や奴隷貿易は、過去のものと認識しているかもしれない。しかし、国際労働機関（ILO）によれば奴隷の数は現在4000万を超え、かつての奴隷貿易の時代よりも多い。

奴隷条約によれば、奴隷制とは「その者に対して所有権に伴う一部又は全部の権能が行使される個人の地位又は状態」（奴隷条約第1条）である。一般的に、奴隷は精神的ないし肉体的な脅迫によって、強制的に働かされ、使用者に所有され、財産として売買される。自由はなく、ただモノのように扱われ、非人間的な境遇におかれ、当然のことながら基本的な人権は無視される。

奴隷制の歴史は古く、古代ギリシャや古代ローマにもあった。最も問題となったのは大航海時代に入ってからの、環大西洋奴隷貿易である。労働力の確保のために多くのアフリカ人がヨーロッパやアメリカなどに連れて行かれ働かされた。18世紀になると、奴隷制は、人権の概念の進展とともに禁止の方向へ進む。イギリスにおいては、18世紀末にクェーカー教徒を中心に奴隷制に反対する市民運動が起こった。そして、1807年には奴隷貿易法ができ、奴隷貿易を禁じた。しかし、貿易は違法となったものの、奴隷制度は存続し続けた。1833年の奴隷制度廃止法によって、ようやく奴隷制度は違法とされた。

アメリカでは北部では段階的に奴隷制度が廃止されていったものの、南部において奴隷による経済的な効用の方が重要と考えられ、存続し続けた。アメリカを分断させた南北戦争の結果、リンカーン大統領は1862年奴隷解放宣言を発した。そして、奴隷制を禁止した合衆国憲法修正第13条が1865年に成立した。とはいえ、奴隷制の影響は今でも人種差別という形で負の遺産として残っている。

かつての奴隷は、現代のお金に換算すると、1人当たり450万円で取り引きされ、病気などしないように、財産として大切に扱われた。しかし、今日の奴隷の価値は、1万円程度といわれ、使い捨てのように扱われ、事態はきわめて深刻である。さらに、伝統的な奴隷だけでなく、女性や子どもの人身売買、売買婚、強制売春、大規模農業における債務奴隷などさまざまな形をとっており、現代的な形態の奴隷制に変化している。

◎関連する条約、条文

奴隷制は国際法上も、多くの二国間、多数国間条約によって禁止されてきている。国際連盟のもとで結ばれた奴隷条約は、今日でも奴隷制禁止の基本的な

条約である。1926年、国際連盟が起草した奴隷条約は、奴隷制および奴隷取引の防止と、廃止の義務が規定された。後に国連が起草した1957年の奴隷制廃止補足条約には、さらに新たな形態の奴隷制が加えられている。たとえば、債務奴隷、農奴制、女性の強制結婚、女性の売買婚、子どもの労働搾取などが、新たな奴隷制として列挙されている。

　世界人権宣言は、第4条において、また自由権規約は第8条において、奴隷制を禁じている。自由権規約第8条は、次のように規定している。「何人も、奴隷の状態に置かれない。あらゆる形態の奴隷制度及び奴隷取引は、禁止する。（1項）」「何人も、隷属状態に置かれない（2項）。」

　隷属状態（servitude）とは、従来の奴隷（制度）に加え、1957年の奴隷制廃止補足条約に掲げられた新たな奴隷制、そして売春、麻薬取引、その他の精神的暴力によって、強制的に従属させられる状態も対象となる。

　奴隷制を含む強制労働に関しては、ILOがこれまでいくつかの条約を採択している。主なものとして、1930年に採択した強制労働条約（ILO第29号条約）および1957年に採択した強制労働廃止条約（ILO第105号条約）などがある。このうち、強制労働条約では、強制労働を、「或ル者ガ処罰ノ脅威ノ下ニ強要セラレ且右ノ者ガ自ラ任意ニ申シ出タルニ非ザル一切ノ労務ヲ謂ウ」と定義している。つまり、処罰される脅威のもとで、自らが望まない労働を強いられることを意味する。

　強制労働廃止条約は、強制労働を次のような理由で、政府が用いることを禁じている。たとえば、「政治的強制若しくは教育の手段」、「政治的見解若しくは既存の政治的、社会的若しくは経済的制度に思想的に反対する見解をもち若しくは発表することに対する制裁」、「経済発展のために、労働力を動員し、利用」すること、「人種的、社会的、国民的又は宗教的差別の手段」がそれに該当する。これらの条約から、「強制労働とは、処罰の脅威があるなかで、本人の自由な同意なく労働を強要され、さらに制裁や経済発展、差別の手段として労働させられること」である。

　さらにILOは、子どもの強制労働を禁じた条約を採択している。「最悪の形態の児童労働の禁止及び撤廃のための即時の行動に関する条約」（ILO第182号

条約）がそれである。ここでいう最悪の形態の児童労働とは、「児童の売買及び取引、負債による奴隷及び農奴、強制労働（武力紛争において使用するための児童の強制的な徴集も含む）等のあらゆる形態の奴隷制度又はこれに類する慣行」である。つまり、子どもの最悪の形態の労働には、奴隷制（農奴や債務奴隷）およびそれに類する慣行、子どもの売買、そして子ども兵士がある。この条約は、国家がこれらの行為や慣行を撤廃し、即時に行動をとる必要があると規定している。

　最後に、国際刑事裁判所規程は、拷問と同様に奴隷を人道に対する罪として規定している（第7条）。このように、今日、国際法では奴隷制は国際犯罪とまでされている。また、緊急事態を含むいかなる状態においても、奴隷制は禁止され（自由権規約第4条）、強行規範（ユス・コーゲンス）となっている。

◎今日の奴隷制――現代的形態の奴隷

　今日存在する奴隷制としては、いわゆる伝統的な奴隷制のほか、債務奴隷、強制的結婚、強制労働、奴隷階級に生まれることによって奴隷となる者の発生、子どもの（強制）労働、人身取引がある。

　このうち、数的に最も多いのが債務奴隷（debt bondage）といわれる。インドやパキスタン、ネパールなど南アジアなどでその存在が確認できる。債務奴隷とは、「労働の公正な対価が債務の清算に反映されず、労働の期間と内容が限定されていなかったり、決まっていない」人をさす。

　債務奴隷は、基本的な食事と住居が、その日限りで実費ないし食費として与えられるが、それ以外は与えられない。「借金を労働で返せばよい」という言葉が発端となっていることが多い。その日の分しかお金が与えられないため、たとえば急病などで薬が必要になると、新たな借金として上乗せされる。こうして、借金地獄からは永遠に抜け出せなくなる。債務奴隷の身分は相続させられることがあり、借金を返すのに何世代もかかり、生まれながらにして債務奴隷という子どもも多い。ILOの統計によると、強制的な労働、債務奴隷に従事している子どもは、全世界で840万人いるという。当然のことながら、このような子どもたちは、学校に行くことができず、親と同じように奴隷として休み

なく働く。そして、その子どもも奴隷として働かなければならない可能性が高い。

インドなどでは、階層分化や宗教的対立による貧困、階級格差社会に加え、経済的発展に伴う貧富の差があり、新たな格差社会を生み出している。さらに、「奴隷」であることから、労働に従事していることにはならず、実態は隠蔽されてもいる。こうしたさまざまな問題がからみ、根本的な解決は非常に難しいものとなっている。

サハラ以南のアフリカの国の中でも、貧困ゆえに、そして家計の足しにするために、親が子どもを働かせたり、売り払ったりすることがある。子どもだけでも食べていけるようにと子どもを売ることも珍しくない。紛争や貧困で親を失った子どもは、生きていくために働かなくてはならず、ときとして、強制労働に従事させられたり、奴隷となったり、あるいは武装集団などに誘拐され、子どもの兵士として生きていかなければならない場合もある。

強制労働や奴隷の悪例としてカカオプランテーションがある。ILOによれば、プランテーションで働かされている者の64％は14歳以下の子どもで、40％は女児であった。小さな子どもが、農薬を素手で扱ったり、カカオの木にのぼって実を取ったり、慣れない手つきで硬いカカオマメを開けるのに大きなナイフを使用したりしている。当然、学校に行くことができるのはごく少数である。このような子どもたちは、そのカカオから作られたチョコレートの味を知らない。子どもたちの「血と汗と涙」がつまったココアで造られたチョコレートを、私たちも口にしているかもしれない。ILOは、NGOとともに、国際カカオイニシアチブを立ち上げ、児童労働に関する意識向上や、子どもの労働（奴隷）によらないチョコレートの認証を行うという運動を行っている。

人身取引は、現代によみがえった奴隷制ともいわれる。ヒューマン・トラフィッキング（人の密輸）とも呼ばれる。世界中のほとんどの国家は人の「輸出」「通過」「輸入」のいずれかにかかわっている。ILOの報告によれば、毎年100万から200万人が売買され、その多くは女性か子どもであり、犯罪組織には何百億円もの利益となる。1990年代半ば以降から自国の刑事司法制度のみでこの問題に対処することが難しいと認識されるようになり、国際的な協力が不可

欠であるとの議論が高まった。

　そして、2000年に国連総会において「国連国際組織犯罪防止条約を補足する人、特に女性及び児童の取引を防止し、抑止し及び処罰するための議定書」（人身売買禁止議定書、TOC条約、パレルモ条約）が採択され、2003年に発効した。日本は、2017年に批准し、188カ国目の締約国となった。この議定書は、国際的な組織犯罪の防止に関する国際連合条約を補足するもので、「被害者を保護するための措置（そのような被害者の国際的に認められた人権を保護することによるものを含む）」のために、人身取引を防止し、処罰することが必要であると規定している（前文）。この条約は、①人身売買の防止、②人身売買被害者の保護および援助、③国際協力等を目的としている。議定書は第3条において人身売買を「搾取の目的で、暴力その他の形態の強制力による脅迫若しくはその行使、誘拐、詐欺、欺まん、権力の濫用若しくはぜい弱な立場に乗ずること又は他の者を支配下に置く者の同意を得る目的で行われる金銭若しくは利益の授受の手段を用いて、人を獲得し、輸送し、引き渡し、蔵匿し、又は収受すること」と定義する。具体的な形態として、売春、その他の形態の性的搾取、強制的労働、奴隷化若しくはこれに類する行為、隷属又は臓器の摘出がある。また、この議定書では、人身取引を犯罪化した（第5条）。日本は目的国、供給国、通過国となっており、対策をとることが求められている。

◎日本と奴隷制

　日本も奴隷制と関連があるのかと驚く人もいるだろう。たしかに、古典的な奴隷制は存在しないが、第2次世界大戦中の性的奴隷（sexual slavery）とされた「（従軍）慰安婦」問題や、性産業のために日本に連れてこられた女性の人身売買の被害や外国人技能実習制度が国際的に問題となっている。

　国際的に大きく批判され、韓国などとは国際問題となっている「慰安婦」問題がある。「慰安婦」とは、第2次世界大戦中、中国や朝鮮半島で強制的に連行され、軍人の「慰安」のために意に反して性的に働かされた人たちである。国際的に注目を集めるようになったのは、1990年代に入ってからで、旧ユーゴスラビアの内戦のもとでは、民族浄化政策によって女性に対するレイプなど、

著しい人権侵害が生じ、「慰安婦」問題も、現代的奴隷として国連において注目されるようになった。2002年に発効した国際刑事裁判所規程においては、性的奴隷は人道に対する罪の1つに含まれる。

　しかし、国際刑事裁判所は、規程発効後の犯罪について審理するものであり、設立以前に起きた旧ユーゴスラビアの問題や「慰安婦」問題が取り上げられることはない。日本は、国際的批判を受けて、アジア女性基金（女性のためのアジア平和国民基金）を設立し、道義的責任として、「慰安婦」とされた人々で申し出た場合に総理大臣の謝罪の手紙とともに償い金を渡す事業を実施した。しかし、法的な補償が未だ実現できていないため批判が続いている。

　日本は、東南アジアや東欧諸国、南米から多くの人々が来るだけでなく、人身取引の供給国ともなっており、また別の国へ送り出す通過国でもある。このような取組みの遅れに対して、国際的に非難を浴びている。アメリカ国務省の人身取引報告書は、2000年以降毎年、人身取引に対する世界の認識を高め、効果的な行動へとつなげることを目的として、各国を実質的に4つのタイプに分け公表している。第1階層は、基準を満たす国、第2階層は基準は満たさないが努力中の国、第2階層監視は、基準は満たさないが努力中であるものの、前年と比較して改善が認められず、監視の対象国、そして第3階層は、基準を満たさず努力も不足している要監視国である。日本は2001年から2003年までは第2階層であったが、2004年、第2階層監視リスト国に転落した。そこで日本は、「人身取引対策に関する関係省庁連絡会議」を設置し、連絡会議は「人身取引対策行動計画」を策定した。また、2005年には、人身取引に関する規定が刑法に新たに加えられた。このような措置を受け、2005年以降は第2階層に、そして2018年には第1階層に入ったが、2020年には外国人研修生・技能実習生の問題で、再び第2階層に落ちている。

　日本は、このほか自由権規約委員会や女性差別撤廃委員会、ILO報告書、ヒューマン・ライツ・ウォッチの報告書などによって、人身取引への対策が遅れていることが指摘されている。

　日本における人身取引として、偽装結婚等に伴う性的搾取、外国人研修生・技能実習生制度の悪用が問題となっている。このうち外国人研修生・技能実習

生制度は、近年特に問題となっている。本来外国人研修生・技能実習生制度は、雇用関係のもとで外国人が日本の産業・職業上の技能等を習得・習熟し、帰国後、その知識を活用するというものであり、最初の1年は研修生として研修を受け、試験に合格した者がその後の2年間で技能実習を受けられるというものである。研修生は労働者として労働法が適用されず、他方、技能実習生は労働者として労働法が適用されるものとした。日本研修協力機構（JITCO）は、受け入れから帰国後までこの制度が適切に運用されるようにサポートする唯一の機関である。

　研修生の数はピークでは20万人にもなり、その多くは中国からであった。職種は繊維・衣服関係、機械・金属関係、食料品製造関係であり、6割近くが中小零細企業である。研修生の受入れは大別して2つの型がある。海外現地法人等の職員を受け入れる「企業単独型」と、事業共同組合、商工会議所、紹介業者等が第1次の受入れ団体となり、会員企業が研修生を受け入れる「団体管理型」がある。このうち後者が圧倒的に多い。

　研修手当は、平均月6万6000円であり、技能実習生に支払われる賃金（基本給と諸手当）の平均は月15万1000円である。しかし、この制度は多くの点で人身取引にあたると国務省報告や国連の条約機関などによって指摘されている。たとえば、①実態として労働力を確保できない中小企業等が低賃金の労働力を確保するのにこの制度を使っている、②本来認められていない長時間労働、暴行などの被人道的な扱い、賃金不払い、パスポートの取り上げなどが行われている、③ブローカーの介在、④研修が目的ではなく日本での出稼ぎを目的として来日する人もいるなどがある。

　このような事態に対して、2009年に入管法の改正が行われ、①1年目の研修生の地位を廃止し、雇用契約のもとで在留し、労働法の適用を受け、②それまで特定活動に含まれていた技能実習を在留資格とし、③それまでは監理団体は技能実習生になると責任を負わなかったが、3年間すべての責任を負うこととし、④来日した実習生に対し、適用される関連法令や相談先についての知識を初めの講習に含めることが義務化された。また、2016年に外国人の技能実習の適正な実施及び技能実習生の保護に関する法律（技能実習法）ができ、技

能実習生を受け入れている団体や企業を監視する実習機構ができた。また、2019の改正入管法では、新たに人手不足が深刻な分野に特定技能という在留資格が創られた。しかし、人身取引となるようなブローカーの実効的規制や実習生の労働環境の改善にはなっておらず、問題は残ったままである。

◎なぜ現代的奴隷制はなくならないのか

国際法では厳しく禁じられているにもかかわらず、奴隷制がなお存続しているのはなぜか。

奴隷制の背後には、貧困、貧富の格差、宗教・出身・性別に基づく差別、無知（奴隷となった人の教育の欠如、第三者の無知など）、国内法の未整備、国内法の不実施、隠蔽などがある。これらが複雑にからまり、執行能力に限界のある国際法の現状を反映して、奴隷制を存続させている。とりわけ、国内や国際的な貧富の格差が現代的奴隷制の問題の解決を難しくしており、SDGsの実現は奴隷制の根絶に貢献するだろう。

Ⅴ　おわりに

この章でみてきた人権は、いずれも人権のなかでも歴史が古く、最も基本的なものである。しかし、一般の人々からみると、自分が、拷問にあう、奴隷や強制労働をさせられる、理由もなく逮捕されるというようなことは、あまり現実的ではない。一生そういう問題から縁遠く過ごすことができればそれは幸いだろう。日本人の場合は、実際に一生そのような目にあわない人がほとんどかもしれない。しかし、現実には、被害者は世界中に何千万人も存在している。

本章で扱った人権は、いずれも自由権に属するが、その解決には国家による消極的な義務の履行だけでなく、国家による積極的な実施が必要である。さらに、背後に、貧困、貧富の格差などがあり、1カ国で対処することは難しい。そのような意味で、従来の国連の人権条約機関による履行確保だけでは限界がある。自由権の実現にも国際的な協力が不可欠であり、また、NGOや企業の役割も重要となっている。

　この章で扱った人権は、SDGsの目標16と最も関係をもつが、しばしば人身取引が国家間もしくは国内の経済的な格差と密接な関係があることから、目標1、目標2、目標10の実現は重要である。また、人身取引や奴隷制の被害に遭うのが女性や女の子が多いことから、ジェンダーの平等を掲げる目標5も重要となる。目標5の5.2では人身取引や性的な搾取の排除、5.3では児童婚の廃絶が掲げられている。目標8では、ディーセント・ワーク（働きがいのある人間らしい仕事）を推進しているが、強制労働の廃止、現代的奴隷制、人身取引、最悪の児童労働の禁止と根絶を各国に義務づけている。そしてこのような取り組みは1カ国ではできないことから、何より目標17の実現が重要となっている。

　私たちができることは、まず現状を知ることである。その結果として、奴隷制や強制労働によって作られた製品を買わないなどの行動を起こしたり、奴隷の解放のための行動をとるなど、市民として活動することもできるだろう。その意味で、SDGsは、これまで実現が難しかった人権問題の解決に大きな意味をもっており、私たちもSDGsを意識することによって、本章で見てきた人権問題の解決にかかわることができるのである。

♣次の設問を考えてみよう。
　(1)　今日においても奴隷制がなくならないのは何故か。
　(2)　日本は死刑制度を廃止すべきか、存続すべきか。
　(3)　私たちが、この章で扱われた現代的奴隷制などの人権問題の解決にあたってどのようなことができるだろうか。

第5章 人種差別の禁止と少数者・先住民族の権利

I　はじめに

　アメリカや世界的に拡大しているBLM（ブラックライブスマター）運動（コラム2参照）の報道を見たことがある人も多いだろう。他にも、新型コロナウイルス流行に伴う欧米諸国でのアジア人に対するヘイトクライム（憎悪犯罪）も大きな問題となっている。このような人種差別は、海外では大統領選の争点や政治問題にもつながり、重要な問題である。本章で取り上げる少数者の権利や先住民族の権利も同様に非常に大事な人権である。

　SDGsの基本理念の「誰1人取り残さない」は、すべての人々の人権が守られるべきことを意味し、それは人種にかかわりはない。この章では、人種差別、少数者および先住民族の権利、国連の取り組み、そしてSDGsの目標とのかかわりについて見ていく。

II　人種差別の禁止

◎人種差別とは

　あらゆる形態の人種差別の撤廃に関する国際条約（人種差別撤廃条約）によれば、人種差別とは、「人種、皮膚の色、世系又は民族的若しくは種族的出身に基づくあらゆる区別、排除、制限又は優先であって、政治的、経済的、社会的、文化的その他のあらゆる公的生活の分野における平等の立場での人権及び基本的自由を認識し、享有し又は行使することを妨げ又は害する目的又は効果を有するもの」をさす（第1条）。

　人種差別というと、一般的には人種や皮膚の色に基づく差別ととらえられるだろうが、この条約ではより広い対象を人種差別ととらえていることに注意したい。人種差別の対象は、「人種」「皮膚の色」の他に「世系（descent）」「民族的出身（ethnic origin）」「種族的出身（national origin）」の５つであり、人種差別はこれらの５つを理由とした差別をさす。

　外務省のHP上の「人種差別撤廃条約Q＆A」によれば、「人種」とは「社会通念上、皮膚の色、髪の形状等身体の生物学的諸特徴を共有するとされている人々の集団」であり、「皮膚の色」とは、「このような生物学的諸特徴のうち、最も代表的なもの」である。

　「世系」は人種差別撤廃委員会の一般的勧告29によると、以下の７つの要素の全てもしくはいくつかが合わさった人々である。①世襲された地位の変更、または制限、②集団外の者との婚姻の制約、③住居、教育、公的な場所および礼拝所、食料、水の公的供給所の利用の制限、④世襲職業または品位を傷つけるもしくは危険な作業を放棄する自由の制限、⑤債務奴隷、⑥けがれまたは不可触、⑦人間の尊厳および平等に対する尊重の一般的欠如である。「世系」の具体例としてはカーストなどがある。

　また、「民族的」「種族的出身」は、「いずれも社会通念上、言語、宗教、慣習等文化的諸特徴を共有するとされている人々の集団の出身」（人種差別撤廃条約Q＆A）のことを指す。

◎人種差別禁止条約と締約国の義務

　国連はその創設段階から、第２次世界大戦中ナチス・ドイツが人種優越主義に基づいて行ったユダヤ人に対するホロコーストの反省から、人権とりわけ人種問題を重要視してきた。国連憲章の前文のほか第１条３項では、「人種、性、言語又は宗教による差別なくすべての者のために人権及び基本的自由を尊重するように助長奨励する」とし、さらに1948年に採択された世界人権宣言第２条では「全ての者は、特に人種、皮膚の色、性、言語、宗教、政治上その他の意見、国民的若しくは社会的出身、財産、門地その他の地位によるいかなる差別をも受けることなく、この宣言に掲げる権利と自由とを享有することができ

る」と規定している。また国連総会において、1963年には人種差別撤廃国連宣言が、その2年後には人種差別撤廃条約が採択された。人種差別撤廃条約は、1969年に発効し、現在182カ国の締約国がある。日本は、1995年に批准しているが、第4条については以下のような留保を付している。「日本国は、あらゆる形態の人種差別の撤廃に関する国際条約第4条(a)及び(b)の規定の適用に当たり、同条に『世界人権宣言に具現された原則及び次条に明示的に定める権利に十分な考慮を払って』と規定してあることに留意し、日本国憲法の下における集会、結社及び表現の自由その他の権利の保障と抵触しない限度において、これらの規定に基づく義務を履行する。」この留保は、委員会から度重なる撤回の勧告が出されている。

　人権差別撤廃条約は全部で25条から成り、3つの部によって構成されている。第1部は、第1条から第7条で、先にみた人種差別の定義のほか、人種差別の禁止や防止等の国家の義務、人種差別の犠牲者の救済、積極的是正措置など実質的権利ついて規定している。つづく第8条から第16条までの第2部では、人種差別撤廃委員会や締約国の報告義務について規定している。人種差別撤廃委員会は、18名からなる専門家委員によって構成され、他の条約機関同様政府報告書の審査、個人通報の審査などを行っている。最後の第3部は、第17条から第25条までで、批准や発効など条約の基本的な手続きについて規定している。

　締約国の義務についてもう少し見てみよう。締約国は、人種差別を非難し、また、あらゆる形態の人種差別を撤廃する政策およびあらゆる人種間の理解を促進する政策をすべての適当な方法により遅滞なくとる義務がある（第2条）。人種差別の形態としてヘイトスピーチ（コラム1参照）やヘイトクライムなど私人間のものも問題であるが、条約では、締約国に「すべての適当な方法（状況により必要とされるときは、立法を含む。）により、いかなる個人、集団又は団体による人種差別も禁止し、終了させる。」義務を負わせている（第2条）。また、国籍や出入国管理に基づく取扱いの区別は、正当な目的のために適用され、かつ、目的に照らして均衡のとれたものであれば問題ないが、そうでない場合は差別にあたると考えられている（一般的勧告30）。

　第4条ではまた、人種差別撤廃にとって重要である、人種的優越または憎悪に基づく思想の流布、人種差別の扇動等の処罰について規定している。委員会は、単に法律を制定するだけでは不十分で、効果的に実行されていなければならないとする。第4条は、特にヘイトスピーチとの関連で重要である。ヘイトスピーチは、憎悪表現ともよばれ、過去にはナチスドイツのホロコーストやルワンダの大虐殺の際において行われ、しばしば憎悪犯罪に結びつくとされる。そのため放置することなく対応することが重要と考えられている。今日も、コロナ禍においてアジア人に対して欧米諸国でヘイトスピーチが多発し、さらに憎悪犯罪も起こっている。しかしながらヘイトスピーチの用語は、実は条約自体にはない。歴史的にみて、ヘイトスピーチの用語ができたのは条約が起草された後のためである。しかし、委員会は、条約の起草者は十分にスピーチが人種的な嫌悪や差別を生み出す力があることを把握しており、条約自体もその危険性について言及しているとし、ヘイトスピーチをその任務において扱ってきた。しばしば、ヘイトスピーチは表現の自由との兼ね合いで問題となっている。委員会は、特に一般的勧告35でヘイトスピーチについて詳述しており、その中で、ヘイトスピーチと表現の自由は両立しうるものであると述べている。

　第2条ではさらに、締約国の特別措置について、規定している。締約国は「状況により正当とされる場合には、特定の人種の集団又はこれに属する個人に対し人権及び基本的自由の十分かつ平等な享有を保障するため、社会的、経済的、文化的その他の分野において、当該人種の集団又は個人の適切な発展及び保護を確保するための特別かつ具体的な措置」を講ずることが求められる。たとえば、ある人種を積極的に採用、合格させるような特別な措置（積極的是正措置）がこれにあたる。割り当てられなかった人々に対しては逆差別にあたるが、条約ではこのような特別な措置は人種差別には当たらないとされる。しかし、その目的（人種差別の撤廃）が達成された後は継続することはできない。日本ではあまりみられないが、他国では有色人種だけでなく女性の不平等是正に、たとえばクオータ制を導入しており、一定の効果があることが確認されている。

　日本は、これまで数回の政府報告書審査を受けてきたが、2018年の第10・11回報告書では、第1条と第2条に沿った直接的、間接的な人種差別を禁止

する個別の包括的な法律の制定の必要性、国内人権機関の設置、第4条の留保の撤回、ヘイトスピーチに対する改善、アイヌ、在日韓国・朝鮮人、外国人技能実習生の人権の改善などについて勧告が採択されている。それ以前の報告書審査でヘイトスピーチについての措置が求められたことから、2016年、「本邦外出身者に対する不当な差別的言動の解消に向けた取組の推進に関する法律（平成28年法律第68号）」いわゆる「ヘイトスピーチ解消法」が成立し、同年施行された。ヘイトスピーチ解消法は、「不当な差別的言動」は許されないものと宣言し、ヘイトスピーチを解消するための国と地方公共団体の責務について規定している。一歩前進ともいえるが、ヘイトスピーチの被害者の相談、ヘイトスピーチをなくす啓蒙活動、人権教育にとどまっており、ヘイトスピーチを禁止するには至っていない。2020年には、川崎市で「川崎市差別のない人権尊重のまちづくり条例」が施行された。この条例は、ヘイトスピーチの規制を目的としており、初めて違反に対して刑事罰を盛り込んだことで注目されている。公共の場所において、民族差別的な言動を市の勧告や命令に従わずに3回繰り返した場合、罰金が科されることになった。

◎ダーバン会議とダーバン宣言と行動計画、そのフォローアップ

　人種差別撤廃条約の採択後、1973年および1983年にジュネーブにおいて人種主義および人種差別を撲滅のための国際会議が開催された。また、1973年より人種主義および人種差別と闘う10年が開始した。南アのアパルトヘイト廃止後の1993年、第3次10年が始まり、新たな形態の人種差別主義と闘うために各加盟国は、法律、行政措置、教育や広報を通して措置をとるように要請された。また同年、当時の国連人権委員会は、現代的形態の人種主義、人種差別、外国人排斥および関連する不寛容に関する特別報告者を任命し、その任務は今日まで引き継がれている。

　2001年、南アのダーバンにおいて第3回人種主義、人種差別、外国人排斥および関連する不寛容に関する世界会議（ダーバン会議）が開催され、ダーバン宣言および行動計画を採択した。この文書には、人種差別の原因追求、人種差別の撲滅のための施策や被害者の保護や救済を含んだ人種主義の撤廃に関す

る具体的措置について規定した。これを受け、5名の専門家委員からなるアフリカ出身者の人権に関する作業部会が、国連人権委員会によって設置され、今日人権理事会のもとでも引き継がれている。2009年には、この宣言の進捗状況について審議するダーバン再検討会議が開催され、成果文書が採択された。文書には特に移住者、難民および庇護申請者との関係において、人種主義、人種差別および排外主義の発現を予防すること、アフリカ、アジアの出身者、先住民族、国民的または民族的、宗教的、言語的少数者の参加および機会の増大の促進等について規定された。また、アフリカ系の人々のための国際年である2011年には、ダーバン会議の十周年を記念する会合が開催された。さらに2015年からはダーバン宣言のフォローアップを目的とした「アフリカ系の人々

コラム2　　BLM運動

　2020年5月、アメリカで黒人のジョージ・フロイド氏が、白人警官に9分近くも膝で首を押さえつけられ、死亡した。その状況を通りがかった市民が携帯電話で撮影し、その映像がインターネットを通じて世界中に拡散した。この事件をきっかけとして「ブラック・ライブス・マター（BLM）」運動が、アメリカの全土、そして世界中へと瞬く間に広がった。さまざまな人種や背景の人々が、人種差別に対する抗議をし、既存の差別的、不平等な法律や制度といった構造的な改善を訴えた。

　BLMの運動は、実はフロイド氏の死によって始まったのではない。これを遡ること8年、アフリカ系アメリカ人の高校生が自警団の男性に射殺されたのを受けて、SNS上で＃BlackLivesMatterというハッシュタグが拡散し、運動となっていた。

　多くの著名人もこれに賛同している。テニスの大坂なおみが全米トーナメントにおいて、死亡した人たちの名前がついたマスクを着用したことをみた人がいるかもしれない。さらに、この運動は、たとえば映画『風とともに去りぬ』が黒人奴隷に対する白人の扱いが美化されているとして、動画配信が中止となるきっかけとなった。過去の作品に対しても政治的に正しくないと判断された場合、たとえそれが文化的に価値あるものとされていたものであっても見直す動きとなっている。アメリカのディズニーのテーマパーク内のアトラクションの1つスプラッシュ・マウンテンは「プリンセスと魔法のキス」を題材にするものに変更されることになった。元の題材が奴隷制を美化していることが批判されていた。このほか、アメリカの子どもだけでなく日本でも親しまれている絵本のドクター・スースシリーズの6つの作品が人種の描き方に問題があるとして、出版停止となるなど、BLMの波紋は多岐にわたっている。

のための10年」が実施されている。

2020年5月、アメリカで警官による行き過ぎた拘束によって黒人のジョージ・フロイド氏が亡くなったことを受け、人権理事会は「法執行官による度を越した力およびその他の人権侵害からのアフリカの人々およびアフリカ出身者の人権および基本的自由の保護促進」と題する決議43/1を採択し、間接的ではあるがアメリカを批判し、また国連人権高等弁務官が人種差別に関係する特別報告者や作業部会と協力して、組織的な人種主義、法執行官による国際人権法の侵害、被害者の救済に関する報告書を提出するように要請した。

Ⅲ　少数者（マイノリティ）の権利

少数者の国際的な保護制度は、国際連盟の時代から存在し、条約や保護の制度も作られた。しかし、世界中の少数者の問題が扱われたのではなく、特定の国や地域に限定されていた。国家間の政治問題の1つ（とりわけ戦争処理の一環として）として扱われたことも否めなかった。国連設立後すぐに国連人権委員会の下部機関として差別防止少数者保護小委員会（人権小委員会）ができ少数者の保護を任務とするはずだった。しかし、少数者問題が人権というよりも政治問題でもあったことから、はじめの数十年、国連において少数者の人権についての議論はほとんど進展しなかった。

◎少数者の定義の不在

少数者とは誰のことをさすのか。多数の者に対して、少数の者というイメージはあるが、必ずしも数とは関係がない。たとえば、かつての南アフリカやルワンダにおいては、数的には少数の者が、多数の者を支配していた。とはいえ、一般的には、数的に多数の者が、政権の座につくことが多い。

少数者の共通した定義は、いまだ存在しない。1992年に国連総会で採択された少数者保護宣言も、定義を採択するには至らなかった。少数者と一概にいっても、彼らがおかれている状況が多様なためである。少数者には、他の民族とは離れて集団で住んでいる者、他の民族と混ざり合って住んでいる者、何世代

にもわたって長年定住している者、ある国に来たばかりの者、集団的なアイデンティティを強く有する者、共通のアイデンティティは部分的にしか有していない者、かつては一定程度の自治権をもっていた者、一度も自治権や自治政府をもったことのない者、より保護を必要とする者など、さまざまな状況の人たちがいる。このため、異なる権利の保護が必要となってくる。

　人権小委員会の委員であったフランチェスコ・カポトルティは、少数者に関する有名な研究において次のように定義している。この定義はその後、少数者の定義が不在のなかで、多くの文書で使用されている。

　「国家のその他の人口よりも数的に少なく、非支配的な地位にあり、その他の人々と異なる種族的、宗教的または言語的特徴を有し、自らの文化、伝統、宗教や言語を保持するために、たとえ黙示的であっても連帯感をもつ、国民の構成員。」

　明確な定義は難しいとしても、2つの要素から構成されると考えられている。1つは、客観的要素で、共通した民族性、言語、宗教、または類似した文化的特性である。もう1つは主観的要素、すなわち、自分は少数者集団の一員であるという意識（アイデンティティ）である。

　たしかに、少数者の定義が不在であることは、少数者の権利保護を困難にしてきたことは間違いない。しかし、定義が不在であることは、彼らが存在しないことを意味しない。また、国家が彼らの人権を守らなくてもよいことにもならない。とはいえ、定義を厳格化すると、それまで少数者として認知されてこなかった人たちが完全に除外される可能性もある。たとえば、性的少数者などがそうであろう。そういう意味で、定義をめぐる問題は今後も難しい問題として残されている。

　少数者の定義は、いまだ存在しないものの、彼らの権利は存在している。そこで次に、権利の具体的な内容についてみていきたい。

◎少数者の権利に関する国際人権文書

　国連は、人民の同権の実現をその目的の1つとして掲げている。しかし、設

立当初は、少数者保護は人権に関する一般的な規定による保障にとどまった。少数者を特別にそして明示的に扱うことはなく、世界人権宣言にも、少数者保護の規定はなく、少数者の権利は一般的な差別防止、平等規定によって保護されるだけであった。少数者問題は、当時各国の特殊な問題ととらえられ、国際的な平面において扱うことは難しく、少数者保護の共通した見解に到達することはできなかった。包括的な条約がない現状で、少数者問題に関しては、市民的及び政治的権利に関する国際規約（自由権規約）第27条が重要な役割を果たしてきた。同条は、「種族的、宗教的又は言語的少数者が存在する国において、当該少数者に属する者は、その集団の他の構成員とともに自己の文化を享有し、自己の宗教を信仰しかつ実践し又は自己の言語を使用する権利を否定されない」と規定している。つまり、種族的少数者、宗教的少数者、あるいは言語的少数者という3つのタイプの少数者の、3つの権利すなわち①自己の文化の享有、②自己の宗教の信仰と実践、③自己の言語の使用について、明文で規定している。第27条に関する一般的意見23では、少数者の権利についてさらに明確にしている。このほか、経済的、社会的及び文化的権利に関する国際規約（社会権規約）第2条2項および社会権規約委員会の採択した一般的意見14（2000年採択）、人種差別撤廃条約第1条、子どもの権利条約の第30条、移住労働者権利条約第31条などは直接的、間接的に少数者の権利について言及している。また、教育と差別に関するユネスコ条約の第5条(c)もある。

　少数者の権利に特化した文書として、1992年国連総会において民族的又は種族的、宗教的及び言語的少数者に属する者の権利に関する宣言（少数者保護宣言）が採択された（47/135）。少数者宣言は、前文および9カ条からなる。この宣言では第2条で、少数者を「民族的又は種族的、宗教的及び言語的少数者に属する者」と規定している。自由権規約の種族的、宗教的、言語的少数者に加え、民族的少数者を保護の対象にしている。だが、民族的少数者が何を意味するかについては、明確にしていない。

　少数者保護宣言の第2条では、自己の文化を享有し、自己の宗教を信仰・実践し、自己の言語を使用できる少数者の権利を認めている。これは、自由権規約の第27条とほぼ同じ内容である。これに加え、少数者は、文化的、宗教的、

社会的、経済的および公的活動に効果的に参加する権利や、自分たちが住む地域に関する決定にかかわることができる権利が認められている（第２項、第３項）。これは重要なことで、少数者は数的に少数でもあることが多いため、自らの意見が反映されない、あるいは自らの権利に関して決定権がないことが多い。そのことから、少数者にとって不利な政策や法律が制定されてしまうこともしばしばある。自分たちの地域に関する決定に参加する権利が認められることは、所有権を始めとするその他の権利の保護につながる。

　少数者は、自己の団体を設立し、維持する権利が認められている（第４項）。これは、文化や宗教、言語、教育にかかわるだけでなく、自分たちの権利のためや、政治的な意見を取りまとめるものであってもよい。そして少数者は、その集団のほかの構成員やその他の少数者と接触し、関係を維持する権利が認められている（第５項）。少数者が隔離されたりすることがなく、また他の構成員（国内外を含む）との連絡、他の少数者たちと会うことも認められている。

　一般的に宣言は条約とは異なり法的拘束力がないが、1995年人権小委員会は５名のメンバーからなる少数者作業部会を設置し、少数者保護宣言の実施にあたらせた。宣言の権利の具現化、実施にあたっての問題点の明確化だけでなく、良い慣行（グッド・プラクティス）も明らかにした。人権理事会設置に伴ってこの作業部会も2007年に解散したが、同じ年に人権理事会は決議6/15によって政府間機関である少数者問題フォーラムを設置した。このフォーラムは、少数者の教育の権利、政治的参加の権利、経済的な生活における効果的な参加の権利および少数者女性と女児の権利といったテーマで審議を行ってきたほか、人権理事会のもとでも継続して任命されている少数者特別報告者を手助けしている。良い慣行の分析、宣言の実施のための問題点やイニシアチブも明らかにすることを任務としている。

　少数者特別報告者は、2005年の国連人権委員会の決議によって設置・任命され、今日の人権理事会のもとでも引き継がれている。特別報告者の任務には、政府との相談を通して既存の国際的な基準を考慮し宣言の実施を促進すること、少数者の権利の完全かつ効果的な実現の障害を克服するための方法を考察し、最も良い慣行や国連人権高等弁務官事務所（OHCHR）の技術援助の可能性

を確認することなどがある。

　このほか、人権理事会の普遍的定期審査（UPR）手続きにおいても少数者問題は扱われる。また、厳密には国連の手続きではないが、ユネスコは、ユネスコが採択した条約に関して個人から寄せられた通報を審議する執行理事会のもとの「条約および勧告委員会」があり、そこでは少数者の人権侵害も扱っている。

◎性的少数者（LGBT）

　先に見た少数者保護宣言は、民族的、種族的、宗教的、言語的少数者を対象としており、性的少数者は含まれていない。性的少数者の人権は、国連ではいまだ宣言などの国際的な文書として採択されていない。

　先進国の一部では、同性婚を認めている国もある一方で、世界には性的少数者の権利を全く認めず、刑法で規制し、逮捕、拷問、死刑などが科される国もある。そのような迫害からの庇護を求めている人々もいる。身体的な危険がそこまでいかなくとも、家族や周囲（学校）からの暴力やいじめにあっている者も多数いる。他にも自分のアイデンティティを公にできない、男女に分けられる学校現場で行き場がない、就職活動や就労におけるハラスメント、社会保障や異性間の婚姻等で認められる同等の権利がないなどさまざまな場面で、平等が確保されていない。

　国連が、性的少数者の人々の人権と取り組むようになったのは、21世紀に入ってからである。2006年人権理事会において、性的指向と性的自認に基づく人権侵害に関する声明が採択された。世界人権宣言の60周年の2008年、67カ国が名を連ねた「人権の性的指向と性的自認に関する声明」が国連総会の審議に合わせて発表された。この年国連では、LGBTIコアグループが結成され、これは、国連の5つの地域グループを横断する非公式なグループであり、日本もこの中に入っている。そして、国連の枠組み内において、性的指向と性的自認に基づく人権侵害、特に暴力と差別をなくし、すべての人々の普遍的自由および基本的人権の保障をすることを目的としている。

　一方、人権理事会においても2011年に声明が採択され、これを受けて性的指向と性自認に基づく人権侵害に関する初めての決議が採択された（A/17/19）。

この決議によって、人権高等弁務官は性的指向および性的自認に基づいた差別的な法や慣行について研究し、人権理事会に報告するように要請された。これに基づき人権高等弁務官は、報告書を人権理事会に提出した（A/HRC/19/41）。この報告書には、適用される国際法、国家が負う義務、世界中に存在する人権侵害の実態について述べられている。2014年にはこの報告書をアップデートし、良い慣行についても報告するように要請した決議（27/32）が採択され、人権高等弁務官はこれを受けて報告書（A/HRC/9/23）を提出した。2016年、人権理事会は、「性的指向及び性的自認に基づく暴力と差別の保護」と題する決議32/2を採択し、初めて独立専門家を任命した。独立専門家の任務は、人権基準の実施の評価、良い慣行の確認、意識の向上、暴力と差別の根本原因の確認、国家および他の関係者と性的少数者の保護の育成、暴力と差別を撲滅するための諮問サービスや技術援助の促進等である。独立専門家の任務は2019年に更新されている（決議41/18）。このような進展はあるものの、いまだ性的少数者の人々の人権に関する宣言はできていない。国際人権法上、性的少数者の人々の人権の戦いは始まったばかりである。

　このような状況の中、OHCHRは、『生まれながらにして自由かつ平等（Born Free and Equal）』という冊子を発行しており（2019年に第2版が発行）、世界人権宣言第2、3、5、7、9、12、14、19、20条、自由権規約の第2、3、6、7、9、17、19、21、22、26条、社会権規約の第2条、子どもの権利条約の第19条と第37条、拷問等禁止条約の第1条、第3条がLGBTの人々の人権にかかわるとしている。このほか、障がい者権利条約第15条、女性差別撤廃条約第2条なども適用され、各国は尊重する必要があるとする。

　SDGsは、「誰1人取り残さない」ことから、性的少数者の人々の権利も当然のことながら含まれていると解されている。SDGsが採択された2015年9月に国連本部においてOHCHRとLGBTコアグループが主催したSDGsにLGBTの人々を含めるハイレベルのイベントが開催された。その場において、当時の国連の事務総長であった潘基文氏はLGBTの人々を周辺に追いやり、排除することに終止符を打つことが人権の中でも優先されることであり、開発にも必須であると述べた。

Ⅳ　先住民族の権利

◎先住民族（Indigenous Peoples）とは

先住民族とは、どのような人たちのことをさすのか。

実は、少数者同様、先住民族の定義は存在しない。しかし、少なくともネイティブアメリカン、イヌイット、アボリジニー、マオリなどは、先住民族であることに異論はない。彼らはヨーロッパからの開拓者が来る前からその土地に住んでおり（先住していた者）、独自の民族的背景や文化をもち、征服、移住といった方法によって、後から来た者に従属し、支配された人たちである。問題は、先に住んでいた者が誰で、歴史的に支配─被支配の関係が上記の人たちほど明確ではない場合である。たとえばアジアの多くの国々は、先住民族問題は、アメリカやオーストラリアなどに限られるとし、自国には先住民族は存在しないと主張した。

世界には3億の先住民族がいるともいわれるが、定義化は、ある特定の民族を先住民族から排除する可能性もある。2007年に国連総会で採択された先住民族宣言も、定義することを避けた。他方で、今日でも定義のよりどころとされるのが、「コボ報告書」である。これは、1970年、人権小委員会によって任命された特別報告者ホセ・コボが執筆した、先住民族に対する差別に関する研究である。

「コボ報告書」における先住民族の定義によれば、「先住民族」とは、4つの要素から構成される。それは、①先住性：当該領域に先に居住していたこと、②歴史的連続性：当該領域に先に発達していた社会と現在の自分たちの社会が歴史的につながっていること、③被支配性：現在は当該領域を支配する立場にないこと、そして④自己認識：集団への帰属を自己が認識しており、また集団がそれを受け入れていることである。

少数者の定義と同様、大きく分けると、客観的要素と主観的要素の2つから誰が先住民族であるかが決定される。客観性とは、先住性および歴史的連続性、被支配性をさし、主観的要素とは、自分が先住民族であると認識していること

である。

◎少数者とはどう違うのか

　それでは先住民族と少数者はどのように違うのだろうか。世界の先住民族の
ほとんどは、数的に少数であり、したがって同時に少数者でもある。だが数的
には多数者である先住民族も存在する。グアテマラの先住民族（インディオ）
がそうである。彼らは数的には多数であるが被支配的立場におかれている。

　実際、少数者の権利に関する条文（たとえば、自由権規約第27条）は、先住民
族の権利の保護にも用いられている。ならば、なぜ少数者に関する条文、宣言
等では充分ではなく、別途先住民族の権利の保護が必要なのか。

　先住民族が一般的な少数者と大きく異なる点は、2つある。第1に、自決権
の考え方であり、第2に、土地とのつながりである。少数者の場合、国家から
の独立を含め、自決権を重要視したり、国家に対して自決権を要求することは
今日では少ない。少なくとも、彼らが権利のなかで自決権が最も重要だと考え
ることはあまりない。自由権規約第27条も、一般的意見23にもあるように、
第1条の自決権とは別個のものであるとし、少数者の権利を保護・促進するた
めに国家からの独立の権利を認めていない。しかし、先住民族は彼らの存在お
よび存続にとって自決権がきわめて重要であると考える。一般社会とは異なる
独自の習慣や法、伝統があるためである。たとえば、彼らにとって重要な医療
行為には祈祷や薬草の使用もある。これは国内法では禁じられているものも多
い。彼らの考える自決権は国家からの完全な独立よりも、（完全な）自治に近い
考え方ではあるが、国家からの独立を希望する先住民族も存在はする。先住民
族宣言でも、自決権は重要な柱となっている。

　第2の、土地とのつながりも少数者とは異なる。オーストラリアの有名な観
光地にエアーズ・ロックがあるが、近年その名称はアボリジニーの呼び名のウ
ルルに変更された。さらに、2019年登ることが禁止された。ウルルは、先住
民族にとって聖地であるため、彼らの人権に配慮した。この他にも、先住民族
の聖地における、大型ダム建設や開発プロジェクトが先住民族の承諾なしに進
められる場合がある。このように先住民族の場合、土地と神聖な結びつきがあ

ることが多い。このような聖地を含む先祖代々の土地の返還や自治権を願うの
は、そのような考えに基づく。そしてこのような独特な考え方は、少数者には
あまりみられない。これまで、先住民族の「自治」が認められず、政府の決定
に対する発言権がないために、神聖な土地に「勝手に」ダムができてしまうケー
スは多くあった。日本でも同様なことが問題になった（二風谷ダム事件）。

◎先住民族の権利に関する宣言・条約

ⅰ）ILO条約　　間接的ではあったが国際労働機関（ILO）は、1920年の設立当
初より先住民族の労働問題について扱っており、国連よりも歴史は長い。第2
次世界大戦前、ILOが採択した条約のなかに、先住民族の労働問題に関連する
ものもあった（ILO第64号条約および65号条約）。1957年、先住民族に関する条
約である先住民及び種族民条約が第2次世界大戦後初めて採択された（ILO第
107号条約）。しかし、この条約は先住民族が生き残るためには、主流の社会に
交わる必要を説き先住民族の社会を「後進的」で将来的には主流社会に同化さ
れる暫定的なものと位置づけたため、多くの批判を浴びた。

　1989年、この条約を改定した独立国における先住民及び種族民に関する条
約（ILO第169号条約）が国連、国連食糧農業機関、国連教育科学文化機関、そ
して汎米インディアン協会の協力によって採択された。この条約の目的は、先
住民族が他の一般的な人々と同じように人権を享受できるようにすること、ま
た、彼らの独自性を尊重することである。具体的には、土地、労働・雇用、職
業訓練、社会保障および健康、教育、国境を越えた接触および協力について規
定している。加えて、この条約の実施のための先住民および種族民に関する国
際労働機関政策促進のプロジェクト（PRO169）が1996年より実行に移されて
いる。これは、政府や使用者組織、労働者組織、非政府組織（NGO）および先
住民族、種族民の組織が協力して、実施されるものである。この条約の適用お
よび批准のために国家に対しては技術協力が行われ、先住民族や種族民に対し
てはこの条約に規定されている権利の周知など直接的な援助がなされている。
このプロジェクトは、第169号条約の批准があまり進んでいないアフリカおよ
びアジアにおいてとりわけ重点的に実施されている。

ⅱ）**先住民族宣言**　　先住民族宣言は、1994年に人権小委員会において採択された宣言案をもとに、人権委員会の審議を経て、人権理事会において2007年に採択され、同年12月に国連総会で採択された。本来は、国際先住民年（1993年）あるいは国際先住民の10年の最終年（2004年）に採択が予定されていたが、作業がきわめて難航したためにかなわなかった。起草過程でとりわけ問題となったのは、先住民族の定義、先住民族の自決権の問題（自治か、それとも分離独立まで認めるか）、そして土地の問題であった。このうち先住民族の定義では、誰が先住民族であるかという問題、および、「先住民（indigenous people）」か、「先住民族（indigenous peoples）」か、という用語も問題となった。歴史的には、差別的とも解される土着民（tribal people）が用いられていた。ILO条約も、初期のものはこの用語を用いている。また人権小委員会の作業部会も、「indigenous populations」という名称であった。人権委員会も議題を「indigenous issues」と名付けて、議論を回避した。英語の「people」と「peoples」の違いは、「s」があるかないかだけではない。「peoples」は、民族の自決権と結びつくと考えられ、国際法上、国家からの独立の権利が含意される。また、人権が個人の権利なのか、集団の権利なのかという争いもある。結局のところ、宣言では先住民族の団体が強く主張する「indigenous peoples（先住民族）」の用語が用いられることになった。

　最終的に採択された宣言は、全部で46カ条からなり、先住民族のあらゆる権利について規定している。すでにふれたように、先住民族という表現が採用されたが、先住民族の定義自体はなされなかった。規定される権利のうち特筆すべきものとして、自決権（自らの政治的地位の決定の権利、自治を認められる権利）、土地とのつながりや利用（土地の集団的権利や補償の権利）、強制移動の禁止、ジェノサイドと類似の行為の禁止、固有の政治的、法的、経済的、社会的、文化的制度をもつ権利、先住民族の文化的権利、環境権、知的財産権などがある。

　宣言であるため厳密には法的拘束力はないが、次にみる専門家メカニズムによって実施状況が調査されており、日本を始めとする国家がこの宣言を実施することが期待されている。

◎先住民族の人権の国際的保護

ⅰ）先住民族専門家メカニズムと独立専門家　　2006年の人権委員会の終結とともに、人権小委員会のもとでの作業部会も解散した。人権委員会を引き継いだ人権理事会は、作業部会に代わる制度として、2007年、先住民族の権利に関する専門家メカニズム（EMRIP）を設立した（決議6/36）。これは人権小委員会の作業部会の精神を引き継ぎ、5名の独立した専門家からなるほか、先住民族の代表も直接参加することができる。任務は、人権理事会の任務の実施を手助けするために、テーマ別の専門性を提供するものであり、先住民族の権利に関する研究や調査に基づいた諮問を行い、理事会による審議および採択のために提案を行う。このほか、先住民族の権利に関する特別報告者を支援している。これまで先住民族の教育の権利、決定に参加する権利、先住民族の言語や文化が先住民族の権利の保護促進において果たす役割等について扱ったほか、先住民族の権利宣言の実施に関し各国政府へ送付した質問状の回答に関する分析も行っている。

　先住民族の権利に関する特別報告者は、そもそも2001年に人権委員会の特別手続きのもとに設けられたが、人権理事会決議15/14で任務が継続した。特別報告者に与えられた任務は、他の関連機関と協力し、先住民族の権利の完全かつ効果的な保護のために、存在する障害を乗り越えるための方策や措置を研究し、先住民族の権利侵害に関する情報を収集し、先住民族の権利の侵害の防止や補償に関して勧告や提案をすることになっている。

ⅱ）先住問題恒久フォーラム（Permanent Forum on Indigenous Issues）　　先住問題恒久フォーラムは、国連における先住民族関係の第3の制度である。世界人権会議で採択されたウィーン宣言で、国際先住民族の10年（1995年から2004年）の間に、国連内に先住民族の常設的なフォーラムを創設するように勧告されたことを受けて、2000年に経済社会理事会の決議によって創設されたものである。3年の任期からなる16名の独立専門家（半数は政府、半数は先住民族によって推薦を受けた者）が、先住民族の経済的、社会的発展、文化、環境、教育、健康および権利に関して、経済社会理事会を含めた国連の諸機関に助言し、国連内における先住民族に関する活動の意識向上や、情報提供を行っている。

V 日本における問題

日本には多くの民族的背景の人々が住んでいる。このうち、ここでは在日韓国・朝鮮人およびアイヌの人々の権利について、とりわけ国際的にどのように評価されているのか、みておくことにしよう。

まず、在日韓国・朝鮮人の人権問題であるが、これらの人々は日本の国籍を有さない朝鮮民族の人々および朝鮮民族のバックグラウンドをもつ日本国籍を有する人々のことである。その多くが、1945年以前、日本の朝鮮半島植民地支配に伴い、日本国籍を有する者とされ、日本に移住することを余儀なくされた人や、強制連行された人およびその子孫である。1945年、朝鮮半島における日本の植民地支配が終了し、在日韓国・朝鮮人はいったん解放されたが、1952年、日本の主権回復をきっかけに今度は日本国籍を奪われた。長い間日本に住んでいたために本国の生活基盤を喪失したり、帰国費用が調達できなかったり、1950年の朝鮮戦争の勃発などで、本国に戻れなくなったりした人々は、当時60万人以上いたといわれる。日本における韓流ブームなどで一旦差別は少なくなったが、他方で、北朝鮮の拉致問題、韓国との従軍慰安婦問題や徴用工の問題の悪化で、韓国・朝鮮人に対する差別が悪化している。

在日韓国・朝鮮人の権利侵害は、国連の委員会などでは、どのように指摘され、勧告されているのだろうか。歴史的にみて、強制労働、自分たちの言語や姓名使用の禁止、国籍のはく奪、自己の文化の否定など、在日韓国・朝鮮人は植民地時代およびその後今日に至るまで、多くの差別や人権侵害に直面してきている。人種差別撤廃委員会からは在日韓国・朝鮮人に対するヘイトスピーチについて勧告が出されているが、他にも、日本が締約国である条約機関や人権理事会の下でのUPR審査でも、在日韓国・朝鮮人に対する差別や従軍慰安婦問題の解決など勧告が出されている。

たとえば、社会権規約委員会は、在日韓国・朝鮮人の社会権について、日本政府に対し「法律上および事実上の差別、とくに雇用、住宅および教育の分野における差別をなくすために、引き続き必要な措置をとること」を勧告した

（2001年）。また、子どもに対する差別、とりわけ朝鮮高級学校卒業が日本の高校の卒業として認められないこと、学校でマイノリティ言語を用いた授業がないことについては、自由権規約委員会（1998年）、子どもの権利委員会（2004年）、人種差別撤廃委員会（2001年および2010年）が、その改善を勧告している。子どもの権利委員会は、外国人学校への補助金の問題や、歴史教科書が日本側のみの記述となっているために周辺諸国との相互理解が進んでいないことの懸念を表明している（2010年）。さらに、女性差別撤廃委員会は、特にマイノリティ女性が直面する教育、雇用、健康、社会福祉、暴力の被害の側面での、複合的差別を問題視している（2003年）。

　次に、アイヌの人々の人権についてみていきたい。アイヌ民族は北海道等において誰よりも古くから存在し、独自の文化が13世紀ごろまでには形成されていたと考えられている。鎌倉時代になると、和人の勢力がアイヌ民族の活動地域にも及び、両者の間には抗争が起こるようになった。江戸時代には、幕府が蝦夷地において勢力を拡大し、やがて直轄するようになった。このときアイヌ民族に対して、和人の文化が押しつけられた。明治時代になると、政府はアイヌの住む「蝦夷地」を「北海道」と改称した。1899年、北海道旧土人保護法が公布され、これによってアイヌ民族は「旧土人」と位置づけられ、彼らに対して厳しい同化政策が行われた。この差別的な法律が廃止されたのは、百年後の1997年である。

　同法に代わって制定されたアイヌ文化振興法（アイヌ新法）は、先住民族にとって重要な文化の保護を目的としたもので、日本が多民族国家であることを認めた点では一定の評価はできる。しかし、この法律は、アイヌ民族を先住民族であると断定していないこと、保護の対象が文化に限定されること、過去の侵略抑圧、同化政策に対する謝罪、補償の言及がないなどが問題として指摘されている。

　他方で、この法律の制定前に出された二風谷ダム建設をめぐる札幌地裁の判決（1997年3月27日）は、アイヌの人々を先住民族として認め、画期的なものであった。二風谷ダム事件は、北海道の二風谷地区におけるダムの建設の是非をめぐるものである。ダムの建設が進められた二風谷地区はアイヌ民族の聖地

でもあった。彼らはこのダムの建設に反対したが、中止には至らず、同地区は水没した。アイヌ民族の地権者は、土地の権利取得決定の取り消しなどを求めた訴えを札幌地方裁判所に起こした。同裁判所は1997年に次のような判断を下した。「アイヌの人々は我が国の統治が及ぶ前から主として北海道において居住しており、これが我が国の統治に取り組まれた後もその多数構成員の採った政策等により、経済的、社会的に大きな打撃を受けつつも、なお独自の文化及びアイデンティティを喪失していない社会的な集団であるということができるから（中略）『先住民族』に該当するというべきである」と判断した。このことから、先住民族としての独特の文化的権利に「十分な配慮を促す責務」が国にあり、土地の収用は違法であると結論を下した。けれども、この判決が出されたときにはすでにダムはできあがっており、先住民族の利益よりも公の利益を優先させ、結局のところ裁判所は、原告側の訴えを棄却した。

　2008年、洞爺湖で開催されたサミットに合わせて、先住民族サミットのアイヌモシリ2008が北海道の平取町と札幌において開催され、世界から12カ国22の先住民族が集まった。国連の先住民族宣言の実行が含まれた洞爺湖サミットに提出する宣言も採択された。また同年、国会の両議院は、「アイヌ民族を先住民族とする」ことを全会一致で認めた。これを受けて、政府は「アイヌ政策のあり方に関する有識者懇談会」を設置し、2009年に懇談会は報告書を提出した。さらにこれを受けて内閣府は「アイヌ政策推進会議」を発足し、2019年、アイヌを初めて先住民族として明記した「アイヌの人々の誇りが尊重される社会を実現するための施策の推進に関する法律」（アイヌ新法）を採択した。

　また2020年には、有識者懇談会の報告書を受けて、北海道の白老町にウポポイ（民族共生象徴空間）が開館した。ウポポイはアイヌ語で「（大勢で）歌うこと」という意味である。ウポポイには、アイヌ文化について歴史と文化を伝える国立アイヌ民族博物館のほか、体験型の施設である国立民族共生公園と慰霊施設がある。

Ⅵ　SDGsとの関連

　SDGsというと、食品ロスやマイクロプラスチックなど、環境問題のことを思い浮かべる人が多いだろう。しかし、SDGsは持続可能な開発の目標であり、環境や人権に配慮しない開発は一時的には成功しても、長い目で見ると持続的ではない、という考えが基盤にある。つまり、SDGsには人権の保護促進も環境と同様に大事な柱である。デンマーク人権機関（Danish Institute for Human Rights）によると、SDGsの169のターゲットのうち92%が人権にかかわっているという。

　SDGsの基本的な考え方である「誰1人取り残さない」は、特にこの章で扱った人種差別や少数者や先住民族の権利の実現との関係で重要である。人権を尊重しない開発は、さらなる差別や格差を生み、持続的なものではない。

　本章で扱った人種差別に関しては、SDGsの目標10（人や国の不平等をなくす）に具体的な規定がある。ターゲット10.2では、2030年までに、年齢、性別、障がい、経済的地位等とならび、人種、民族、出自、宗教にかかわりなく、全ての人々の能力強化および社会的、経済的および政治的な包含を促進するという目標を掲げている。また、ターゲット10.3では、平等の実現のために、国は差別的な法律、政策および慣行を撤廃し、適切な関連法規、政策、行動を促進することを通して機会均等を確保し、成果の不平等を是正しなければならない。人種差別は、背景に長い歴史からくる構造的な問題があり、貧困や経済的な格差、教育、就労、医療等と関係し、さらなる差別を助長している。こういった不平等な構造をなくすためには、法律の改正だけでなく慣習、慣行、文化などにも切り込んでいかねばならない。アメリカでは2020年に黒人男性が警察官の行き過ぎた拘束によって死亡し、BLM運動が世界的に注目されるようになった。このような差別的な法の執行等をなくすには、SDGsの目標16の実現が重要となる。

　先住民族は、脆弱な立場にあり、貧困や教育、就労などで差別や格差に直面している。先進国の中でも富んでいるアメリカ、カナダ、オーストラリアの先

住民族の多くが貧困層に属しているといわれる。この章で見たように、先住民族は、土地とのつながりを大切にし、彼らの人権のなかで重要な位置を占める。先住民族の聖地が、彼らがかかわることなく開発され破壊されたり、その開発による恩恵が得られないことが問題となっている。人権理事会の先住民族の権利に関する特別報告者は、先住民族が開発から利益が得られるように、差別的な扱いをなくす必要があり、また、彼（女）らが決定した開発を追求する権利が尊重される必要があると報告した。アメリカ・インディアンの経済的発展のハーバード・プロジェクト（Harvard Project on American Indian Economic Project）によると、先住民族がかかわった開発プロジェクトはそうでないプロジェクトよりも成功しているという結果がある。このことは環境のプロジェクトにも当てはまるという。先住民族の土地とのかかわりは、環境破壊や生物の多様性とも連関している。たとえば、アマゾンに住む先住民族は熱帯雨林の破壊は、彼らの生活を脅かし、伝統的な薬の素となる植物を喪失させている。先住民族宣言にある自決権の尊重はSDGsの実現にもつながる。

　先住民族は国家間や専門家によるSDGsの策定の段階でも、関与していた。その意味で、SDGsの目標と彼らの権利はさまざまな側面で関係があるといえるが、特に飢餓をゼロにする目標2のもとのターゲット2.3.1、教育に関する目標4のもとのターゲット4.5に彼らの権利について具体的な言及がある。ほかに、貧困の撲滅を掲げる目標1の土地の権利、天然資源等の平等や女性の権利の目標5のもとの土地の所有のターゲット5.aと関連する指標などのように土地とのつながりに関しても、先住民族の権利が規定されている。

Ⅶ　お わ り に

　少数者の人権は、自分のこととは無関係と思われがちである。しかし、多数者であっても、外国に行ったら少数者となる可能性があることを忘れてはならない。少数者の人権が守られている社会は、多数者にとっても住みやすい社会のはずである。

　また、先住民族の権利を守ることも、先住民族ではない人にとって無関係で

はない。たとえば、環境保護や、医療の分野で彼らから教えられることは多い。南米先住民族の話に次のようなものがある。森林火災を鎮めるために、一羽のハチドリが、他の動物たちはあきらめていたなかで、ひとしずくの水を運び、「自分のできることをしているだけ」といいながら火を消した（『ハチドリのひとしずく──いま、私たちにできること』辻信一監修、光文社、2005年）。地球を守るために私たちが何をしなければならないか、多くのことを伝えてくれる話である。

　多民族、多文化の社会をつくり上げることは、言葉でいうことは簡単であるが、実際には非常に難しいことである。しかし、そのような社会になることは、豊かな社会および平和へとつながるのである。

♣次の設問を考えてみよう。
　(1)　人種差別の定義について、どのような人々が対象となっているのだろうか。
　(2)　SDGsの基本的な考え方である「誰1人取り残さない」は、人種差別で苦しんでいる人、性的少数者を含む少数者や先住民族の権利とどのような関係があるのだろうか。

　　ジェンダー平等と女性の権利

Ⅰ　は じ め に

　ジェンダー平等の実現は、SDGsの目標5として「ジェンダー平等を達成し、すべての女性及び女児の能力強化を行う」と記される。SDGsのすべての目標にジェンダー平等が含まれており、ジェンダー平等の達成はSDGsの実践であるといえる。

　男女の別は生物学上の差異であるが、社会的・文化的な区別が生活を通して行われることによって、「男性性」「女性性」が形成されると考えられている。ジェンダーは、男女の性差が生物学上決定されているのではなく、社会的につくられたものであるとの認識に基づく用語である。フェミニズムは、女性は男性と同じ権利や機会を与えられるべきという考え方であり、性差に基づく差別の是正を求めて男性との平等を志向する。これに対して、ジェンダーは男女の関係性に着目し、性別に基づいた「社会的役割の固定的考え」を是正するために用いられる。ジェンダー平等を達成するために、すべての問題にジェンダーの視点を中心に据える「ジェンダー主流化」と、女性が自らの能力をつける「エンパワーメント」（地位と能力の強化）に向けた措置が講じられている。

　ジェンダー平等を達成するためには、社会において構築されてきた男女の関係性を是正する必要がある。女性が自らの能力を向上したり発揮したりする機会が十分に確立されてこなかったことが問題視され、ジェンダー平等の実践を目指して女性に着目した活動が重点的に行われてきた。本章では、ジェンダー平等に向けた国際社会の取組みについて概観する。

II　ジェンダー平等に向けた国際社会の動き

　ジェンダーの用語が確立する以前より、国際社会においては、男女間の不平等を是正することに関心が払われてきた。国連憲章は第1条において「性……による差別なくすべての者のために人権及び基本的自由を尊重するように」と定め、国連諸機関に男女がいかなる地位にも平等の条件で参加する資格があることについて制限を設けてはならない（第8条）と規定する。

　「世界人権宣言」（1948年）は、男女の同権への信念を確認し、すべての人間が生まれながらにして自由であり、尊厳と権利において平等であること（第1条）、いかなる差別を受けることなく、すべての権利と自由とを享有する権利を有すると規定する（第2条）。宣言の起草段階において、当初は「人」（men）と記されていたが、文字通り「男性」と解釈される恐れがあるという指摘を受けて「人間」（human beings）に置き換えられた。世界人権宣言は、「人類のマグナカルタ」とよばれ、国際人権章典の中核をなすものとして、その後の人権諸条約や国連の人権活動の基礎となった。

◎国際的な会議の開催
　女性の権利を定めた宣言や条約の制定においては、国連が主催する女性に関する世界会議が大きな役割を果たしてきた。国際的な場を通じて、女性に対する差別があらゆる社会における共通の課題であり、国際社会において対応していく必要性が確認されていった。国際的な会議の開催は、非政府組織（NGO）や市民社会にとってネットワークを構築し、ともに課題に取り組む重要な機会となっていった。

　国連は1975年を国際婦人年と定め、同年、メキシコシティで開催された初の国際女性年世界会議において「女性の平等と開発：平和への女性の寄与に関するメキシコ宣言」と、「女性の地位向上のための世界行動計画」が採択された。さらに男女の平等と女性差別の撤廃に関する決議が採択され、女性差別撤廃条約の採択を促進する必要性が主張された。1976年から1985年は「国連女性の

10年」と指定され、女性問題と取り組む国際的な動きの追い風となった。

　1980年には、コペンハーゲンで「国連女性の10年」中間年世界会議が開催された。この２度目の世界女性会議では、女性差別撤廃条約の署名式が行われ、日本も署名した。1985年には、「国連女性の10年」の成果を評価し検討する会議がナイロビで開催され、「女性の地位向上のためのナイロビ将来戦略」が採択され、「国連女性の10年」の総括と、2000年を達成年とした15年計画が策定された。

　1993年、世界人権宣言採択45周年を記念して、ウィーンで世界人権会議が開催された。この会議において、女性と少女の人権が普遍的人権の不可譲かつ不可分の一部であること、またあらゆる差別の撤廃が国際社会の優先的な課題であることが確認され、さらに女性に対する暴力やセクシュアル・ハラスメント、搾取の撤廃が定められた。翌年には、人口と開発に関する国際会議がカイロで開催され、リプロダクティブヘルス／ライツ（性と生殖に関する健康／権利）が取り上げられた。

　1995年に北京で開催された第４回世界女性会議（北京会議）は、史上最大の女性会議となった。会議では「女性の権利は人権である」ことが確認され、北京宣言と行動綱領が採択された。行動綱領は女性のエンパワーメントのための行程表を作成し、12の重要問題（女性と貧困、女性の教育と訓練、女性と健康、女性に対する暴力、女性と武力紛争、女性と経済、権力および意思決定における女性、女性の地位向上のための制度的な仕組み、女性の人権、女性とメディア、女性と環境、女児）について戦略的な行動が呼びかけられた。この会議において、女性に対する暴力の問題が初めて取り上げられた。

　北京会議で採択された文書の実施状況と今後の課題を検討する国際会議が、その後も定期的に開催されている。国連女性2000年会議では、各国の決意表明や理念を記した成果文書「政治宣言」と、「北京宣言および行動綱領の実施促進のためのさらなる行動とイニシアティブに関する文書」が採択された。2005年には、閣僚会合として第49回国連女性の地位委員会（CSW）（「北京＋10」）が開催され、北京宣言および行動綱領、2000年会議の成果文書の実施状況の評価と見直しを行い、また実施戦略や今後の課題を協議した。2010年には、

開催年	会議名	開催場所	成果文書
1975年	国際女性年世界会議	メキシコシティ	女性の平等と開発 平和への女性の寄与に関するメキシコ宣言 女性の地位向上のための世界行動計画
1980年	国連女性の10年中間年世界会議	コペンハーゲン	国連女性の10年後半期行動プログラム
1985年	国連女性の10年の成果を検討評価するための世界会議	ナイロビ	女性の地位向上のためのナイロビ将来戦略
1993年	世界人権会議	ウィーン	ウィーン宣言および行動計画
1994年	人口と開発に関する国際会議	カイロ	行動計画
1995年	第4回世界女性会議	北京	北京宣言　行動綱領
2000年	第23回国連特別総会 女性2000年会議	ニューヨーク	政治宣言　北京宣言・行動綱領実施のための更なる行動とイニシアティブ
2005年	第49回国連女性の地位委員会「北京+10」閣僚級会合	ニューヨーク	宣言
2010年	第54回国連女性の地位委員会「北京＋15」	ニューヨーク	第4回世界女性会議15周年における宣言
2015年	第59回国連女性の地位委員会「北京＋20」	ニューヨーク	第4回世界女性会議20周年における政治宣言
2020年	第75回国連総会「第4回世界女性会議25周年記念ハイレベル会合」 第64回国連女性の地位委員会「北京＋25」	ニューヨーク	 第4回世界女性会議25周年における政治宣言

第54回CSW（「北京＋15」）、2015年には第59回CSW（「北京＋20」）が開催された。2020年には、第75回国連総会「第4回世界女性会議25周年記念ハイレベル会合」と第64回CSWが開催され、CSWでは1995年の第4回世界女性会議から25周年を迎え（「北京＋25」）、「第4回世界女性会議25周年における政治宣言」が採択された。

Ⅲ　国際人権と女性

◎国際的な文書

　国際社会において、女児を含む女性の権利の保護と促進、女性に対するあらゆる差別の撤廃、さらには女性に対する暴力の撤廃へと議論が展開してきた。

また公的領域のみならず、私人間における暴力の撤廃も目指されている。

ⅰ）**女性差別撤廃条約**　　女性差別撤廃条約（締約国189　日本1985年効力発生）は、女性に対する差別の撤廃に向けた包括的な文書である。同条約は女性に対する差別が社会に存在していることを憂慮し、女性に対する差別が、権利の平等原則と人間の尊厳の尊重の原則に反することを規定する。同条約は社会と家庭における男性の伝統的役割を女性の役割とともに変更することが、男女の完全な平等の達成にとって必要であるとの認識に基づいている。

　女性差別とは、性に基づく区別、排除または制限であって、政治的、経済的、社会的、文化的、市民的その他のあらゆる分野において、女性が男女平等を基礎として人権と基本的自由を認識し、享有しまたは行使することを害しまたは無効にする効果または目的を有するものとされる（第1条）。

　同条約は締約国の差別撤廃の義務と保障措置を定め（第2条〜第6条）、国家に対して、個人による女性差別や社会慣行における女性差別を撤廃することを求める。そして、男女差別が存在する場合には、平等を実現するために積極的是正措置（ポジティブ・アクション）をとり、差別されている女性を暫定的に優遇することも認めている。また条約は政治活動などの面での差別を撤廃し、国籍に関する権利の平等を規定する（第7条〜第9条）。さらに教育、雇用、保健に関して農村女性に対する経済的および社会的活動等の分野での差別の撤廃（第10条〜第14条）、民事や婚姻、また家族関係など私的生活における差別の撤廃も定める（第15条〜第16条）。

　このように女性差別撤廃条約は、男女の性別役割分業の考え方を否定し、女性に対する差別を撤廃するために、積極的な措置をとることを締約国に義務づける。また条約は、機会の平等に加えて結果の平等を保障することも規定する。さらに締約国に対して、国内での差別的な法律や規則の廃止などに加えて、慣習や慣行の廃止を求める。また管轄下の個人、民間団体、企業に対しても差別してはならない義務を課すように国家が措置をとることを求める。つまり法律に基づいて男女の平等を確保しながら、慣習や伝統の領域における差別の廃止、私人間の関係での差別の撤廃と、結果の平等が目指されている。

　同条約の監視機関として、独立した専門家によって構成される女性差別撤廃

委員会が設立されている。委員会の主な機能は、以下に述べるように締約国からの定期報告書の審査、一般的勧告の作成、個人通報の審査である。

　第1に、締約国は、条約実施のために行った措置や進捗状況について、委員会に対して定期的に報告書を提出することが求められる。委員会は締約国と「建設的な対話」を通して報告書を審査し、審議の後に総括所見を出す。総括所見は法的拘束力をもつものではないが、締約国はその内容を誠実に配慮することが求められる。また総括所見に関して、委員会は締約国による履行についてフォローアップも行うなど、締約国の条約上の義務について継続して監視を行う。日本政府の報告書は、1988年、1994年、2003年、2009年、2016年に審議された。

　第2に、委員会は女性差別撤廃条約の各条文について内容を詳細に説明する一般的勧告を発出する。一般的勧告の作成においては、国際社会における法文書、国家の実行、裁判所の判例などが参照される。一般的勧告は条文の適用や解釈の際の指針として用いられる。

　第3に、委員会は、個人通報制度に基づいて個人からの申立てについて決定を行う。この制度は、選択議定書の締約国の住民からの申立てを審議し、権利侵害の有無を確認するものである。個人通報制度を通じて、国内では十分に法的な保護が望めない事例が委員会において検討され、場合によっては被害者に対する措置が締約国に勧告される。この制度は、個人の権利侵害について救済への道を開くものである。

ⅱ）労働　　労働や雇用の分野においても、性別に基づいた差別を是正する取組みがなされてきた。1958年に国際労働機関（ILO）で採択された、雇用および職業についての差別待遇に関する条約（ILO第111号条約、締約国数175　日本未批准）は、雇用と職業において、性別を含むあらゆる差別待遇が行われてはならないと規定する。条約の締約国は、差別廃止のために必要な措置をとり、政策を促進していくうえで労働団体の協力を求め、差別待遇禁止の法律を制定し、政策と一致しない法令や慣行を廃止または改正しなければならない。1965年に採択された「家族的責任を有する女子労働者に対する勧告」（ILO第123号勧告）は、家事、育児、介護など家族的責任を有する女性労働者が、仕事と家族的責任を両立できるように配慮することを求めている。この勧告は女性のみ

を対象としていたことから、1981年に、男女共に家族としての責任と職業的責任とが両立することを目的とする、「家族的責任を有する男女労働者の機会及び待遇の均等に関する条約」（ILO第156号条約）が採択され、第123号勧告を置き換えた（締約国数45　日本1995年効力発生）。さらにILO第100号条約（1951年　締約国数173　日本1967年効力発生）は、同一の価値の労働に関しては性別による区別を行うことなく同等の報酬を与えなければならない「同一価値労働同一賃金原則」を定めている。日本は同条約の締約国であり、労働基準法においても、男女同一賃金の原則を定めている。

ⅲ）**女性に対する暴力**　「女性に対する暴力」は世界中の女性に共通する問題である。暴行、家庭内暴力、性的虐待、女性性器切除（FGM）、ダウリー殺人、セクシュアル・ハラスメント、買春、人身売買、性奴隷制などはいずれも女性を対象とした身体的精神的な暴力行為であり、公的な領域のみならず、家庭など私的な領域を含むあらゆる場で行われる可能性がある。

　1985年のナイロビ将来戦略において、女性に対する暴力が増加していること、また女性の尊厳の確認を政府が優先的に行わなければならないことが規定された。ウィーン世界人権会議では、女性に対する暴力撤廃宣言の採択の必要性が確認され、これを受けて「女性に対する暴力の撤廃に関する宣言」（1993年）が国連総会で採択され、女性に対する暴力を撤廃するための国の義務が規定された。また第4回世界女性会議は、行動綱領において、国際社会が取り組むべき重要問題の1つとして女性に対する暴力を掲げた。女性差別撤廃条約には女性に対する暴力は規定されていないが、会議を経て女性に対する暴力が国際法違反であることが確認されてきた。女性差別撤廃委員会は、1992年に女性に対する暴力について一般的勧告19を公表し、女性に対する差別には、ジェンダーに基づく暴力が含まれること、差別には政府のみならず私人による行為も含まれること、国家は権利の侵害を予防したり暴力行為を調査し処罰したりする相当の注意義務を怠った場合には、私人の行為にも責任を負い賠償を払うことが確認された。一般的勧告19は2017年に一般的勧告35として更新された。一般的勧告35は、ジェンダーに基づく暴力があらゆる場や人の行動において生じ、国家および非国家の作為や不作為の結果であること、国家が予防、保護、

訴追、処罰と救済の措置をとることについて勧告する。

　女性に対する暴力のなかでも性暴力は、人道に対する罪と位置づけられる。常設の国際刑事裁判所（ICC）は、人道に対する犯罪として強姦、性的奴隷、強制売春、強制不妊などの性的暴力、ジェンダーに基づく集団等に対する迫害を禁止し（国際刑事裁判所規程第7条）、女性に対する犯罪行為を訴追する。

　さらに安全保障理事会（安保理）は決議1325（2000年）「女性、平和、安全保障」を採択し、武力紛争における女性の保護と権利について指針を明らかにした。同決議は、紛争防止・管理・解決等における女性の参加の増大、平和維持活動にジェンダーの視点を取り入れること、武力紛争下においてジェンダーに基づく暴力から女性を保護する特別な措置の要求を定めた。また国家に対しては、行動計画の策定が求められている。

iv）**女性差別撤廃条約選択議定書**　　1950年代頃からCSWでは、女性問題に関する個人通報制度の必要性を認識し検討していた。女性差別撤廃条約の起草過程においても、国家から提出される報告書の審査のみでは措置として十分ではないとの意見があり、個人通報制度の導入が提案されていた。しかし、女性の問題について個人通報制度は適切ではないとの主張も強く、当時は導入される状況になかった。

　選択議定書の制定の契機は、1993年のウィーン世界人権会議である。この会議において、女性に対する暴力や、武力紛争下での女性に対する性暴力が問題となった。CSWと女性差別撤廃委員会に対して、女性差別撤廃条約選択議定書の準備が要請され、1995年の北京世界女性会議の後に選択議定書の起草が本格化した。

　1999年7月、個人通報制度と調査制度を定めた女性差別撤廃条約選択議定書が国連総会で採択され翌年発効した（締約国数114　日本未批准）。個人通報制度は、締約国による女性差別撤廃条約の侵害について、被害者である個人または集団が委員会に対して通報を行う制度である。通報は匿名でないこと、国内の救済措置が尽くされていることなど、一定の条件を満たした場合に受理され、委員会において非公開で審議される。審議の後、委員会は見解や勧告などを関係当事者に送付する。個人通報制度の意義としては、人権侵害行為の被害者が

国内であらゆる措置を尽くしながら救済が見込めない場合には、この制度を利用し申立てを行うことにより、女性差別撤廃条約に基づいて審査が行われること、委員会より条約締約国の政府に対して具体的な措置が提案され、個人の被害の救済が可能になる場合があることである。

調査制度は、締約国による条約上の権利の重大な一貫性のある侵害に関して、委員会が信頼できる情報を受領した場合、当該国に対して情報について説明を求め、調査を行う制度である。委員会は委員を指名して調査を依頼し、調査には当該国の同意に基づく訪問も含まれる。委員会は調査の結果を検討し、調査結果を意見や勧告とともに関係締約国に送付する。締約国は委員会の意見や勧告に妥当な考慮を払い、委員会に対して6カ月以内に書面で回答することが義務づけられている（第8条）。

◎女性に関する国連諸機関

ⅰ）**女性（婦人）の地位委員会（CSW）**　　国際的な取組みにおいては、CSWが重要な役割を担ってきた。1946年6月に経済社会理事会の下部機関として設立されたCSWは、男女の平等原則の実現を促進することを目的としており、政治的、経済的、市民的、社会的、教育的分野における女性の権利の促進について、理事会に報告、勧告、提案を行う。CSWの主導のもとで、「女性の政治的権利」決議（1946年）、「女性の参政権に関する条約」（1952年）、「既婚女性の国籍に関する条約」（1957年）、「婚姻の同意、婚姻の最低年齢及び婚姻の登録に関する条約」（1962年）、「女性に対する差別の撤廃に関する宣言」（1967年）、「女性差別撤廃条約」（1979年）等の草案作成が行われてきた。またCSWは、女性の権利に関する国際会議の準備機関であり、女性問題について国連での調整機関の役割も担ってきた。

ⅱ）**UNウィメン**　　2010年、UNウィメン（UN Women、ジェンダー平等と女性のエンパワーメントのための国連機関）が、国連総会によって設立された。UNウィメンは、ジェンダー平等と女性のエンパワーメントの任務を担ってきた国連の4つの部門、すなわち女性の地位向上部（DAW）、国際女性調査訓練研修所（INSTRAW）、ジェンダー問題と女性の地位向上に関する事務総長特別顧問室

（OSAGI）、国連女性開発基金（UNIFEM）が統合されたものである。UNウィメンは、CSWなどの国連諸機関への支援、加盟国への援助、市民社会とのパートナーシップの構築、国連システムにおけるジェンダー平等実施の監督機能を担う。UNウィメンはまた、女性のリーダーシップへの参加の増加、女性と女児に対する暴力の阻止、平和と安全のあらゆる観点における女性の関与、国家の開発計画と予算の中心にジェンダー平等をおくことの5つの優先分野に着目する。UNウィメンの設立によって、国連の資源や機能が集約され、ジェンダーの主流化がさらに進むことが期待されている。

◎市民社会や企業の役割

ⅰ）NGO　　女性の権利の保護、促進および実現において、非政府組織（NGO）や市民社会は、重要な役割を担ってきた。国境を越えたNGOのつながりは、女性差別の撤廃やジェンダー主流化への取組みを通じて拡大、強化されてきており、世界の女性に共通する問題の解決に向けた協力体制を築いてきた。

　1975年の国際女性年の制定は、CSWにオブザーバーとして参加したNGOによって提案された。国際会議への参加を通して、NGOは相互に連携を強め、情報を共有し、ネットワークを構築していった。国際会議に参加するNGOの数が増加し、政府代表が出席する会議と並行してNGOの主催する会議「NGOフォーラム」が開催されるようになった。NGOの会合には1980年の国連女性の10年中間年世界会議には7000人、1985年のナイロビでの会議には1万5000人、1995年の世界女性会議には3万人が参加したといわれる。

　NGOは、条約の起草および実施にも役割を担ってきた。女性差別撤廃条約選択議定書の作成過程において、国連事務総長からの要請を受けてNGOもコメントを提出し、また選択議定書作成の作業部会にもオブザーバーとして参加した。さらにNGOは、締約国による条約の遵守状況を監視し、女性差別撤廃委員会に情報を提供する。委員会における締約国の条約実施状況の審議においても、NGOは委員会に情報を提供する。日本では女性差別撤廃条約について、NGOネットワークが結成され、日本政府の報告書の審議の際には、NGOが作成したレポートを委員会に提供する。委員会の審議終了後には、日本政府に対

する委員会の総括所見を分析し、日本政府による対応についてフォローアップを監視する。

ⅱ）企業　　企業におけるジェンダー平等を配慮する取組みは活発である。イギリスでは2010年に、企業の役員に占める女性割合の向上を目的としたキャンペーンとして、30% Clubが始まった。30% Clubとは、ジェンダーの課題をビジネス上の喫緊の課題と位置づけ、主体的に多様性の取組みを推進するキャンペーンである。30％とは意思決定において影響を及ぼすことができる最低限の割合であり、企業の意思決定機関に占める女性の割合を30％にすることで、より多様な状況から生じるビジネス上のメリットを受けると考えられている。日本では2019年に30% Club Japanが始まり、TOPIX100の取締役会に占める女性の割合を2030年に30％にすることを目標に掲げている。この活動の特徴としては、上場企業や大手外資企業、メディア、大学など組織のトップがメンバーになる資格を有し、彼ら／彼女らが活動に自発的に参加することである。またこのキャンペーンへの参加はSDGsへの対応の一環としても考えられている。日本では71の企業等のトップがこのキャンペーンに参加している（2021年6月）。

Ⅳ　　国際的な取組みの日本社会への影響

　日本国憲法は、国民は法の下に平等であり性別によって差別されないことを規定する。日本は男女平等が確立している社会のようにみえるものの、「家庭は女性、仕事は男性」、「女性は補助的な仕事を担う」という固定観念はいまだ存在する。労働力人口総数に占める女性の割合は44％を超える一方、女性雇用者に占める非正規労働者は56.0％と労働者の半数以上である（2018年）。男性雇用者総数に占める非正規労働者の割合である22.2％と比較しても、労働におけるジェンダー間のギャップは明らかである。

　特に日本では国家の政策決定や管理職に占める女性の比率が、他の先進国と比較して低い。国連開発計画（UNDP）が毎年発表する人間開発指数（平均寿命、教育水準、国民所得などを用いた人間の開発の進度を算出）では、日本は189カ国中

世界第19位だが（2020年）、世界経済フォーラムによって公表されるジェンダーギャップ指数2021において、日本は156カ国中120位である。この要因として、国会議員や閣僚など政治参加の分野と、企業の管理職など経済分野における女性の比率の低さが指摘される。

◎男女共同参画

　日本における男女共同参画は、法の下の平等を定めた日本国憲法に遡る。国際的な女性会議の開催と成果文書の採択に基づいて、日本は種々の国内的措置をとってきた。1985年の世界会議で採択された「女性の地位向上のためのナイロビ将来戦略」を踏まえて、1987年には「西暦2000年に向けての新国内行動計画」が作成された。1991年には、これを強化する「西暦2000年に向けての新国内行動計画（第1次改定）」を決定した。1994年には、男女共同参画社会の形成を促進するために、国内本部機構として、男女共同参画推進本部が内閣に設置された。

　第4回世界女性会議後の1996年には、「男女共同参画ビジョン—21世紀の新たな価値の創造」が作成され、これを踏まえて男女共同参画2000年プランが策定された。1997年には、男女共同参画審議会が閣議決定され、1999年には男女共同参画社会基本法が制定された。同基本法では、「男女が、社会の対等な構成員として、自らの意思によって社会のあらゆる分野における活動に参画する機会が確保され、もって男女が均等に政治的、経済的、社会的及び文化的利益を享受することができ、かつ、共に責任を担うべき社会」を形成することが目指されている。その基本理念は、男女の人権の尊重、社会の制度や慣行への配慮、政策など立案と決定への共同参画、家庭生活における活動と他の活動の両立、そして国際的協調である。この基本法に基づいて、男女共同参画基本計画が政府と地方自治体により策定されている。国の基本計画は5年ごとに策定されており、実現が目指される具体的な目標が掲げられる。第5次基本計画（2020年）においては、国会議員に占める女性の割合を2025年までに35％にすることや、民間企業における男性の育児休業取得率を30％にするなどの成果目標が掲げられている。

◎家族的責任

　1991年には男女の労働者を対象とした育児休業法が制定され、1995年には育児・介護休業法に改正された。同年、日本は「家族的責任を有する男女労働者の機会及び待遇の均等に関する条約」（ILO第156号条約　締約国数45）を批准した。同条約において、家族的責任を有する男女が差別されないこと（第3条）、家族的責任が雇用終了の理由になってはならないこと（第8条）が規定されており、育児・介護休業法も改正を経て、休業の申出または休業を理由とした解雇その他の不利益な取扱いが禁止された。

　実際には、育児休業取得者には男女間の差異がみられる。2019年の育児休業取得者の割合は、女性83％、男性7.48％、介護休業者の男女の割合は、女性61.1％、男性38.9％である（厚生労働省雇用均等基本調査）。法律上の規定は整備されながらも、実際の運用に関してジェンダーの不平等がみられる現状については、改善の余地がある。

◎女性に対する暴力

　1993年のウィーン世界人権会議において、女性に対する暴力が人権問題と位置づけられ、ウィーン宣言および行動計画では公的、私的生活における女性に対する暴力の撤廃が記された。同年、国連総会において「女性に対する暴力の撤廃に関する宣言」が採択された。これを受けて、日本では「配偶者からの暴力の防止及び被害者の保護に関する法律」（DV防止法）が施行された（2001年）。同法は、事実婚を含む配偶者からの身体的および精神的暴力の防止と被害者の保護を目的とし、国や地方公共団体は、配偶者からの暴力を防止し、被害者を保護する責務を有すると定める。この法律に基づいて、配偶者暴力相談支援センターが全国に設置されるなど、被害者による相談、一時保護、自立支援、保護命令などに整備された。11月25日は女性に対する暴力撤廃の国際デーとして定められ、日本ではこの時期が「女性に対する暴力をなくす運動」キャンペーンの実施期間となっている。

◎労　　働

ILO第100号条約は、同一価値労働同一賃金原則を定める。日本は同条約の批准国であり、労働基準法において男女同一賃金の原則を定めている。しかし、男女により就業する職種が異なり、結果として男女における賃金格差が生じてきた。ワークライフバランスの実現と雇用形態にかかわらない公平な待遇の確保を目的として、2018年に「働き方改革を推進するための関係法律の整備に関する法律」が制定された。さらに「短時間労働者の雇用管理の改善等に関する法律」（パートタイム労働法）が改正され、「短時間労働者及び有期雇用労働者の雇用管理の改善等に関する法律」（パートタイム・有期雇用労働法）として2020年より施行され、正社員と非正規社員の間の不合理な待遇差が禁止された。

◎国際的な組織犯罪──人身取引

国境を越えた犯罪が増加するなか、2000年に「国際的な組織犯罪の防止に関する国際連合条約」（国連国際組織犯罪防止条約、締約国数190）と、「国連国際組織犯罪防止条約を補足する人、特に女性及び児童の取引を防止し、抑止し及び処罰するための議定書」（人身売買禁止議定書、締約国数178）が採択された（日本はいずれも2017年に加入）。同議定書は、女性と子どもに特別の考慮を払いながら人身取引を防止しそれと闘うこと、人身取引の被害者の人権を十分に尊重しながら、彼女たちを保護し援助することを目的とする。

人身取引が重大な人権侵害であり深刻な国際問題であることから、日本では、全閣僚により構成される犯罪対策閣僚会議が2003年に発足し、人身取引対策推進会議が開催されている。女性や子どもの性的搾取を目的とした海外からの人身売買に対処するために、犯罪対策閣僚会議は、2004年には「人身取引対策行動計画」を策定し、人身取引対策の重要性を確認し、人身取引の実態を把握し、総合的かつ包括的な人身取引対策を行うことを定めた。特に人身取引の防止対策として出入国管理を強化すること、人身取引を撲滅するために刑法を改正し、人身売買行為を犯罪とすること、被害者を保護し、シェルターを提供し、カウンセリングを実施し、また被害者が外国人である場合には帰国を支援することなどを定めた。2005年には刑法が改正され人身取引罪が設けられた。

また出入国管理および難民認定法の改正により、人身取引の定義が新しく含まれ、被害者の保護措置も定められた。人身取引対策行動計画は2009年と2014年に作成され、労働搾取を目的とした人身取引の防止や、人身取引の被害者の認知の推進や被害者の保護機能の許可などが目指されている。

◎裁判事例

日本の裁判は、憲法や法律などの国内法に依拠して判断を行う。裁判において原告は国内法に加えて日本が加入する人権条約違反も主張している。ただしこれまでの裁判において条約を直接の根拠として判断はなされてはいない。

夫婦同氏（別氏）をめぐる裁判において原告からは憲法違反に加えて、女性差別撤廃条約違反が主張され訴えがなされた。国立大学の女性教員が、結婚後に民法の夫婦同氏制度にしたがい戸籍上は夫の氏としたが、勤務先の大学では旧氏を使用しようとしたところ認められず、大学が戸籍名を強制したことをめぐり1993年に裁判となった。原告は、大学側の行為について、日本国憲法の規定に加えて、女性差別撤廃条約第16条、世界人権宣言、自由権規約等に違反すると主張し、国に対して旧氏名の使用を認めるように義務づけることと慰謝料の支払いを求めた。この訴えに対して裁判所は、現行の夫婦同氏制度は憲法違法ではないとし、また女性差別撤廃条約には言及しなかった。

夫婦同氏の制度が憲法や女性差別撤廃条約に違反するとして提訴された事件について、2015年に最高裁判所は民法第750条の違憲性を認めなかった。この事件においても、最高裁判所は女性差別撤廃条約の規定には言及しなかったが、裁判官の意見のなかで、女性差別撤廃委員会から、日本の民法における夫婦の氏の選択に関する差別的な法規定が含まれていることに懸念が表明されていることや、その廃止が要請されていることが言及された。

2021年にも最高裁判所において、夫婦別氏を認めない民法規定などの合憲性が争われたが、最高裁判所は合憲であると判断した。裁判所の多数意見では、民法第750条が憲法第24条に違反しないこと、2015年の判決以降の社会の変化を考慮しても、同年の判断を変更すべきものとは認められないこと、さらに夫婦の氏についての政策問題と現在の民法の規定が憲法に適合するかという問

題は別個であり、政策問題は国会において論じられるべきことが示された。また裁判官の意見において、女性差別撤廃委員会の勧告が言及された。

Ⅴ　おわりに

ジェンダー平等を目指して講じられてきた国際社会における取組みは、特定の権利の保障から包括的な文書の作成へ、差別の撤廃から積極的保護へ、公的領域から私的領域への関与へ、さらには権利侵害への対処から予防・救済措置へと進展してきた。

国際社会における議論を通じて、日本に対する具体的な措置についても継続して促されてきた。女性差別撤廃委員会からの総括所見に含まれた日本政府への勧告は、ジェンダー差別の是正に向けた取組みを後押ししてきた。総括所見で指摘された問題として、戸籍と相続に関する規定、離婚後の女性の再婚禁止期間、婚姻適齢の男女差などがある。

委員会により指摘されてきた事項については進展もみられる。たとえば、婚外子に対する相続分を婚内子の2分の1と定めた民法規定について、2013年に最高裁判所は、法の下の平等に反しており無効と判断し、これに従い民法が改正された。また女性に対してのみ設けられていた6カ月の再婚禁止期間について、2015年に最高裁判所は100日を超える部分については法の下の平等に反するとの違憲判断を下した。この判断を受けて民法が改正された。さらに結婚最低年齢の男女の違いについては、2018年に女性の婚姻年齢が16歳から18歳に引き上げられた。これらは日本の裁判所の判断に基づく措置であり、裁判所は、条約や条約機関による所見を判断の根拠として用いてはいない。しかし国際社会からの評価は、日本の政策を国際的な基準から検討するものであり注目に値する。

今後一層の改善が求められる事項として、次の点が指摘される。まず、選択議定書の批准である。日本政府は、女性差別撤廃条約選択議定書をはじめ、すべての人権条約の個人通報に関する選択議定書に署名・批准していない。選択議定書の批准により、条約上の権利侵害について、一定の条件の下で、個人が

女性差別撤廃委員会に申立てを行う個人通報が可能になる。選択議定書の批准により、国内の制度においては十分な措置が講じられない女性差別撤廃条約の権利侵害という個別の案件について委員会において審理され、政府に対して法改正や救済措置などが勧告される機会を提供する。これは差別の撤廃に向けた具体的な措置へと結びつき、日本でのジェンダーの主流化を推し進める。

　次に、差別の撤廃に向けて積極的是正措置をとることも求められる。日本では国家の政策決定担当者や管理職に占める女性の比率が他の先進国と比較して低い。この状況を是正し、男女の候補者の数を可能な限り均等とすることを目指して、「政治分野における男女共同参画の推進に関する法律」が2018年に施行された。ただしこの法律は努力規定であり、現状が改善されない状況においては、積極的な是正措置が求められる。たとえば議員数の一定の割合を女性とするクオータ制度の導入が提案される。クオータ制度は、世界の国や地域の約60％において導入されている。クオータ制度を導入した国の議会の女性議員比率の平均値は、導入していない場合と比べて高いデータが示される。

　女性の労働については、パートタイム就業率の高さが指摘されるが社会保障制度との関連において検討されることが必要である。日本での女性の労働力率は、「M字型カーブ」となる。日本では出産と育児をきっかけに女性が仕事を離れることが多く、労働力率が一時低下するが、子育てが一段落した後に再び増加する。その場合には、非正規社員として働く割合が高くなる。女性の非正規雇用の人数は正規雇用の人数より多く、働く女性全体の半分以上を占める。女性のパートタイムの就業率の高さの理由の1つとして税制度が指摘される。日本では配偶者控除の条件として所得金額が年額103万円以下と定められている。また年金保険料免除の条件は年収が130万円を超えないことであり、これが非正規労働を事実上奨励する制度となっている。このような制度は、正社員の配偶者に手厚い社会保障を提供する一方で、女性の労働の機会を妨げ、経済的に自立する選択肢を奪っているとも考えられる。

　さらに夫婦同氏は差別的な状況を生み出す制度ともいえる。民法第750条は夫婦が氏を自由に選択できると規定するが、現実には96％の夫婦が男性の氏を選択する。この傾向は、社会の伝統として説明されるが、女性の氏が選択さ

れることが実際に少ない。女性差別撤廃委員会は、民法の関連規定について、夫婦の氏の選択に関する差別的な法規定と位置づける。夫婦別氏の使用が法律上認められていない状況は、自由な選択を奪うものといえるだろう。

♣次の設問を考えてみよう。
(1) 女性に対する差別撤廃に向けてさまざまな措置がとられながら、女性に対する差別はなぜなくならないのだろうか。
(2) 女性の権利を保護し促進するために、国際社会ではどのような取組みが行われてきているのだろうか。また国際社会の取組みは、日本にどのような影響を及ぼしたのだろうか。

コラム3　性的少数者（LGBT）

　俳優でありUNウィメンの親善大使を務めるエマ・ワトソンは、2014年国連で開催されたHeforSheキャンペーンの立ち上げ時の演説で、今日ジェンダーはもはや男性女性に二分するではなく、連続体（spectrum）として認識すべきと述べた。

　LGBTは、レズビアン（L）、ゲイ（G）、バイセクシャル（B）、トランスジェンダー（T）の頭文字である。LGBTの人々以外にも、さまざまなセクシュアリティが存在するがここでは、LGBTという用語を使う。性的指向（sexual orientation）は、どの性を好きになるかということである。性的自認（gender identity）は、どの性として認識しているかである。最近は、これらの頭文字をとったSOGIが用いられることが多い。LGBTは主体に着目しているのに対して、SOGIは属性や特徴に着目している。同様に、「女性差別」は差別の主体に着目しているのに対し、「性別に基づく差別」は属性や特徴に着目する。

　電通が2020年に行ったLGBTQ＋の調査では、LGBTQ＋に該当すると回答した人は、8.9％だった。これは、小学校40人学級でいうと約3人となる。また、8割以上の人がLGBTQ＋という言葉を知っていると回答し、8割以上が同性婚に賛成している。しかし、自らを「知識ある他人事層」に属しているという人は34.1％で、LGBTQ＋という言葉を知っていても、彼（女）らの権利は自分とは無関係の問題として捉えている人が多いことが浮き彫りとなった。その理由に「周りに当事者がいない」等があるが、「周囲にいない」と感じるのは、いじめなどを恐れてカミングアウトができていない人もいることも覚えておきたい。本人の許可なくLGBTであることを他人に公にされてしまうアウティングも問題となっている。2015年、一橋大学法科大学院の学生がこのことを苦にして自ら命を絶つという悲しい事件が起きた。

　国連人権高等弁務官事務所によれば、世界では約70カ国でLGBTの人々の権利が認められないどころか、犯罪となっている。反対に、2001年、世界で初めてオランダで同性婚が認められ、現在30カ国に拡大している。

　日本では、同性婚は認められていないが、2015年東京の世田谷区と渋谷区でパートナーシップ証明制度が認められ、現在約80の自治体がこの制度を認めている。ただ、法律婚のすべての権利は認められていない。2021年、札幌地裁で初めて同性婚を認めないことが憲法違反にあたるとした判決が出された。少しずつではあるが、LGBTの人々の人権が認められるようになってきているが道のりはまだ遠い。

第7章

子どもの権利

I　は じ め に

　私たちは皆、子ども時代を通って大人になる。誰にも、子どもであった（または ある）時期はある。すなわち、この章で取り上げる子どもの権利は、誰にでも関連のある人権なのである。

　子どもの権利を包括的に定めた「子どもの権利条約（公定訳では、児童の権利条約）」は、1989年に国連総会において採択され、196カ国（2021年2月現在）という多数の国による批准を得ている普遍的人権条約である。また、子どもの権利条約の確実な実施を1つの活動目標としている国連児童基金（UNICEF、以下ユニセフ）は、ユニセフ親善大使である黒柳徹子の活動によってもその名前は知られている。ユニセフ募金に参加したことのある人もいるだろう。

　児童労働や子ども兵士の実例にみられるように、子どもは、大人によって利用されたり、搾取の対象になりやすい。また、子どもは、どのような境遇で生まれるかを、選択することはできない。子どもの権利条約を批准している国の数は多いが、世界のなかには、大人が引き起こした戦争状態のなかで生まれて育つ子どもや、その国のなかで貧困状態にある家庭に生まれ、成長に必要な支援が得られないまま育つ子どもなど、子どもの権利条約が目指す理想からかけ離れた状況下にある子どももいるのである。このような国際社会の現状を反映し、SDGsは、目標1、2、4、11、16の中で、特に子どもを対象としたターゲットを設定している。また、目標やターゲットに「子ども」と明記されていなくとも、実際にはほとんどのSDGsの目標と子どもの権利条約とは関連している。子どもの権利条約を実現するために国や社会の行動や変革を促すことは、

SDGsの達成と同義なのである。

　もちろん、子どもの権利を守ったり尊重したりすることは、「子どものわがまま」を聞き入れることと同一ではない。「欲しいものと必要なもの」という観点より考えれば、子どもにとって「必要なもの」が権利であり、それは「欲しいもの」と同一でないことは明らかであろう。

II　子どもの権利条約の制定まで

◎国連成立以前の国際的な取組み

　まず、子どもに関する事項が国際的に審議されたのは、1919年に設立された国際労働機関（ILO）においてであった。ILOは、第1回総会で、「工業ニ使用シ得ル児童ノ最低年齢ヲ定ムル条約」（ILO第5号条約）を採択し、鉱山業や製造業、建築業などの「工業的企業」における14歳未満の子どもの使用の禁止を定めた。後に、ILOはこの最低年齢規定を他の分野にも広げた。

　1924年の国際連盟第5回総会で採択された「子どもの権利宣言」（ジュネーブ宣言）は、より一般的な形で子どもの権利について言及している。これは、人類は子どもに対し最善のものを与えなければならないとし、子どもが、身体的、精神的に正常な発達をするうえで必要なあらゆる手段が与えられなければならないこと、飢えた子どもに対しては食物が与えられなければならないことなどを定めた。

◎国連成立後の国際的な取組み

　第2次世界大戦後発足した国連のもとで人権に関する諸宣言・条約が採択され、そのなかで子どもに関する規定が設けられるようになった。たとえば、1948年の世界人権宣言は、第25条2項において「母親及び子どもは、特別の保護及び援助を受ける権利を有する。すべての子どもは、嫡出であるかどうかを問わず、同一の社会的保護を享受する」と規定する。1959年には、第14回国連総会において、子どもが、差別されることなく宣言に定める権利を享受することなど、10項目の原則を掲げた「子どもの権利に関する宣言」が全会一

致で採択された。前文では、戦争は子どもにとって最悪のものであり、平和という「最善のもの」を与えることが必要だというポーランドの提案に基づき、「人類は、子どもに対し、最善のものを与える義務を負う」とうたっている。

　また、1966年に採択された経済的、社会的及び文化的権利に関する国際規約（社会権規約）には、「できる限り広範な保護及び援助が、……特に、家族の形成のために並びに扶養される子どもの養育及び教育について責任を有する間に、与えられるべきである」「保護及び援助のための特別な措置が、出生その他の事情を理由とするいかなる差別もなく、すべての子ども及び年少者の為にとられるべきである。子ども及び年少者は、経済的及び社会的な搾取から保護されるべきである」（第10条1項および3項）とある。市民的及び政治的権利に関する国際規約（自由権規約）には、「すべての子どもは、……いかなる差別もなしに、未成年者としての地位に必要とされる保護の措置であって家族、社会及び国による措置についての権利を有する」「すべての子どもは、出生の後直ちに登録され、かつ氏名を有する」「すべての子どもは、国籍を取得する権利を有する」（第24条1項、2項および3項）と規定されている。

◎国際社会の変化と「子ども」のとらえ方の変化

　1978年、ポーランドは、国連人権委員会において子どもの権利条約の起草を提案した。当初、この提案に対しては、時期尚早との意見や、条約の有効性を問う意見などが出された。しかし、1979年の国際児童年に開催されたさまざまな企画の成功や、1980年にユニセフ事務局長に就任したジェームス・グラントによる「子どもの生存と発達革命」の提唱と精力的な活動、欧米先進諸国における家族崩壊や子どもを取り巻く環境の変化、冷戦終結により子どもの市民的自由権に批判的だった旧東欧諸国が方針を転換したことなどの諸要因を背景に、徐々に子どもの権利条約採択への機運が高まっていった。

　子どもに対するとらえ方の変化も子どもの権利条約採択の動きに大きな影響を及ぼした。たとえば、19世紀以前においては、子どもは親（特に父親）の所有物と考えられ、父親が子どもを奴隷として売ったり、あるいは殺したりする権利を有するとする法律さえ存在した。しかし、19世紀後半になると、産業化

や都市化が進んだことによって、労働における子どもの保護や、義務教育を定める立法が次第に進み、やがて国が子どもの保護や、教育の一端を担いだした。これらの考え方のもとで、子どもは保護の対象としてとらえられるようになった。

　20世紀後半より、子どもは保護されたり、援助されたりする対象としてではなく、自ら権利を有する主体としてとらえる見方が出てきた。離婚や児童虐待の増加などによって、もはや家族のみが子どもを保護したり、教育したりする機能を有するのではなくなったという現実や、冷戦後の国際関係の変化により、自由権重視の風潮のなか、子どもに対しても自由権的な権利を認めるべきというアメリカからの提案も出された。このような子どもに対するとらえ方の変化も、子どもの権利条約が制定される一要因になったといえる。

　◎ユニセフとその活動

　子どもの権利条約の実現に向けて、その推進役となったのが国連の1機関であるユニセフである。

　ユニセフの前身は、第2次世界大戦中に、ヨーロッパで枢軸国からの攻撃によって被害を受けた人々の救援のために組織された連合国救済復興機関（UNRRA）であった。国連創設の準備の際、この経験を、戦争で被害を受けた子どもたちのために役立てようという提案があり、元アメリカ大統領フーバーも子どもたちへの救援を呼びかけた。さらに、ポーランド代表ラッフマンは、UNRRAの資金を、子どもの救援のための機関設置に活用できないかと考えた。このラッフマンの考えは各国に支持され、1946年に国連国際児童緊急基金（UNICEF）の設立が決定された。その後、ユニセフは国連児童基金（United Nations Children's Fund）と名称を変更したが、ユニセフという略称は残されることになった。

　設立直後から、ユニセフは、子どもたちに「一日一杯のミルク」を供給する活動を始めた。日本も1949年より1964年まで、ユニセフから粉ミルクの提供を受けたり、支援物資を受け取った。第2次世界大戦の際に連合国の敵国だった日本への支援に対しては反対意見もあったが、ユニセフの初代事務局長モーリス・ペイトは、「子どもには、敵も味方もない」といい、日本に対する支援

●資料7-1　SDGsとユニセフの活動

ⓒUNICEF/UNI74567/Estey　公益財団法人日本ユニセフ協会提供。

注記：水道などが整備されていなければ、生きるために必要な水を得るため、子どもが長い距離を歩いて水くみに行くこともある。また、トイレが整備されていないなど不衛生な環境では、病気にかかる子どもも多い。ユニセフの水と衛生に関連する活動は、安全に管理された水の供給や衛生施設（トイレ）の利用を実現するSDGs目標6の達成に貢献している。

●資料7-2　ユニセフの活動

ⓒUNICEF　公益財団法人日本ユニセフ協会提供。

注記：家庭や学校、地域社会などの身近な場所で、子どもに対する身体的・精神的暴力や虐待が発生することも多い。ユニセフの＃ENDviolence（暴力をなくそう）の活動は、国や大人の行動を変えるとともに、子どもが安心して暮らせる世界の実現を目指している。

が行われたのである。その後、ユニセフは途上国に活動の重点を移し、現在は、ニューヨークに本部をおき、ジュネーブ（スイス）を始め世界7カ所に地域事務所、さらに東京に事務所をおくほか、約190の国と地域で活動を行っている。

　今日のユニセフは、「子どもの権利条約」に定められた子どもの基本的権利の実現や、子どもの人生の過程に沿った配慮の必要性という子どものライフサイクルにあわせたアプローチを活動方針にしている。また、ユニセフの活動は、全てがSDGsと密接にかかわっている。ユニセフは2014年から、SDGsに掲げられた目標と関連させながら、ジェンダーと人道的支援を全ての基盤とし、保健、HIV／エイズ、栄養、教育、子どもの保護、水と衛生、社会へのインクルージョンという7つの重点分野に基づいた活動を行っている。

　ユニセフの代表的な活動内容として、まず、子どもへの予防接種や、下痢から命を守るための経口補水療法（きれいな水1リットルに砂糖小さじ4杯、塩小さじ半分を混ぜると、普通の水の25倍の速さで体内に吸収される）の普及といった保健分野での活動があげられる。また、栄養のあるものをとるための指導や、きれいな水を供給するために井戸を堀ったり、トイレを整備することも重要な活動

の 1 つである。初等教育を受けていない子どもの数は全世界的に減少の傾向にあるが、それでも 2018 年には推定で 5900 万人が小学校に通えていない。ユニセフは教員養成、学校建設、教科書の無償配布をしたり、児童労働の禁止を政府に働きかけたりしている。紛争や自然災害に対する緊急支援や、子どもの兵士をなくすように政府に呼びかけることなども行っている。これらは、SDGsに掲げられている、子どもに対する栄養改善や発育の促進（目標 2）、新生児死亡率の削減や 5 歳未満の子どもの予防可能な死亡を根絶（目標 3）、水と衛生（目標 8）などの目標やターゲットの達成を推進する活動である。

　ユニセフの活動を支える財源は、約 7 割が政府や政府間機関からの支出であるが、残りの約 3 割は非政府または民間部門からの寄附であり、ユニセフカードなどの売り上げも、ユニセフの活動を支える資金源となっている。また、ユニセフは、親善大使の任命など、著名人と協力することにより、一般の人々にも活動への理解を広げる取り組みを行っている。たとえば、ユニセフは、2017年から BTS（防弾少年団）と提携し、いじめや体罰、精神的虐待など、あらゆる形態の子どもへの暴力を撲滅するための＃ENDviolence（暴力をなくそう）キャンペーンに取り組んでいる。

Ⅲ　子どもの権利条約

◎子どもの権利条約の原則と特徴

　子どもの権利条約は、1989 年に国連総会で採択され、1990 年に効力が発生した。全部で 54 カ条からなる大部の条約である。2021 年 2 月現在、締約国はアメリカを除く 196 の国と地域であり、他の国際人権条約に比べて批准数は格段に多い。アメリカは、子どもの権利条約の条文草案作成に 1981 年より加わったが、1990 年代初頭から、子どもの権利条約は伝統的なアメリカ家族の理念と異なるといった反対運動が起こった。その後、アメリカ国内における批准推進派の動きもあり、1995 年に民主党政権下で条約の署名が行われた。しかし、同年には共和党保守派が提出した子どもの権利条約批准に反対する決議が議会上院で採択され、条約批准への動きは止まった。現在でも、賛成派と反対派の

対立があり、アメリカは結局子どもの権利条約を未だに批准していない。

子どもの権利条約の第1条は、「この条約の適用上、児童とは18歳未満のすべての者をいう」とし、第2条では、締約国はその管轄のもとにある子どもに対して、差別なく権利を尊重し確保することが定められている。つまり、18歳未満の子どもであれば、子どもの権利条約の適用対象になる。一方で、子どもの権利条約採択の時、「いつの時点から」条約の適用を受けるのか（「出生の時から」あるいは「受胎の時から」）について各国で意見の相違があり、条約にはこの点に関する明確な規定はない。

また、子どもの権利条約の特徴として、「児童に関するすべての措置をとるに当たっては、……児童の最善の利益が主として考慮されるものとする」（第3条1項）とあるように、「子どもの最善の利益」を主眼としている点があげられる。これは、子どもの権利条約の具体的な内容を実施していく時の基本原則であり、子どもに影響を与えるすべての状況、あらゆる決定において、可能性のあるさまざまな解決策を検討し、子どもの利益を最大限重視することが意図されている。しかし、子どもの最善の利益とは具体的にどのようなことであるか、誰がどのようにそれを決定するのか、といった点は明確にされていない。

子どもの権利条約に規定された義務の担い手は、原則として締約国や父母、あるいは法定保護者など子どもについて法的に責任を有する他の人となっている。また、子どもの権利条約は、「締約国は、すべての児童が生命に対する固有の権利を有することを認める。締約国は、児童の生存及び発達を可能な最大限の範囲において確保する」（第6条）と定めている。すなわち、どの子どもにも生命の権利があり、子どもが命を落とすことのないよう、また健全に発達するよう最大限の手段が確保されなければならない。

他にも、子どもの権利条約の特徴として、子どもの意見を表明する権利が明記されていることがあげられる。条約は、第12条1項で、締約国は、子どもの年齢および成熟度にしたがいつつ、自己の意見を形成する能力のある子どもが、その子どもに影響を及ぼすすべての事項について自由に自己の意見を表明する権利を確保すると定めている。つまり、条件付きではあるが、子どもが自己に影響を及ぼすことがら（結婚や職業の選択、医療や教育、宗教や政治的・社会

的信念など）について、意見を表明する権利があるとしている。この権利については、意見表明を通して、「自己の生活条件（みずからの成長・発達の場を含む）や社会条件の決定に対して、子ども自身の意思を尊重すること（自己決定の促進）」ととらえる見解もある。

　もっとも、子どもには、権利を有する一方で、責任もある。たとえば、子どもの意見表明権を定めた第12条に関しては、「他の人々の意見がどんなものであるかを知ろうと努める責任」、「他の人々の意見に耳を傾ける責任」「他の人々の意見を尊重する責任」が伴っている。

　子どもの権利条約のもとでは、他の主要な人権条約と同様に、その規定の実施措置のために、個人の資格で選出された18人の専門家から成る子どもの権利委員会が設置されている（第43条）。締約国は、子どもの権利条約実現のためにとった措置を、一定の期限内に、子どもの権利委員会に報告する（第44条）。

　以下、子どもの権利条約にはどのような権利が定められているか概観してみたい。

◎生きる権利・育つ権利

　平和で包摂的な社会を志向するSDGs目標16には、出生登録を含む法的な身分証明の提供がターゲットに含まれている。子どもの権利条約は、子どもが出生後直ちに登録されること、出生の時から氏名を有する権利および国籍を取得する権利を有すること、できる限り父母を知り、かつその父母によって養育される権利を有することを定めている（第7条1項）。日本では、子どもが誕生するとその日から14日以内に市役所、区役所、町村役場に届け出ることになっており、出生後の登録は学校への入学や医療などの各種サービスを受けるときの基礎になる。しかし、世界のなかでは、出生後の登録が行われず、子どもの実態が把握できないところも少なくない。ユニセフは、2019年時点で、5歳未満の子どもの約4人に1人にあたる1億6600万人の出生が未登録状態であり、特にサハラ以南のアフリカにおける出生未登録率が高い報告している。また、一人っ子政策下の中国では、男の子を望む家庭が多い地域において登録されている男の子の数のほうが女の子よりも多いという報道もあり、社会的背景から

女の子の出生登録が積極的に行われない場合もあることが推察される。

　条約は、子どもが、到達可能な最高水準の健康を享受し、病気の治療および健康の回復のための便宜を与えられること（第24条１項）、子どもの身体的、精神的、道徳的および社会的な発達のためや、相当な生活水準についてのすべての権利を締約国が認めること（第27条１項）も定めている。これらの権利の実現により、SDGs目標３にある健康的な生活が子どもにももたらされる。

　出生後、子どもは、成長する段階で教育を受ける必要がある。子どもの権利条約は、「締約国は、教育についての児童の権利を認める」（第28条）と定め、初等教育は義務的かつすべての者に対して無償とすること、種々の形態の中等教育の発展を奨励すること、能力に応じてすべての者に対して高等教育を利用する機会を与えること、定期的な登校や、中途退学者の減少を奨励すること、などを具体的に規定している（第28条１項）。SDGs目標４は、子どもの権利条約上の教育の権利をより具体化し、男女差別なく初等・中等教育を受けられることや、就学前教育、高等教育へのアクセス、脆弱層の教育アクセス、学習環境の整備や教員養成をターゲットとして掲げている。

　また、子どもの権利条約は、子どもに特有の権利として、遊ぶ権利を定める。締約国が、休息および余暇についての子どもの権利や、その年齢に適した遊び、レクリエーションの活動、そして文化的な生活および芸術に自由に参加する権利を認めること（第31条１項）が定められており、子どもの成長の過程では遊びが必要であることを明記している。そして、子どもの権利条約は、「締約国は、児童が法律によって認められた国籍、氏名及び家族関係を含むその身元確認事項について不法に干渉されることなく保持する権利を尊重することを約束する」（第８条１項）と規定し、いわゆる子どものアイデンティティ（自己認識）の確保について定めている。

◎参加する権利

　子どもの権利条約は、大人にも認められている市民的権利の一部を、子どもに対しても与えている。まず、「児童は、表現の自由についての権利を有する。この権利には、口頭、手書き若しくは印刷、芸術の形態又は自ら選択する他の

方法により、国境とのかかわりなく、あらゆる種類の情報及び考えを求め、受け及び伝える自由を含む」（第13条1項）と規定する。ただし、表現の自由といえども、他人の権利を侵害したり、公の秩序や道徳に反するものは認められない。また、「表現」には、髪型や服装も含まれるか、具体的には、学校の校則や、髪型の規制、制服の指定について、これを子どもの権利条約違反とみるか否かは、学説においても争いがある。近年、日本では、生徒が主導し、私服での登校という選択肢も含め、制服の是非について学校とともに考える動きも広まっている。

　次に、子どもの権利条約では、「締約国は、思想、良心及び宗教の自由についての児童の権利を尊重する」（第14条1項）と定めている。ただし、この場合も、子どもがこの権利を行使する際には、子どもの保護者による指導が尊重される（同条2項）。これについて、日本では、学校における国旗掲揚（その際に起立を強制できるか）と国歌斉唱の問題が争点となり、学説上、学校における国旗掲揚と国歌斉唱は条約の主旨に反せず問題ないとする説と、条約の主旨に反するものであって子どもに対して強要すべきではないとする説とに分かれている。

　さらに、大人と同様の権利として、子どもの権利条約は、結社の自由および平和的な集会の自由を認めている（第15条1項）。また、「いかなる児童も、その私生活、家族、住居若しくは通信に対して恣意的に若しくは不法に干渉され又は名誉及び信用を不法に攻撃されない」（第16条1項）として子どものプライバシーの権利を確保している。そして、大衆媒体（マス・メディア）の果たす重要な機能を認め、子どもが国内外の多様な情報源からの情報および資料、特に子どもの社会面、精神面および道徳面の福祉ならびに心身の健康の促進を目的とした情報および資料を利用することができることが確保されるものと規定する（第17条）。その一方で、子どもの権利条約では、子どもの福祉に有害な情報および資料から子どもを保護するための適当な指針を発展させることを奨励するとし、暴力シーンなど、子どもにとって有害な場面を有する情報から子どもを保護することが規定されている（第17条）。

◎守られる権利

　子どもは大人と異なり、成長するまで保護されることが必要である。そのため、子どもの権利条約第９条１項は、「締約国は、児童がその父母の意思に反してその父母から分離されないことを確保する。ただし、権限のある当局が……その分離が児童の最善の利益のために必要であると決定する場合は、この限りでない」とし、子どもを基本的には両親から分離してはならない、ただし、虐待や放置などの場合には保護することなどを規定している。第19条では、性的虐待を含むあらゆる形態の身体的もしくは精神的な暴力、傷害もしくは虐待、放置もしくは怠慢な取扱い、不当な取扱いまたは搾取から子どもを保護するためのあらゆる措置をとることが規定され、虐待などからの保護を定めている。

　SDGs目標16では、子どもに対する虐待、搾取、取引、あらゆる形態の暴力および拷問の撲滅をターゲットとして掲げている。そして、子どもの権利条約第11条１項は、「締約国は、児童が不法に国外へ移送されることを防止し及び国外から帰還することができない事態を除去するための措置を講じる」と定め、国境を越える子どもの略取・誘拐や売買を禁ずる措置を講じるよう、加盟国に要請している。また、子どもは、経済的搾取や性的搾取、麻薬および向精神薬からも保護される（第32条〜第34条）。難民である子どもは、特に保護されなければならず（第22条）、精神的または身体的な障害を有する子どもについても、「十分かつ相応な生活を享受すべきである」としている（第23条）。

　子どもは、武力紛争からも保護されなければならない。子どもの権利条約は、国際人道法（武力紛争時に適用される国際法）の規定で子どもに関係があるものを尊重することを締約国に義務づけ、15歳未満の者が戦闘行為に直接参加しないこと、15歳未満の者を自国の軍隊に採用しないこと、15歳以上18歳未満の者のなかから兵士を採用する際、最年長者を優先させるよう努めることを要請する。また、締約国は、武力紛争の影響を受ける子どもの保護および養護を確保するためのすべての実行可能な措置をとることも規定する（第38条２項、３項、４項）。

　子どもの権利条約は、子どもに拷問および非人道的な取扱いや刑罰を科さな

いこと、死刑および釈放の可能性がない終身刑を18歳未満の者が行った犯罪について科さないことを規定する（第37条）とともに、少年司法についても定めている（第40条）。

◎子どもの権利条約の3つの選択議定書

　子どもの権利条約には、2000年に採択された2つの選択議定書があり、それぞれ「子どもの売買、子ども買春及び子どもポルノに関する子どもの権利に関する条約の選択議定書」（子ども売買等選択議定書）と「武力紛争における子どもの関与に関する子どもの権利に関する条約の選択議定書」（武力紛争子ども選択議定書）である。2011年には、子どもの権利条約および2つの選択議定書の違反に対する個人通報に関する「通報手続に関する子どもの権利に関する選択議定書」（通報手続に関する選択議定書）が締結され、2014年に発効した。

　子ども売買等選択議定書は、子どもの売買や売春、買春とともに、児童ポルノをも禁止することを定めた条約である。締約国は、このような犯罪が行われた場合、国内で行われたか国際的に行われたか、あるいは個人による犯罪か組織による犯罪かを問わず、自国の刑法または刑罰法規の適用を完全に受けることを確保する。また、武力紛争子ども選択議定書は、18歳未満の軍隊の構成員が敵対行為に直接参加しないようにすること、18歳未満の者を軍隊に強制徴用しないこと、軍隊志願者の最低年齢の引き上げ、国以外の武装集団も18歳未満の者を採用したり敵対行為に参加させないこと、などを定めている。

　通報手続に関する選択議定書は、選択議定書を含む子どもの権利条約違反につき、締約国管轄下の個人、集団、または代理人が子どもの権利委員会に通報することができると定める。委員会は通報を検討した後、見解や勧告を関係当時国に送付し、締約国はフォローアップ手続きを取る必要がある。

　2021年2月現在、子ども売買等選択議定書の締約国は170カ国、武力紛争子ども選択議定書の締約国は176カ国、通報手続に関する選択議定書の締約国は46カ国である。

Ⅳ　子どもの現状と子どもの権利に関する新たな動き

　子どもの権利条約は、このように18歳未満の子どもに対するさまざまな権利や保護措置を規定しているが、現実社会では、いまだに子どもの権利条約の内容に反する実態もみられる。そのなかのいくつかをあげてみたい。

◎子どもの権利に関連する発展途上国の問題

　子どもの権利条約は、子どもには「生きる権利」があるとする。しかし、ユニセフによれば、2019年現在、5歳になる前に命を失っている子どもたちは1年間に約810万人もおり、これは46秒に1人という高い割合である。そして、その原因は、下痢による脱水症状など、予防や治療が可能なものである。

　また、子どもの権利条約は、子どもの健康や発達に害を与えたり、教育の機会を奪う労働を禁止している。しかし、ILOは、2000年以降、労働に従事する児童数は減少傾向にあるものの、2016年時点で、未だに1億5200万人が児童労働に従事していると報告する。そのうち、アフリカとアジア・太平洋地域における児童労働が全体の約9割を占めている。

　加えて、ILOは、18歳未満の子どもが行う最悪の形態の児童労働として、「児童の人身売買、武力紛争への強制的徴集を含む強制労働、債務奴隷などのあらゆる形態の奴隷労働またはそれに類似した行為」「売春、ポルノ製造、わいせつな演技のための児童の使用」「薬物の生産・取引など、不正な活動」「児童の健康、安全、道徳を害するおそれのある労働」（ILO第182号条約）をあげている。これらを含めた危険有害労働に従事する子どもの数は、2016年時点で7300万人にのぼる。

　これまでに明らかになった大規模な児童労働の例としては、アフリカでチョコレートの原料になるカカオの栽培農場で働く子ども、バングラデシュの衣料産業で働く子ども、絨毯製造業に従事するパキスタンの子どもなどが報告されている。また、ストリートチルドレンとして路上でものを売ったり、ゴミの中から金目のものを拾ったり、車の窓を拭いたりしてお金を得る子どもたちもい

る。このなかには帰る家もなく、路上で生活する子どもも少なくない。

　児童労働によって作られた製品は先進国でも売られている場合がある。たとえば、パキスタンやインドで、国際試合に使われるサッカーボールを手縫いで子どもが作っていると1995年に初めて報道された。しかも、インドでサッカーボールを1つ縫って得られる賃金は約15円から30円と驚くほど安い。以後児童労働によって作られたサッカーボールを使うことが批判されるようになり、このような児童労働をなくすキャンペーンが世界的に展開された。結果的に、国際サッカー協会（FIFA）は、フランスワールドカップ大会が開かれた1998年に、ワールドカップでは児童労働で作られたボールを使用しないと決定した。

　児童労働の一番の原因は貧困である。また、学校に行くにもお金がかかるとして、子どもを学校に行かせるより働かせる、という親がいる、親に負債があると子どもを売る、という実態もある。さらに、雇用する側にとっては、大人に比べると子どもは、低賃金で働かせやすく、命令に従順に従うため使いやすい、子どもの手が大人に比して小さいので器用にものを作ることができる、といった理由で子どもを労働者として使うことが後を断たない。

　子どもの権利条約は、15歳未満の子どもが戦闘行為に参加しないように措置をとることを定めているが、実際には兵士として、戦闘行為に参加させられる子どもも少なくない。国連の調査によれば、2006年には世界中で25万人以上の子どもが兵士として政府軍や反政府軍に所属し、軍事活動に携わっている。子どもを兵士にする理由は、動作が機敏なことや、大人より従順で使いやすいことである。両親を殺されて連れ去られ、兵士にさせられた子どもや、迷いなく人を殺せるように麻薬を与えられる子どももいる。

　SDGs目標8では、最悪の形態の児童労働の禁止・撲滅や、2025年までに子ども兵士を含むあらゆる形態の児童労働の撲滅させることをターゲットとしている。このターゲットを達成するため、ILOが中心となり、国際機構・機関、民間セクター、労使団体や市民社会が戦略的に協力する「8.7連合（Alliance 8.7）」が形成された。また子ども兵士だった者を社会復帰させることも重要な課題であり、国際機構や非政府組織（NGO）が助けの手を差し伸べている。

◎子どもの権利に関連する先進国の問題

　子どもの権利条約は、特に途上国を対象としているともいわれるが、日本のような先進国でも、子どもの権利は問題になる。ILOは、2017年の報告書で、日本を含む高所得国での児童労働は200万人にのぼると推計している。日本では、最悪の形態の児童労働の１つである児童ポルノの摘発件数や被害者数が年々増え、振り込め詐欺などの特殊犯罪に巻き込まれる子どももいる。また、アルバイトをしている高校生の３割以上が、賃金未払いや劣悪な労働環境など、労働条件のトラブルを報告している。先進国においても、労働者の内、特に社会経験が乏しい子どもは、経済的な搾取の対象になりやすい状況にある。

　児童虐待の通報件数も増えてきている。1990年度に日本の児童相談所が通告を受け、対応した児童虐待の件数は1101件だったが、2020年度には19万3000件を超えており、過去最多となっている。そして、虐待によって不幸にして死亡してしまう子どもたちもいる。

　子どもの権利条約に規定する「遊ぶ権利」は、児童労働などから子どもを解放して余暇の時間をもたせることである。日本においては、塾通いや過当な受験競争、進学実績を競う学校などが子どもの遊ぶ時間や余暇を奪っているという指摘もある。また、子どもの間のいじめ問題も、深刻化してきたことを受けて、ようやく社会での取組みが始まったところである。

　日本では、1999年に「児童買春、児童ポルノに係る行為等の処罰及び児童の保護等に関する法律」が制定され、児童買春を行ったり、斡旋した大人に対して処罰が行われるようになった。また、2000年には「児童虐待の防止等に関する法律」が制定され、子どもに対して虐待をしてはならないこと、虐待を受けた子どもに対する支援、などが規定された。このように、子どもの権利条約を受けて日本国内でも子どもに対する新たな取組みがなされてきている。

◎子の奪取に関するハーグ条約

　主として子どもを対象とする今日の条約には、子どもの権利条約に加えて、1983年に発効した「国際的な子の奪取の民事上の側面に関する条約」（子の奪取に関するハーグ条約）がある。この条約は、国際結婚をした夫婦の関係が破綻

した場合に、相手の合意を得ずに、夫婦のどちらかが子どもを自国に連れ帰ってしまう状況が発生していることから、採択された。条約の目的は、もし違法に国外への子どもの連れ去りが行われた場合に、子どもの生活をより安定させるため、国際的な協力により、迅速に子どもを常居所へ返還させることである。

　同条約は、16歳未満の子について、不法に子が連れ去られたと主張する個人や機関は、各国中央当局に対し、子の返還のため援助を申請することができるとする（第8条）。その際、中央当局は、子が返還されるために措置をとり、子ども自身が返還されることを拒むなどの拒絶事由がある場合を除いて、子どもの返還が命じられる（第10条から第13条）。また、中央当局に対して面会交流権を確保するための申立てもできる（第21条）が、面接権が確保されても子の返還が行われるとは限らない。

　このような子の奪取に関するハーグ条約による子どもの返還は、この条約を批准している国家間で行われることになる。日本は2014年に本条約を批准し、外務省を中央当局として、子の返還や面会交流の支援が行われている。

Ⅴ　おわりに

　子どもの権利条約は、世界のほとんどすべての国で批准されているが、世界の子どもたちにとってその権利が実現されているとは到底いいがたい。今なお戦火のなかで苦しむ子どもや、飢餓に苦しむ子どもたちも大勢いる。日本も、子どもの権利条約を批准する際に一切予算を付けないという付帯条件を付けるなど、批准当初はそれほど積極的な姿勢を示していなかった。しかし、それは、日本の子どもを取り巻く環境に問題がない、ということではない。たとえば、「夜回り先生」として知られる水谷修のもとには、1日100通以上、1年間で3万2000通の子どもからの相談メールが寄せられるという。水谷修は、「子どもたちは、私たち大人の社会の状態を最も鋭く映し込む鏡です」とし、『夜回り先生の卒業証書』（日本評論社、2004年）では、次のように述べている。

　「今、私たちの社会というのは、ものすごく攻撃的な構造になっています。人間関係が、

認めあう、許しあうことではなくて、攻撃から始まっていく。……じつはこのイライラした社会の中の攻撃性がすべて集約されているのが子どもたちだということに気づきました。」

「ぜひ、みなさんにお願いがあります。一日一回でいいです。まわりにいる子どもたちの側に立ち、優しくみつめ、優しい言葉をかけてあげてほしいです。『どうしたの』、『いい子だね』。『早く帰ろう』……、なんでもいいんです。それらの一言一言が子どもたちの心に染みこみ、彼らを死から遠ざけ、明日への希望をつくっていきます。今、子どもたちは、私たち大人たちからの優しい言葉を待っています。」

　大人が幸せにならなければ、子どもも幸せにならない。ユニセフ親善大使の黒柳徹子は、子どもに必要なものは、やさしく暖かい手、やさしい声などの愛情だといい、その愛情があれば子どもは生きる力があるという。また、Z世代の環境活動家グレタ・トゥンベリさんのように、これまで大人が築いてきた世界が、はたして次の世代にふさわしいものかを問う子どももいる。子どもの権利の出発点は、子どもに対する愛情、そして次世代を担う子どもたちによりよい世界へとバトンを渡す気持ちである。子どもの権利に関するSDGsの目標やターゲットを達成できるよう国や社会を動かし、変革を起こすことが、子どもの権利実現をより促進する第一歩となるのである。

♣次の設問を考えてみよう。
　(1)　子どもにとって「必要なもの」である権利には何があるだろうか。
　(2)　家にお金がないなどの理由で、小学校に行けない子どもたちが教育を受けるには、どのようにしたらよいだろうか。また、自らの意志で、義務教育に相当する教育を受けたくないという子どもにはどう対応したらよいだろうか。
　(3)　子どもの権利条約をもっと多くの人に知ってもらい、子どもの権利が実現されるようになるにはどうすればよいだろうか。

コラム4　　子どもの貧困

　国際社会は、これまで、主に発展途上国の貧困状態にある人々に目を向けてきた。たとえば、1968年に世界銀行総裁に就任したロバート・マクナラマは、人間らしく生きていくために最低限必要な食料や衣服、住居などが満たされていない状況を「絶対的貧困」とし、ベーシック・ヒューマン・ニーズ政策を推進した。2000年に制定されたMDGsの目標1では、極度の貧困と飢餓の撲滅が掲げられ、当時、絶対的貧困ラインにあるとされた1日1米ドル未満で生活する人の割合や飢餓に苦しむ人の割合を半減させることが目標とされた。

　一方、先進国でも、その国や地域の水準に基づき比較すると、大多数より貧しい状態で生活している人々がいる。このような貧困状態のことを、相対的貧困という。OECD（経済協力開発機構）では、世帯所得が全世帯の中央値の半分未満である状況を相対的貧困状態にあると示している。SDGsでは、このような相対的貧困状況にある人々も含めて「誰1人取り残さない」ことを目標に掲げている。

　厚生労働省による調査では、2018年の日本の相対的貧困率は全体の15.7%、子どもの貧困率は13.5%であるとした。また、世帯員が大人1人（いわゆるひとり親家庭）の場合は、48.1%が貧困状態にあり、特に母子世帯で生活が「苦しい」と回答した割合が高い。日本の子どもの約7人に1人が相対的貧困状態にあり、ひとり親家庭の中でも母のみが世帯員（いわゆるシングルマザー）の世帯が、相対的に厳しい経済状態であることがわかる。

　日本における子どもの貧困率は、近年やや低下する傾向にあるものの、調査を開始した1985年より増加する傾向にある。そして、教育格差を始め、貧困状態が世代を超えて続いていくという「貧困の連鎖」も指摘されている。その悪循環を断ち切るため、国は、2014年に、国が子どもの貧困対策を策定し実施するという法律を制定し実施することとした。また、地方自治体やNGOに加え、大阪府立西成高校が実施している「反貧困学習」など、学校でも子どもの貧困対策に取り組むところもある。

　国連総会は、2006年12月に「子どもの権利」と題する決議61/146を採択した。決議では、貧困状態にある子どもは、栄養、水と衛生施設、基礎的な医療サービス、住居、教育、社会参加や必要な保護を剥奪されている、すなわち、子どもの権利の享受が否定されているとした。SDGsの理念にのっとり、子どもの人権保障を促進し、子どもがよりよい人生を描けるように取り組むことが、社会全体にとっても必要ではないだろうか。

第8章 難民・国内避難民および移民の権利

Ⅰ　は じ め に

　国連難民高等弁務官事務所（UNHCR）の2020年統計報告によれば、UNHCR
の支援対象者は約8240万人に達し、UNHCR創設以来最も高い数字となった。
これは強制移動の状況にある人が「全人類の1％」を超えることを示す。2011
年から10年以上になるシリアは1350万人を超える人が国内または国外への移
動を強いられた。UNHCRが支援対象とする国境を越えた難民の数は、2070万
人であり、国連パレスチナ難民救済事業機関（UNRWA）が支援するパレスチ
ナ難民の約570万人をあわせれば、世界の難民数は2640万人を超える。

　他方で、国内紛争や災害等により発生する国内避難民（Internally Displaced
Persons, IDPs）の数はUNHCR支援対象者では2020年末現在約4800万人であり、
この数も過去最高を更新し、難民同様無視できない問題となっている。

　また、グローバル化によって国境を越えた人の移動が飛躍的に活発になった
が、今日では、迫害や極度の貧困があわさった状況から逃れるために農村部か
ら都市部へ、さらに、途上国から先進国へと移動する人の数も増えている。そ
のなかには、人身売買による強制労働の犠牲者もおり、特別の支援・保護が必
要とされている。

　難民、国内避難民および移民の人権は脅かされやすく、SDGsでは、脆弱な
人々としてこれらの人々を明記し、能力強化や人権の尊重、人道的な扱いが必
要であることを示した。しかし、国内および国家間の格差を是正するSDGs目
標10において移民、移住労働者にふれたわずかなターゲットや指標を除けば、
SDGsにおいて難民等の人権は十分な扱いがあるわけではない。SDGsに具体

的目標が明記されていない分、難民・国内避難民、移民の人権からのアプローチが重要であり、本章でどのような権利が保障されるのかを概観したい。

II　難民と人権

◎難民条約体制

　難民問題は古くから存在するものの、国際的な取組みが始まったのは、1917年のロシア革命の結果大量に発生したロシア難民に庇護を与えるための取決めが最初だといえる。国際連盟は、第1次世界大戦後のヨーロッパで迫害を受けたユダヤ人などの難民の支援にあたり、第2次世界大戦後は、国連が総会の補助機関としてUNHCRを設立し、1951年1月から活動を始めた。同年7月には、UNHCRの作成した草案をもとに難民の地位に関する条約（難民条約）が採択され、国際法上保護される「難民」の定義が初めて定められた。その後、1967年1月に採択された難民の地位に関する議定書（難民議定書）は、難民条約が難民の定義に時間的・地理的な制限を設けていたものを取り払った。この難民条約・難民議定書は、難民条約体制ともいわれ、難民への保護・支援活動の中心となっている。難民条約には146・難民議定書には147の国が加入（2021年現在）しており、日本は1981年に両方に加入し1982年に発効している。

ⅰ）**難民の定義**　　難民条約は次のように難民を定義した。

> 「1951年1月1日前に生じた事件の結果として、かつ、人種、宗教、国籍若しくは特定の社会的集団の構成員であること又は政治的意見を理由に迫害を受けるおそれがあるという十分に理由のある恐怖を有するために、国籍国の外にいる者であって、その国籍国の保護を受けることができないもの又はそのような恐怖を有するためにその国籍国の保護を受けることを望まないもの（……）」（難民条約第1条A（2））

　難民条約は「1951年1月1日前に生じた事件」として、条約起草時に欧州において発生していた難民のみに限定を付した。難民議定書第1条2項において、時間的地理的な制限は削除され、今日では難民を一律に定義できるようになった。

　難民条約による難民の定義で第1に重要なのは、「迫害」を受けているかど

うか、という点である。その「迫害」については、さらに、難民となるには「迫害」を受けるおそれがあるという客観的な要素、および、その「迫害」は十分に理由のある恐怖を伴うという主観的要素を必要とする。

難民の定義で重要となる第2点目は、「迫害」の理由である。難民条約および難民議定書は、「迫害」の理由として、「人種」、「宗教」、「国籍」、「特定の社会的集団」または「政治的意見」の5つのカテゴリーを列挙している。この5つの理由に照らすと、戦争・内戦や自然災害に起因する難民や、いわゆる経済難民、環境難民等は難民の定義に該当しない。

第3に、難民は、「国籍国の外にある者」であることが要件となる。難民と同様に住む場所を追われていても、自国の領域内にいる国内避難民は、難民条約・議定書の対象とはならない。

上記の条件にあてはまる難民条約にいう難民を「条約難民」と呼ぶ。条約難民に該当する難民の範囲は限定的である。したがって、条約難民と同等の保護を必要としながら迫害の理由が難民条約の範囲外の場合には、定義外におかれるというジレンマが生じるのである。難民条約上の定義では難民該当性がない者を、一定の条件で補完的保護として国際的保護を認める国々の例も多くなっている。

難民の国際的保護に関しては、地域的な条約も結ばれ、それらはより広い難民の定義を採用している場合がある。1969年のアフリカにおける難民問題の特定の側面を律するアフリカ統一機構条約（アフリカ難民条約）では、難民条約の難民の定義に加えて、「外国または外部からの侵略」、「占領」、「外国の支配」、「公の秩序を著しく乱す出来事」が難民となる理由として掲げられている。これを受けて、ラテン・アメリカ諸国によって採択された1984年のカルタヘナ宣言では、「暴力の一般化」、「内乱」、「大規模人権侵害」を難民条約の難民の定義に加えている。後述のように、UNHCRは難民条約に基づき条約難民を支援することを中心的任務とするが、それ以外にも援助対象者を拡大している。

ⅱ）**難民の認定と庇護政策**　　庇護を受けるには、各国による難民認定手続きに基づく審査が必要である。難民条約は、難民の定義こそ定めたものの、難民認定手続きの規定はおいていない。別言すれば、難民条約の各締約国が、条約難

民であるかどうかを認定する独自の裁量権をもち、認定手続きの設定も各締約国の立法裁量に任されている。難民条約締約国は、国内法で定めた難民認定手続きをそれぞれに設け、それらにしたがって難民の審査を行い、各国独自に保護されるべき難民かどうかの判断を行う。日本は、難民条約と難民議定書に同時加入する際に、国内法の整備をするために、出入国管理令を「出入国管理及び難民認定法」（入管法）に改め、同法のなかに難民認定手続きを新たに創設した。難民の定義は難民条約と同じものを用いて、出入国在留管理庁が難民認定の審査に当たっている。

　難民認定審査中の人々を「庇護申請者」とよぶ。難民の認定には、難民該当性を証明することが庇護申請者の側に課されることはUNHCRも認めている。これを難民性の立証責任という。しかし、難民の多くは十分な証拠となるような文書を携行せずに出国する場合もあり、実際には、口頭の説明を証拠として認めて評価することが必要となる。供述の信憑性の評価について、UNHCRは、「立証できない陳述……において、申請人の説明が信憑性を有するとおもわれるときは、反対の十分な理由がない限り、申請人は灰色の利益を与えられるべきである」としている。「灰色の利益（benefit of the doubt）」とは、すなわち、どちらかはっきりしない場合には、申請者に有利に判断するということである。

　また、難民認定手続きをどこの国も整備しているかというと、そういうわけではない。難民条約・議定書をそもそも批准していない国もあるからである。この点、アジア諸国の難民条約・議定書の批准状況は際立って少ないことが問題である。さらに、難民認定手続きも各国によって統一されていないため、国によって難民認定が厳格な国と緩やかな国があるなど判断に差異が生じる場合もある。認定基準と手続きの国際的な調和が求められる。欧州では、EU庇護法の整備を進め、EU域内に統一的な庇護制度を構築している。

　難民受け入れ上位は、トルコが最大規模で次いでコロンビア、パキスタン、ウガンダ、ドイツとなっており、8割以上は途上国が受け入れ先である。ドイツを始めとする欧州諸国、アメリカ、カナダ、オーストラリア、ニュージーランドなど寛大な庇護政策をとっていた先進国も9.11テロ事件（2001年9月11日のアメリカにおける同時多発テロ）の影響により、難民を含めた外国人とテロ活

動の関係について安全保障の観点から警戒感を高め、厳しい入国管理を行うようになり、庇護政策の厳格化にまで影響を及ぼした。COVID-19感染症拡大は、庇護審査の停滞を招いた。

ⅲ）**難民に保障される権利**　難民条約は、難民が滞在する国の管轄下で法令を遵守する義務（第2条）を定めると同時に、難民に認められる権利を規定している。まず、難民が庇護申請を受ける前に合法非合法を問わず入国し領域内に滞在という段階では、信教の自由（第4条）、身分証明書を受ける自由（第27条）が認められる。不法に入国・滞在する難民については、刑罰（追放、退去強制を含む）を科さない（第31条1項）、移動についても必要な制限以上の制限を課さない（同2項）とされる。次に、領域内で庇護申請段階の難民については、自営業に従事する権利（第18条）、移動の自由（第26条）、追放の禁止（第32条）が認められる。正規に難民認定をされた段階では、さらに、結社の自由（第15条）、職業に従事する自由（第17、19条）、住居への権利（第21条）、公的扶助（第23条）、労働者の保護および社会保障制度の利用（第24条）といった社会権も追加され、旅行証明書の発給（第28条）が認められる。入国滞在の段階、庇護申請段階、正規の難民認定を受けた段階のいずれの場合にも認められる絶対的な権利として、無差別（第3条）、裁判を受ける権利（第16条）が認められる。また、各権利の規定には難民が自国民、外国人と比してどのような待遇の程度かも明記されている。自国民と同等の待遇が与えられるという内外人平等（内国民待遇）（第14、16、20、22条1項～24条）、同一の事情の下で一般外国人に対して与える待遇より不利でないものに第18、19、21、22条2項が定められている。

　ところで、人権条約は条約締約国の管轄下にある難民にも適用される。経済的、社会的及び文化的権利に関する国際規約（社会権規約）第2条2項、市民的及び政治的権利に関する国際規約（自由権規約）第2条1項の無差別原則をはじめ両規約の諸権利が適用されるのはもちろん、個人通報制度を受け入れている国の管轄下であれば、難民も個人通報制度を利用ができる。殊に難民の権利について明記した人権条約として子どもの権利条約第22条の難民児童の保護があるが、差別の禁止（第2条）子どもの利益の優先（第3条）、生命権（第6条）、意見表明の権利（第12条）といった基本的権利をはじめ他の関係する規定

も難民児童に適用される。しかし正規の庇護を受けない限り、教育を受ける権利や身体の安全や健康など基本的な権利の保障からも「取り残される」可能性があり、保護・援助が必要である。

　難民に特別に与えられる待遇が、難民条約第33条のノン・ルフールマン（追放・送還の禁止）原則である。この原則は、迫害にさらされるおそれのある国に難民を追放や送還をしてはならないとするものである。拷問等禁止条約第3条も、拷問が行われるおそれがある国に人を追放、送還、ないし引渡しをしてはならないと規定し、同条約のもとでは、難民のみならず、庇護申請者を含むすべての人にノン・ルフールマン原則が適用される。自由権規約第7条、強制失踪防止条約第16条も追放・送還をされない権利として効力を有する。

◎UNHCRと難民問題の恒久的解決

ｉ）UNHCRの役割　　　UNHCRは、難民条約の批准の促進と適用の監督を行う機関として難民条約第35条に位置づけられている。UNHCRを設置する根拠となるUNHCR規程は、難民条約と同様の難民の定義をおき、UNHCRの任務を定めている。主なものは、①難民条約の批准の促進および同条約の適用を監督することによって、各国における難民の国際的保護を促進すること、②難民の自主帰還や第1次庇護国定住、第三国定住を促すための各国政府の取組みを支援することなどを通して、難民問題を恒久的に解決すること、である。

　①に関し、UNHCRの活動の拠り所となっている難民条約については、現実の運用においてさまざまな問題が生じている。認定手続きが各国で統一されていないということもその1つである。またそのほかにも、庇護申請者の法的地位の問題などがある。UNHCRは、難民該当性の解釈基準として、各国に指針を与えるために『難民認定基準ハンドブック——難民の地位の認定の基準及び手続に関する手引き（改訂版）』（UNHCR駐日事務所、2015年）や高等弁務官計画執行委員会による国際的保護に関する「結論」（Conclusions）を1975年以来100以上採択し、難民条約の不足を補っている。「結論」は勧告として、各国が尊重することが期待されており、難民の人権に関するものも多い。例として、難民の家族統合の原則、両親や家族のない子どもの難民保護や、子どもの難民の

拘禁の禁止など、子どもの保護や、難民の女性への支援の必要性や性的暴力からの保護、HIV／エイズの感染者である難民患者への支援、障がいをもつ難民、若者の難民など、さまざまな方針が打ち出され、難民の個々の文脈での人権促進を牽引している。

　UNHCRの任務の②に掲げたものは、今日難民問題への恒久的解決とみなされている。UNHCRは、本国への自主帰還、第1次庇護国における定住および第三国への再定住の3つの恒久的解決のうち、個々の状況に照らして最も適切なものを選択し、諸国との協力のもとに促進していく。

ⅱ）**本国への自主帰還**　　自主帰還は、本国に帰国するという選択肢である。難民は、本国の状況が安全で難民本人がそれを望めば自主帰還を選択することができる。このことは、国際人権法上も、世界人権宣言第13条2項や自由権規約第12条4項に「自国に戻る権利」として明確に規定されている。1983年に国連総会は、自主帰還を「最も望ましい解決策」として以来、それが可能ならば「最良の解決策」として国連加盟国からも支持されてきた。過去10年間に910万人の難民が帰還したがその4分の3がUNHCRの支援によるとの報告がある。自主帰還する難民の数は本国の情勢により大きく変動し近年は帰還できる難民が限られ、恒久的解決として自主帰還に頼ることが困難になっている。

ⅲ）**第1次庇護国における定住**　　　自主帰還は、適切な形で行われれば、難民問題の恒久的解決のなかで最も理想的なものであるといわれる。しかし、庇護国で新しい家族関係ができ、庇護国の生活に家族が定着している場合、住居や仕事も含めた帰国後の生活の見通しによっては、難民本人の意思で帰国を望まず、庇護国に留まるという選択肢も否定されてはならない。庇護国はそれを尊重しなければならない。また、自主帰還を望んでも出身国の状況が安全でない場合は、庇護国での定住を余儀なくされる。第1次庇護国では、地域社会への統合は、まさに主要な課題である。とりわけ、個々の難民のもつ経験や能力、技術を仕事や地域で活かすことのできる環境づくりが重要である。日本では、言葉の問題から、高度な技能を有する難民が、単純労働に従事する以外の選択肢がないという場合もある。庇護国は、難民認定のみならず、受け入れ後の難民の言語修得、教育、就労、技術上の支援等によって、庇護国で難民が適切な職業

●資料8-1　UNHCR支援対象者数（単位：人）

支援対象者内訳	2019年末	2020年末
難　　民	20,221,181※	20,362,288
庇護希望者	4,419,853	4,139,321
帰還民	317,207	250,951
国内避難民	43,503,362	48,557,439
国内避難民の帰還民	5,343,793	3,184,118
無国籍者	4,161,979	4,176,902
その他の支援対象者	6,140,688	8,309,751
合計	86,531,669	91,920,446

出典：UNHCR, Global Trends: Forced Displacement in 2019, in 2020 の Annex の数字に基づいて作成。
備考：※　このなかの1570万人が32カ国で長期化難民となっている。UNRWAの支援対象者パレスチナ難民が約570
　　　　万人存在する。（2019年末現在）。これは2020年末も同様の状況である。

を得て自立していけるような社会的条件を整備する必要がある。

ⅳ）第三国における再定住　　難民の受け入れは、通常、第１次庇護国、すなわ
ち避難してたどりついた最初の国において庇護申請を行い認められるものであ
る。しかし、国外に逃れても庇護を受けられず、難民キャンプに留まっている
人々や、第１次庇護国で危険な状況にあり自主帰還も難しい場合、第三国への
再定住（第三国定住）を促進することになる。

　2019年には29カ国に８万1671人の難民が第三国定住を申請し、６万3000人
が受け入れられた。第三国定住の難民の出身国は滞在が長期化しているアフガ
ニスタン、エリトリア、コンゴ民主共和国、シリア、ソマリアの５カ国出身者
で、全体の４分の３を占めた。南スーダン、ソマリア、コンゴ民主共和国、スー
ダン、エリトリアが最も第三国定住の必要の高い難民である。

　UNHCRはホスト国の確保など第三国定住の促進をしている。2020年には
COVID-19の影響で３万4400人と第三国定住の人数は激減した。第三国定住
のニーズは、2021年２月のUNHCRの推計で62カ国に144万5000人規模とさ
れ、実際の受け入れ数をはるかに上回っている。UNHCRは、多数の難民を受
け入れている特に途上国に対し、過重負担を軽減する意味でも第三国への受け
入れの協力という解決方法を提示している。

日本は第三国定住を2010年より3年間のパイロット・プロジェクトとして開始した。同プロジェクトは毎年30名ずつ90名までタイ・マレーシアの難民キャンプに逃れているミャンマー難民を対象とした。2019年よりアジア地域全般に拡大し、年間50人の日本における定住を支援している。事前、事後の日本語や日本での生活に関する研修、職業の斡旋を受けて地域への定住が促進される。第三国定住を通じて、難民の受け入れの協力を行うことは、難民に関するグローバル・コンパクトが目指す各国の責任分担にもつながる。日本の難民問題に対する新たな取組みとして成果が期待される。

　第三国定住を補完する受入れの形態も注目しておきたい。難民への学生ビザの発給を行う奨学金プログラムがメキシコ、ノルウェー、カナダ、日本などの政府や財団レベル等により行われてきた。さらに、国際雇用の際に難民を候補とすることを自主的に誓約する企業も現れている。

◎日本の難民受入れ

　日本が「難民」を正式に受け入れたのは、1978年、インドシナ三国（ベトナム、ラオス、カンボジア）の政変後の混乱と迫害から逃れてきたインドシナ難民の定住受入れであった。UNHCRや近隣国から難民受入れのための国際協力の要請が強まり、日本も定住受入れに踏み切った。当時難民条約に未加入であった日本は、閣議了解によってインドシナ難民を受け入れた。インドシナ難民の受入れは、その後、家族の統合という難民の権利に基づいて家族呼び寄せがなされ、インドシナ難民定住受入れ数は、1978年から2005年末の受入れ終了時までに1万1319人となった。

　インドシナ難民受入れは日本の難民条約加入の契機となり、それによって、日本の外国人全体の人権保障は法的に向上した。日本は条約に加入をするための、国内法の整備が必要となり、まず出入国管理令が現在の難民認定に関する規定を含む形で改正され、1982年に施行された。さらに、難民条約上内外人平等の規定をもつ難民の権利を反映する形での国内法の整備も必要となり、国民年金法、児童扶養手当法などの社会保障関連法令の国籍条項が撤廃され、外国人にも日本国民と同様、義務教育の機会や健康保険の適用が保障された。

　インドシナ難民の特別枠の後は、入管法に基づく個別の難民認定が行われてきたが、日本で認定を受ける難民の数は欧州諸国と比べた場合極端に少なく、受け入れられた条約難民の総数は難民条約発効後1982年から2020年末までの間に841人である。

　近年日本における庇護申請者の増加により、迅速な難民認定が必要になっている。また、難民認定数の少なさについて認定が適切かどうか問題点も種々指摘されてきた。まず、日本の難民認定基準の厳しさがある。庇護申請者は地方入国管理局に申請書を提出した後、地方入国管理局から法務省の入局管理局長を経て法務大臣が難民か否かの決定を下す。一連の手続きで、難民該当性の判断の基準が、民事訴訟における場合と同じく高度の蓋然性を有することが求められている。難民かどうかの判断が五分五分できわめて困難な場合にも不認定となり、不認定者には条約難民かもしれない場合も含まれることになる。UNHCRのいう「灰色の利益」は日本の難民認定行政上は考慮されないのが現状である。また、日本の認定では迫害の概念も狭く解釈され、生命や身体の自由が侵害される場合を重視し、精神的な自由などの人権への危害の場合までは迫害に含まない場合がほとんどである。不認定の結果が出た場合には、異議申立てによる再調査、さらに不服申立ての訴訟に発展する例が増加している。また、そもそも難民条約上の難民該当性の理由が極めて限られており、迫害の理由についてジェンダーに基づくものなど新しい形態の迫害について難民該当性の解釈に加える必要についてもUNHCRから見解が出されている。なお、条約難民の認定が困難で本国の状況から送還も難しい場合、人道的配慮に基づく在留特別許可も認められてきているが、人権・人道上の観点から難民に準ずる在留を認める補完的保護などの地位の新設についても検討するときにきている。

　また、難民認定手続きの問題もある。2002年5月の中国瀋陽日本総領事館への北朝鮮籍の家族の庇護を求めた駆け込み事件を契機に、日本の難民認定手続きの改善問題が議論されるようになった。2004年には入管法の改正が行われ、2005年から施行され、長く待たれた日本の難民認定手続きが大きく改善された。1つは、入管法第61条の2第2項の60日ルール（庇護申請は、申請者が上陸した日からあるいは難民となる事由が生じた場合、その事実を知った日から60日

以内に行わなければならない）の削除であり、庇護申請の期限についての制約は撤廃された。正規滞在の庇護申請者には特定活動の在留資格が付与され、申請後6カ月の後は就労が認められている。他方、難民はしばしば正式なパスポートを所持しないなど非正規入国者であることが多いため、難民認定審査と在留許可審査が同時に進行し、難民認定の審査の結果が出る前に、入管法違反者として身体を拘束され、収容施設に入れられるという問題があった。極端な場合には難民認定の結果が出る以前に強制送還されるという事例もあった。しかし、2004年改正の入管法では、非正規滞在で庇護申請をする者には仮滞在許可を与え、収容や退去強制手続きを停止することとした。ただし、仮滞在許可には上陸後6カ月後に庇護申請をした人など別途除外条件が付されており、実際には庇護申請者の収容の例は少なくないのが現状であり、収容の決定や解除についての決定機関の設置も議論がされている。また、仮滞在許可の間、就労することができないため、滞在のための生活費の問題も生じている。庇護申請者への支援策も課題である。

　さらに2004年改正入管法では、難民認定結果への異議申立ての審査手続きの不透明さを改善するために、難民審査参与員という専門性を有する第三者を関与させて、公正性、中立性を高める改善もなされた。以上の改正と並行して日本での庇護の申請者数が増加の一途をたどり2019年には4年連続1万人を超えた。1998年以降日本はほぼ二桁台の難民認定数で、2020年は47名であった。

III　国内避難民

　国内避難民は国境を越えていないために難民と分類されないものの、領域内にありながらもはや本国による保護が期待できないまたは望まないという意味では難民と同じ困難を抱えた人々である。

　2020年末時点で世界の国内避難民の総数は、ノルウェー難民評議会の国内避難モニタリング・センターによれば約4800万人である。国内避難民は国内の紛争や治安の悪化、暴力等の人権侵害により発生し、コンゴ民主共和国、シリア、エチオピアといった上位3カ国は100万人を超える規模となっている。2012年以降の国内強制移動は、災害起因が国内紛争起因の3倍を上回る規模

で発生している。紛争と災害の複合要因でも1080万人が2019年に国内強制に直面した。2019年にUNHCRの援助対象とした国内避難民はコロンビア、シリア、コンゴ民主共和国、イエメン、ソマリアなど22カ国における約4350万人であり、それは全世界の国内避難民のうち紛争起因の人々が多い。

国内避難民への支援は難民支援と異なり、その保護や支援に特化して活動する国際機構は存在しない。国内避難民は特に多くの国連機関・専門機関により支援が行われており、UNHCRや国連開発計画（UNDP）、国連児童基金（ユニセフ）、世界食糧計画（WFP）、世界保健機関（WHO）が各専門分野で支援にあたり、さらに治安状況により平和維持活動（PKO）部隊がかかわる場合もある。1992年には、機関間の活動の調整のため国連人道問題調整事務所（OCHA）がおかれ、さらに同年に国内避難民の保護・支援にかかわる開発・人道機関によって構成される機関間常設委員会（IASC）も設置され、国内避難民支援のための国際基準も複数採択されている。

国連の人権委員会（当時）と事務総長は、1994年に国内避難民問題に関する事務総長特別代表を任命し、世界中の国内避難民の状況を調査し、報告するようになった。事務総長特別代表は、国内避難民の保護・支援について1998年に「国内強制移動に関する指導原則」（指導原則）を作成した。この専門家による文書は2005年の世界首脳会議成果文書で、国内避難民の重要な国際的枠組みとして確認され、今日国内避難民の人権保護の中心となっている。指導原則は、国内避難民を定義し、「とくに武力紛争、一般化した暴力、人権侵害、自然災害もしくは人為的な災害の結果、またはその結果を回避する目的で、故郷または常居所から強制的に避難を強いられ、もしくは離れざるをえなかった人で、国際的に承認された国境を越えていない人」とした。指導原則は既存の国際人権法と国際人道法の規範を国内避難民向けに具体的に提示したもので、国連の国内避難民に対応する諸機関にとっての活動の指針としても重要な役割を担っている。2009年にはアフリカ連合で国内避難民の保護及び支援のための条約（カンパラ条約）が採択され、初の国内避難民に関する国際条約となった。

国内避難民の人権について、指導原則によれば、非差別、特別な必要を有する人々への支援という一般原則を示した上で、恣意的な強制移動から保護され

る権利を示している。つぎに、強制移動が継続する間、国内避難民の生命に対する権利、安全を求める権利、出国する権利、庇護を求める権利、危険にさらされる場所での強制送還からの保護、十分な生活水準に関する権利としての食糧、水、衣料、住居、医療、衛生への権利、法の前の平等、恣意的な財産の没収の禁止、思想の自由、信仰の自由などにおける差別の禁止、教育を受ける権利などを列挙している。さらに、国内避難民に人道的援助について定め、人道的援助を与える国家当局の第一義的な義務と責任に加えて、国家当局に人道援助の意思と能力のない場合には国際的な人道援助の申出への同意を恣意的に保留しないなどの規定がある。最後に帰還、再定住と再統合という解決策とそれに伴う財産権、所有権の回復について規定している。

　UNHCRは、国内避難民について支援を行う法的根拠がないために、国連事務総長の要請や国連総会決議に基づいて国内避難民への支援が個別に許可される場合や、難民発生の予防と発生後に関連する国内避難民の保護にかかわる形で、国内避難民の保護・支援の任務を引き受けてきた。クルド避難民、ボスニア避難民、ルワンダ-ブルンジ避難民などの例があるが、対象とする国内避難民は迫害や武力紛争、暴力を理由とする避難に限定されているため、上記の指針原則のいう自然災害を起因とする国内避難民への対応は長くなされてこなかった。しかし、2004年のスマトラ島沖地震とインド洋津波災害の際には、国連事務総長からの要請で、これらの自然災害を原因とする国内避難民への対応が行われた。具体的にはUNHCRが、スリランカでの住居の提供を行い、ソマリアやインドネシアのアチェ州においても支援を行ったことで、自然災害起因の国内避難民への対応がUNHCRの支援対象に加わった。

　さらに、UNHCRは、国内避難民への人道支援に加えて、難民および国内避難民の帰還民、さらには、国内避難民や難民および国内避難民の帰還民の留まっている地域の住民に対する人道援助、和解に向けた支援も行っている。

Ⅳ　無国籍と難民と移民の混在化

　国際移住機構（IOM）によれば、2019年の統計で、世界の移民（1年以上外国

に滞在する人）の数は約 2 億7200万人と推計される。この正規移民のほかに、世界には数千万人の非正規移民（いわゆる不法滞在者）がいると推定されている。日本でも外国籍の住民が2020年末には288万人を超えている。外国籍の住民は、永住者（特別永住者・永住者・定住者）、正規滞在者、非正規滞在者がある。

　外国人に制約のある権利として権利の性質から入国の自由と参政権などの政治的権利の制約、経済的自由の一部の制約がある。しかし、すべての外国人が人権の享有主体であり、自由権規約は、領域内にあって国家の管轄下の個人にはすべて権利が及ぶことを第 2 条で規定している。自由権規約第12条 4 項により何人も自国に戻る権利を恣意的に奪われないと規定されるが、その自国とは国籍国のみならず定住国など外国人と密接に関係をもつ国として永住者の再入国の自由を広く認める解釈が有力である。国内の移動の自由と居住の自由、恣意的に追放されない自由は正規に滞在する外国人に保障される。また、社会権規約は各条文で「すべての者」に権利を認めており、社会保障や健康の権利等規約上の権利について外国人も含めたすべての人々を保障対象としている。また、教育を受ける権利も社会権規約第13条と子どもの権利条約第28条により外国人にも認められている。非正規滞在の外国人にも自由権規約の市民的権利は保障されると解されている。しかし、非正規滞在者は権利を行使することにより摘発されれば、全件収容主義をとる日本では収容施設に入り退去強制につながりうる。実際には権利の保障が難しい状況に陥りやすい。この問題の解決も人権条約に照らし必須となっている。

　外国人ではあるが、国籍をもたない無国籍者についても触れておきたい。無国籍者の数についてUNHCRは2020年末で79カ国に約420万人存在するとしているが、実際には統計上完全には把握できておらず、さらに多いものと推定される。旧ソ連、チェコスロバキア、旧ユーゴスラヴィアなど1990年代前半に国家が分裂し領土の再編が起こった際に大量の無国籍者が発生した。2017年 8 月にミャンマー西部からバングラデシュに約70万人ものロヒンギャの人々が難民となって流出したが、ロヒンギャはムスリムであり仏教国ミャンマーにおける宗教的少数者であり、無国籍者でもある。しかし無国籍者は必ずしも目に見える移動を伴わない場合も多い。出生国に留まったままでありなが

ら国籍をもたないため外国人の状態であり、国境移動を伴う難民や移民と比べ、可視化されにくい。

　無国籍者の権利については人権条約も関係するほか、中核的な条約として1954年の無国籍者の地位に関する条約（地位条約、1960年発効）と1961年の無国籍者の削減に関する条約（削減条約、1975年発効）がある。

　地位条約は、無国籍者の定義と法的権利について定めている。地位条約第1条は無国籍者を「いずれの国家によってもその法の運用において、国民とみなされない者」と定義した。難民条約同様定義はおいているが、認定制度については触れておらず、実際に無国籍者の認定を行い無国籍者の保護支援の制度を各国が備えることが必要である。地位条約は無国籍者の権利も定めており、非差別、宗教の自由、居住の自由、裁判を受ける権利、賃金を得られる雇用、住居、教育を受ける権利、社会保障の権利など難民条約で難民に与えられる権利と類似の権利が規定されている。ノン・ルフールマン原則と不法入国による処罰からの保護という難民条約特有の規定は含まれない。

　1961年の無国籍の削減に関する条約は無国籍の防止とそれによる削減をするために、出生時の国籍の取得を含む子どもと国籍取得に関する規定（第1条から4条）、国籍取得後に、国籍の喪失や国籍はく奪を認めない規定（第5条から9条）、領域変更の場合の無国籍化の防止規定（第10条）がある。また、無国籍者（1954年条約上の定義）の援助をする国連機関としてUNHCRが1997年の国連総会決議により指定された。

　2本の無国籍関係の条約の批准国数は多くはない。2021年現在、無国籍者の地位に関する条約が95カ国、無国籍の削減に関する条約が76カ国であるが、日本は未批准である。無国籍者の根絶を目指しUNHCRは2014年に＃IBelongキャンペーンを開始した。無国籍関係条約の批准を促進し、国家による行動の誓約の受付けにより、2024年までに無国籍者を無くすという目標に向けて活動を進めている。UNHCRは、無国籍者の削減から撤廃という高い目標を掲げたのである。

◎難民／移民の混在と非正規化

　ところで、1990年代からの庇護申請者の急増に伴うEU諸国の移民・難民の規制強化の波は、北米やオーストラリアなど他の先進諸国にも広がっていった。先進諸国における庇護申請者の数や難民認定率が低下し、従来であれば難民となりえた人も難民認定が下されないケースも出てきた。9.11テロ事件は移民・難民規制の厳格化を促進した。この事件以後、国連安保理は決議1373（2001年）を採択し、「難民の地位がテロ行為の犯人、組織者あるいは促進者によって悪用されないこと、および、政治的動機の主張がテロ容疑者の引渡し要請を拒否する言い訳として認められないことを確保する」との文言を盛り込んだ。

　庇護申請をしても認定の厳格化の傾向の中で難民として認定されなかった人々は、期限として設定された日までに出国するか、外国人の地位に関する国内法に基づいて滞在を合法的なものとするかのいずれかしかない。UNHCRは、難民認定されなかった人々の帰還についても、支援の要請を受ける。

　庇護申請をしても認定されず、本国に戻ることもできない人たちは、非正規滞在者として滞在が長期化するという問題も各国で大きくなってきている。非正規滞在者が合法的な滞在を求めてもそれが認められない場合、退去強制か、国内の収容施設において身柄の拘束が長期化する事態となる。欧米では、長期に滞在する非正規滞在者を正規化するための「アムネスティ」と呼ばれる対応をするケースもみられるが、日本では「アムネスティ」は取り入れられていない。このような非正規滞在者のなかには、従来であれば難民としての地位を得られた人々も一定数あり、また、今日では条約難民の定義には該当しないものの、かといって帰国することが困難な人々がいる。難民と移民の区別は各国国内法制によって決められはするが、実態としては線引きが難しい状況が出てきている。

　先進諸国の移民・難民政策が厳格化するなかで、難民申請をする場合、すでに入国している間に難民となるような事態が生じる場合は別として、迫害のある本国から逃れて庇護申請をしようとする人が、先進国にたどり着くことが実際に困難になってきた。その結果として、犯罪組織などを利用して入国する例も増加している。また、難民や国内避難民、無国籍者が、人身取引の対象とな

り、強制労働を余儀なくされるという深刻な人権侵害も生じている。とりわけ女性と子どもが多く、性的な搾取による深刻な被害を被っている。人の売買や強制労働を含む人身取引は、奴隷の禁止に違反する重大な人権侵害である。人の国際的売買取引への法整備とその厳格な適用も必要となってきた。

2000年には、人身取引に関して重要な2つの議定書が採択された。1つは、「国連国際組織犯罪防止条約を補足する人、特に女性及び児童の取引を防止し、抑止し及び処罰するための議定書」（人身売買禁止議定書）である。この議定書は、人身取引を犯罪とする規定をおき、加害者の処罰を義務づけ、管轄権の設定や引渡し、捜査共助などについて定められ、人身取引にかかわった国際犯罪組織は、刑事処罰の対象とされることになった。さらに、人身取引防止議定書は、被害者の保護について詳細な規定をおいており、国際人権条約としての機能ももっているという点が重要である。

2つ目は、子どもの権利条約を補足する「子どもの売買、子ども買春及び子どもポルノに関する子どもの権利に関する条約の選択議定書」（子ども売買等選択議定書）である。子ども売買等選択議定書も、犯罪の定義、処罰など刑事手続きをとる義務を締約国に課すほか、刑事手続きにおける被害を受けた子どもの保護を規定している。

難民が、移民や国際組織犯罪の被害者のなかに紛れ込む混在移動の状況においては、難民としての保護が必要でありながら、犯罪者として拘束されるという事態も出てくる。個々の人が、それぞれの正当な理由に基づいて、適切な保護を受け、将来のために正しい選択をしていくことができるように支援をする必要がある。そのために、もしかすると難民であるかもしれないという視点も受入れ側はもっておく必要があるだろう。もし保護されるべき難民や人身取引など過酷な状況に追い込まれた人が自らの権利を知らない場合には、積極的に保護している国や本国、国際機関やNGOなどがそういう人を特定して、権利保護のために支援に乗り出す必要がある。

V SDGsとの関連

　本章の扱った難民、国内避難民、移民は、SDGsの誰1人取り残さないという尊厳を基礎とする理念や、2030アジェンダの23段落が特に能力を強化すべきとする脆弱な人々にも含まれている。これはSDGsの目標やターゲットが難民、国内避難民、移民にも届けられるものであることを確認する基礎となる。しかし、実際のSDGsには、難民、国内避難民、移民等については独立した目標を掲げておらず、限定的な扱いに留まる。

　まず、移民については、2030アジェンダ29段落において、「人権の尊重や人道的な扱いを含む安全で秩序だった正規の移住のための協力を国際的に行う」ことや「移民が市民権ある国へ帰国するための移民の権利」、「国家は帰国する自国民が正当に受け入れられることを保障しなければならない」と再入国の権利について明記している。さらに、SDGs目標10人や国の不平等をなくそうのターゲット10.7には、「……秩序のとれた、安全で規則的かつ責任ある移住や流動性を促進する」が定められた。このターゲットの実施状況を図る指標として10.7.2により、「十分に管理された移民政策を実施している国の数」、指標10.7.3により、国際的な移民の過程で、死や行方不明になった人の数も統計的に把握され、秩序のとれた安全な移住の実現が目指されている。

　難民については、2030アジェンダ29段落に、「途上国における難民を受け入れているコミュニティの強靭性（レジリエンス）の強化」が明記されているが、具体的なターゲットや指標は当初入っていなかった。しかし、UNHCRは、SDGs目標10の国内の不平等の是正と難民問題とは密接な関係があると考えてきた。当初目標10に難民は明記されていなかったが、2020年にターゲット10.7の指標10.7.4「難民出身国の人口に占める難民の割合」が新設された。UNHCRは、差別は人権の侵害であると同時に、難民を発生させる紛争や迫害の原因であるとして、暴力や迫害の危険にさらされている人々が平等・無差別を享受できるようにSDGs目標10の達成に向け各国政府との対話を行っている。

　国内避難民については、2030アジェンダ23段落がSDGsに国内避難民を明

記している。2016年5月の世界人道サミットでは、移動が長期化している人々および新たな移動を強いられる人々の数を2030年までに50％削減することを約束している。

　無国籍の撤廃には、子どもの権利、ジェンダー差別の撤廃とも密接に関係する。SDGsの平和と公正に関する目標16ターゲット16.9に「2030年までにすべての人々に出生登録を含む法的な身分証明を提供する」がある。無国籍者を支援対象としているUNHCRは、SDGs目標16を無国籍者への支援について特に重要な目標だととらえ、無国籍者の特定、発生防止と削減、保護の促進を行っている。

　SDGsの目標は目標10、目標16以外にも難民等に関係している。UNHCRはSDGsを実現するべく自ら踏み込んだ対応をしていることに注目する必要がある。その例として、職業訓練、雇用機会の拡大（目標1）、安全な水と食糧、健診の提供（目標2）、難民の女性と子どもへの産後ケア、避難先での難民への保健医療サービス（目標3）、難民への教育機会の提供（目標4）、難民の女性や女児への保健医療サービス、安全な水と燃料へのアクセス、性とジェンダー暴力の抑止、難民の登録と権利へのアクセス支援、意思決定や自立のプログラム（目標5）、安全な水と衛生環境の確保、トイレの設置（目標6）、難民大量流入の場合の環境負荷の除去（太陽光発電の導入、衛生的なトイレの維持）（目標7）、テレワークを含む雇用創出支援（目標8）、難民保護支援のための政府、国際機構、NGO、コミュニティ、大学、司法、民間セクターとの連携（目標17）が掲げられている。

Ⅵ　おわりに

　難民、国内避難民、移民等のとくに人権侵害に対して脆弱な立場にある人々について、本章では、難民条約・議定書をはじめとした特別の条約や国際的合意による権利の保護促進をみてきた。同時に人権条約もこれらの人々を人権の享有主体としており、人権保障が及んでいくこともみてきた。SDGsの実現には、難民、国内避難民、移民、無国籍者、人身取引にかかわる諸機関が自ら具

体的な実施目標を定めていくことがきわめて重要である。さらに、既存の難民条約・議定書、無国籍地位条約・削減条約など本章で掲げた条約や国際規範、さらには人権条約の実現が依然、SDGsの実現との関係でも中心的な役割を果たすことがわかる。

　2019年まで世界の難民の４分の３が長期化難民、すなわち同一国籍の人が５年以上避難が継続している状態となっている。長期化難民への恒久的解決への道も緊急的な難民支援と同時に探らなければならない。

　世界の難民の８割が途上国に避難をしている。こうした状況から、2016年には国連総会で難民と移民の保護を促進するための「ニューヨーク宣言」が採択され、難民と移民に関するそれぞれのグローバル・コンパクトを策定することとなった。2018年に国連総会で採択された「難民に関するグローバル・コンパクト」では、難民の受け入れ国の負担軽減、難民の自立促進、第三国定住の拡大、安全かつ尊厳ある機関に向けた環境整備の４つを重要な目的として掲げた。同年「安全で秩序ある正規移住のためのグローバル・コンパクト」も採択された。そこでは既存の人権諸条約、子ども、ジェンダーへの配慮を原則とし、移住に関して正規の移住の促進を目的とするが、正規・非正規問わず移住者の人権の尊重を求めている。そこでは危険で搾取的な移動が常態となってはならないことが明記されている。

　これらは条約ではない法的拘束力のない国際合意であるが、本章で扱った既存の条約の現代的課題の解決を具体的に目指す重要な文書である。また、SDGsに沿う形で策定がなされた。２つのグローバル・コンパクトは国家のみならず、国際機構、民間セクター、市民社会、コミュニティ、難民／移民当事者など多様な主体の連携が目指されるようになり、国際社会による責任分担が焦点となっている。この方向性は、SDGsの掲げる多主体による目標の実現の枠組みとも共通している。こうした２つのグローバル・コンパクトの実施も難民／移民への人権の保護・促進にとって重要な核となっていくだろう。

♣次の設問を考えてみよう。
　(1)　難民と国内避難民の違いはどこにあるか。
　(2)　難民にとって難民条約、人権条約はどのように関係しているか。

第9章　障がい者・病者の権利

I　はじめに

　世界保健機関（WHO）は、何らかの障がいのある人の数が世界で約10億人であり、「世界最大のマイノリティ」と形容する。その数は増加傾向にある。また、何らかの病気にかかることは誰にでも起こることである。2020年初めから世界に拡大している新型コロナ感染症（COVID-19）は私たちの健康のみならず、生活、経済、労働、教育、移動など幅広い問題に及んでいる。

　世界人権宣言第25条1項は、「すべて人は、衣食住、医療及び必要な社会的施設等により、自己及び家族の健康及び福祉に十分な生活水準を保持する権利並びに失業、疾病、障がい、配偶者の死亡、老齢その他不可抗力による生活不能の場合に保障を受ける権利を有する」と規定し、病気や障がいその他に伴って不利益をこうむる場合にも、一定の生活水準を保持できるように、医療や福祉などの保障を受ける権利があることを定めている。日本国憲法では、第25条1項において「すべて国民は、健康で文化的な最低限度の生活を営む権利を有する」とする生存権の規定を定めている。こうした規定は存在していたが、障がいのある人や病気の際の人権は、国際人権においても中心の問題として扱われるまでには時間がかかった。

　SDGsは、目標3であらゆる年齢のすべての人々の健康的な生活を確保し、福祉を促進するとしており、世界人権宣言第25条と呼応する。また、障がいや病気に関連した項目もおいている。SDGsで世界人権宣言および人権条約の重要性を確認する19段落において「障害等の違いなくすべての人の人権と基本的な自由の尊重、保護及び促進責任を有する」としている。また、23段落

では国際法に照らして有効な措置と行動をとるべき必要のある脆弱な人々として、障がい者、HIV／エイズと共に生きる人々を明記している。25段落では包摂的で公正な質の高い教育と生涯教育に関連して障がい者を含めている。26段落でユニバーサル・ヘルス・カバレッジ（UHC）と保健医療へのすべての人のアクセスと、新生児から感染症、伝染病への取組み、障がいの予防や治療について明記している。SDGs目標においても、教育に関する目標4のターゲット4.5において、障がい者があらゆるレベルの教育や職業訓練に平等にアクセスできるとしている。同じくターゲット4aにおいて、子ども、障がいおよびジェンダーに配慮した教育施設を構築・改良するとしている。目標8のターゲット8.5では、2030年までに若者や障がい者が働き甲斐ある人間らしい仕事、同一労働同一賃金を達成するとしている。不平等の是正に関する目標10では、ターゲット10.2において、能力強化と社会的、経済的および政治的な包含の促進として、障がいについて触れている。持続可能な都市と人間居住に関する目標11においては、ターゲット11.2と11.7において、交通サービスや公共スペースへの普遍的アクセスとの関係で障がい者を含めることを明記している。グローバル・パートナーシップに関する目標17においては、ターゲット17.18において途上国の能力強化の中で、信頼性のある統計データの収集について障がいについても触れている。

　このように、SDGsにおいて、障がい者、病者の権利も重要な関心事になっている。以下では、障がい者、病者の権利に関する人権の国際的な展開を論じていく。

II　障がい者の権利

◎障がい者をめぐる国際的な動きと人権

　2006年12月13日、第61回国連総会は、障がいのある人の権利に関する条約（障がい者権利条約）とその選択議定書を採択した。同条約と選択議定書は2008年5月3日に発効した。2021年3月時点で条約には日本を含めた182カ国が、選択議定書には97カ国が批准している。しかし障がい者の権利が条約化に至

るには長い道のりがあった。

1948年の世界人権宣言第25条後段は、「失業、疾病、障がい、配偶者の死亡、老齢その他不可抗力による生活不能の場合に保障を受ける権利を有する」として、障がいを社会保障の権利との関係で規定した。1950年に「身体障がい者の社会リハビリテーション決議」が経済社会理事会で採択されたが、1950年代から1960年代にかけて、社会福祉の観点から障がいの問題が取り上げられていた。国連やILOは、障がい者の職業訓練分野において技術援助に取り組んだ。また、障がいの問題を審議する場も、国連の人権委員会（当時）ではなく、国連の経済社会理事会の補助機関である社会開発委員会が担当し、障がいの予防やリハビリテーションが主要な課題とされた。1969年の「社会的進歩及び発展に関する宣言」も障がい者を医療や社会福祉により保護の対象とみた。これを障がいに対する医療・福祉モデルとよぶ。

障がいの問題が人権として考えられるようになったのは、1970年代以降のことである。国連の社会開発委員会は、「知的障がい者の権利に関する宣言」（1971年）および「障がい者の権利に関する宣言」（1981年）を起草した。それらは国連総会で採択され、人権の観点から障がいをとらえる転機となった。すなわち、障がい者を医療や福祉の対象（客体）としてみるのではなく、主体的な権利享有者ととらえたのである（人権的アプローチ）。その後、国際障がい者年（1982年）は「完全参加と平等」を標語として掲げ障がい当事者の主体的な意思決定への参加という観点から人権を発展させた。また、1982年の「障がい者に関する世界行動計画」と「国連障がい者の10年」は、障がいの予防、リハビリテーションに加え、機会均等も目標に掲げた。国際障がい者年と国連障がい者の10年の成果として、障がい者に関する人権条約の提案が、1987年にイタリアから、1989年にはスウェーデンから出されたが、財源問題などを理由として実現しなかった。妥協案として、「障がい者の機会均等化に関する標準規則」（1993年）が国連総会決議として採択された。この標準規則には実施規定もおかれ、社会開発委員会のもとで障がいに関する特別報告者が任命され、障がい者の人権状況が監視されるようになった。経済的、社会的及び文化的権利に関する国際規約（社会権規約）のもとの社会権規約委員会は一般的意

見 5（障がいをもつ人）で、標準規則を社会権規約上の締約国の義務を認定する参照文書だとした。

　また、1993 年には世界保健機関（WHO）が 1970 年代から取り組んできた国際障がい分類を公式に発表し、1994 年には国連教育科学文化機関（ユネスコ）が特別なニーズ教育に関する原則（サラマンカ宣言）を採択するなど、障がいの定義や障がい児と障がい者の教育に関する進展もあった。

　1990 年代に入り、アメリカの「障がいのあるアメリカ人法」（1990 年）をはじめ、オーストラリア（1992 年）、イギリス（1995 年）など 40 カ国もの国々で次々と差別禁止法が制定された。2001 年の「人種主義、人種差別、外国人排斥に関する国連ダーバン世界会議」において、メキシコが障がい者権利条約を国連総会の議題とすることを提案した。同会議の行動計画に明記されて以降、短期間で条約採択に至った背景には、各国の障がい者運動の高まりもあった。

◎障がい者権利条約

　すべての人権条約は、障がい者にも等しく適用されるが、今までの人権条約では、差別禁止について障がいを理由とするものについて明文でふれるものは子どもの権利条約第 2 条のほかにはなかった。先にふれた標準規則などの勧告的文書や子どもの権利条約の第 23 条（障がいのある子どもの権利）のほかは、障がい者の権利を国際人権法上に明文で示すものはなく、個別の人権条約のもとの委員会が政府報告書の総括所見や一般的意見のなかで障がい者の人権に言及するのみであった。障がい者権利条約は、人権規約など既存の国際人権法で認められた人権を、障がい者の観点から見直し、人権の具体的な内容を明文でかつ包括的に規定した点で重要である。

ⅰ）**障がい者権利条約の基本原則**　　障がい者権利条約は、障がい者の概念を第 1 条で次のように定めている。

> 「障がい者には、長期的な身体的、精神的、知的又は感覚的な機能障がいであって、様々な障壁との相互作用により他の者との平等を基礎として社会に完全かつ効果的に参加することを妨げ得るものを有する者を含む。」

同時に、前文（e）項で、障がいが「発展する概念」であるとも述べ、障がい者本人の固有の障がい（インペアメント）と社会のあり方（他者の態度や環境がもたらす社会的障壁）との相互作用によって生じるものとしているのである。障がいを障がいある人の外側にあるつくられた社会的障壁ととらえ、それとの関係で人権問題が生じるとみるのである。このような障がいの捉え方は障がいの「社会モデル」とよばれる。

　障がい者権利条約は、障がい者に特段に手厚く人権を認めるというのではなく、他の人と平等にあらゆる人権を享有することを前提とし、障がい者の人としての存在の尊さ、人権享受の実質的平等を目的に掲げる。そのうえで、障がいを理由とした差別を人権侵害とし、障がいを社会参加に対するさらなる障がいにつなげないことを重視する。

　障がい者権利条約は、第3条に一般的原則を掲げている。それは、①固有の尊厳、選択の自由を含む個人の自律および個人の自立を尊重すること、②差別されないこと、③社会に完全かつ効果的に参加し、および社会に受け入れられること（インクルージョン）、④人間の多様性および人間性の一部として、障がい者の差異を尊重し、および障がい者を受け入れること、⑤機会の均等、⑥施設およびサービスの利用を可能にすること（アクセシビリティ）、⑦男女の平等、⑧障がいのある子どもの成長する能力を尊重し、障がいのある子どもがその同一性（アイデンティティ）を保持する権利を尊重すること、である。

　障がい者権利条約の目的および一般的原則にあたる第1条から4条には上記の他にも特徴がある。

　障がい者権利条約の第1の特徴は、差別の概念を再構成した点にある。条約は第2条で差別の定義を、障がいを理由としたあらゆる区別、排除、制限とし、その目的と効果をもつものとしている。障がいを理由として異なる扱いをする直接的な差別のみならず、同じ扱いをすることによって効果として差別が生じてしまうことも差別に含めている。これは人種差別撤廃条約や女性差別撤廃条約と同一の直接差別ならびに間接差別のとらえかたを障がい者の差別にも援用したものである。さらに条約第2条は、障がいに基づく差別に、合理的配慮の否定も含まれることを明記した。合理的配慮とは、「障がい者が他の者と平等

にすべての人権および基本的自由を享有し、または行使することを確保するための必要かつ適当な変更および調整であって、特定の場合において必要とされるものであり、かつ、均衡を失したまたは過度の負担を課さないもの」をさすとしている（第2条）。同じ扱いをするのではなく、個別に、適切で、過度の負担を強いることなく合理的配慮をすることで人権を保障し、逆に、合理的配慮の否定（不作為）は差別を構成するという新たな差別禁止の概念を導入した。

　第2の特徴として、障がい者権利条約は第4条2項は経済的、社会的、文化的権利においては漸進的な達成を認めながら、自由権と社会権を問わず即時的実施の義務も排除しない。

　他にも、途上国の障がい者の権利を意識した国際協力の規定、障がい当事者の参加の規定も特記すべき特徴である。条約起草過程においても政府代表団に障がい当事者が入ることが推奨され、特別委員会の作業部会にも多数の当事者が出席をしてその意見が条約案に反映をされた。また、条約の実施過程においても障がい当事者の意見が反映されるように明文で規定されている。

ⅱ) **障がい者の権利**　　障がい者権利条約の第5条から第30条に規定されている特定の権利について、以下概観する。

① 　平等および無差別（第5条）

　人権条約は、子どもの権利条約を除き、障がいに基づく差別を禁止する明文規定をもっていなかった。第5条の平等および無差別は障がいに基づく差別禁止の法理を権利条約の上の権利すべてに適用することから重要である。同時に条約には、個別に差別禁止を盛り込む条文もある。

② 　障がいのある女子（第6条）、障がいのある子ども（第7条）

　第6条は、障がいのある女性、女児が障がいに加えてジェンダーに基づく複合的な差別を受けていることを認識し、人権の確保を促す条文となっている。第7条は、障がいのある子どもが他の子どもと平等にすべての人権を確保されることを明記し、その際に、子どもの最善の利益の尊重や、自己の意見表明権の確保という子どもの権利条約の基本原則を含めている。

③ 　意識の向上（第8条）

　第8条は、障がいのある人の権利および尊厳に対する尊重を啓発活動によっ

て向上させるための条文で、即時の効果的な実施を締約国に義務づけている。意識向上を必要とする分野についても明記するほか、教育制度、メディアによる意識向上の促進も規定されている。障害のある当事者が自らの権利について知るための計画も必要と記されている。

④　第9条アクセシビリティ

　第9条と第3条の一般的原則の一項目としても掲げられている「アクセシビリティ」は、人権享受の実質的平等を保障するための重要な権利であり、障がい者が障がいを理由として社会参加を阻害されないようにという趣旨からも重視されている。アクセシビリティは、交通や建物の利用といったバリアフリーの意味で用いられるほか、住居、学校、医療施設、職場などを含む建物、道路、屋内外の施設サービス等の利用の容易さも含む。情報・通信へのアクセス、司法へのアクセス、第30条の文化やスポーツへのアクセスなどにも必要になる。

⑤　生命に対する権利（第10条）

　生命に対する権利は、あらゆる人に認められ、障がい者も同様である。第11条は、武力紛争事態や人道的緊急事態においても、障がい者の保護と安全の確保を定めている。生命に対する権利の起草で争われたのは、胎児の生命に対する権利、すなわち人工妊娠中絶を認めるかどうかという点である。国際人権法上は、胎児の権利については定まった合意がない。しかしながら、本条には、障がい者の生きる権利を妊娠、出産においても肯定するという姿勢が示されている。

⑥　法の前の平等（第12条）、司法へのアクセス（第13条）

　障がい者は、他の人と等しく、法の前に人として認められ、他の人と等しく法的能力を有する。障がい者には、あらゆる法的手続きにおいて、実質的平等が保障されるよう、締約国は効果的なアクセスを確保しなければならない。障がい者が被害者の場合、あるいは、加害者の場合にも、あらゆる適切な援助を受けることが必要である。そのために、締約国は、警察官、刑務所看守を含む司法行政分野の職員に適切な研修を実施しなければならない。

⑦　身体の自由および安全（第14条）と拷問または残虐な、非人道的もしくは品位を傷つける取扱いまたは刑罰の禁止（第15条）

　障がいを理由として不法にまたは恣意的に身体の自由は奪われない（第14条）。また、障がい者も他の人と等しく拷問や残虐な刑罰を受けない権利があるほか、本人の同意なしには、強制的な医学的、科学的実験も禁止される（第15条）。精神疾患のある人に対する強制治療、強制入院については、1991年の「精神疾患を有する者の保護および精神保健ケアの改善のための原則」においては許容されていた。起草過程での本条の趣旨によれば、本人が同意を与える場合に、援助が必要であってもあくまで自発的なものであることが求められ、強制施設収容や、強制的医学治療も禁止されている。

⑧　搾取、暴力および虐待からの自由（第16条）

　障がい者が、ジェンダーに基づくものも含めたあらゆる形態の搾取、暴力、虐待について、それが家庭の内外のいずれにおけるものからも保護されるよう、締約国は確保しなければならない。また、被害を受けた障がい者の回復のための保護措置も提供しなければならない。

⑨　自立した生活と地域社会に受け入れられること（インクルージョン）（第19条）、身体の移動（第20条）

　障がい者は地域社会で生活し、そのなかで完全に受け入れられ、参加することを認められ、必要な支援を利用できる。また、障がい者の身体の移動については、最大限の自立とともに確保するよう、装置や技術の支援、生活支援などを促進するとした。

⑩　表現の自由と情報へのアクセス（第21条）

　障がい者のコミュニケーションの方式は、言語としての音声言語や点字、手話のほか、文書の提示、拡大した活字、平易な言葉、朗読、文書メディア、聴覚メディアなど多岐にわたる（第2条）。障がい者は、自己の選択するあらゆる形態のコミュニケーション手段の利用（アクセス）を通じて、情報を受け、かつ、伝える権利を享有し、締約国はそれを確保しなければならない。

⑪　教育（第24条）

　障がい者の教育についての権利は他の者と等しく認められる。そして、すべての段階での教育や、生涯学習をすべての人とともに行う形で確保すること、すなわち、人々とともに学ぶことを権利として認めている（教育のインクルージョ

ン）。とりわけ、初等教育、中等教育については、居住地域で無償のかつインクルーシブな教育にアクセスできるとする。また、教育においても必要に応じて、個人への合理的配慮がなされる。一方で教育のインクルージョンを掲げつつ、他方で、手話、点字といった言語的なアイデンティティを促進する。

⑫　健康（第25条）、ハビリテーションとリハビリテーション（第26条）

　障がい者が到達可能な最高水準の健康を享受する権利を認め、医療へのアクセスを居住地域の近隣で確保すること、また、障がい者による自由かつ十分に内容を理解したうえでの同意を可能にするように医療専門家を提供する。教育、健康、労働などにおいては、ハビリテーション（機能の向上）やリハビリテーション（機能の回復）のサービスを早期から居住地域の近隣で提供することが求められる。

⑬　労働および雇用（第27条）

　障がい者の労働する権利は他の人と等しく、雇用のあらゆる段階における障がいに基づく差別を禁止する。また、アファーマティブ・アクション（積極的差別是正措置）によって障がい者の雇用を促進すること、職業訓練の提供、強制労働からの保護などが定められている。

ⅲ）**締約国の義務と実施措置**　　まず障がい者権利条約の締約国の義務については、条約第4条が規定している。締約国の義務は、条約内容の実施にあたり、権利の促進、差別の撤廃のために国内法の整備をすること、すべての政策に障がい者の人権を考慮に入れること、私人による障がい者への差別に対し適切な措置をとること、移動やコミュニケーションの支援技術の開発や専門家の養成といった物的・人的条件の整備、条約の国内的実施に障がい者の参加を求めることなど、多岐にわたり、積極的差別是正措置をとることが想定されている。

　障がい者の権利に関する委員会（障がい者権利委員会）（18名で構成）は、ジェンダーのバランス、障がいのある専門家の参加を考慮して条約履行のための委員会として組織され任務を実施する。

　障がい者権利条約の実施措置には、国家報告制度（第35条）が予定されている。国家報告制度のもとで、新規締約国は、批准後2年以内に報告書を委員会に提出し、その後は4年ごとに報告書を提出し、委員会は総括所見を出す（第36条）。

障がい者権利委員会は、2回目以降の審査でSDGsを反映させることを審査の指針としているが、総括所見や事前質問事項にもSDGsに言及をしている。障がい者権利条約の選択議定書を批准した場合には、個人通報制度も実施措置に加えられる。さらに、障がい者権利条約は、締約国のみによる条約の履行では不十分な場合に、国際協力を通じた実施を想定している。国際協力そのものにも障がいの観点を組み込むことや、国際協力が障がい者を受け入れ（インクルーシブ）、かつ利用可能（アクセシブル）であることが求められている（第32条）。また、国連や他の専門機関が政府報告書を検討する際にオブザーバーとして出席することや、条約の履行状況について助言を行うなど、障がい者権利委員会と国連や他の専門機関との連携が予定されている（第38条）。

　実施措置には、さらに、締約国政府のなかに中央連絡先を指定することや、それとは独立した国内人権機関を設けるべきことを定めている（第33条）。そして、障がいのある当事者や団体を含む市民社会が条約の履行監視のプロセスにも参加することを求めている（第33条3項）ことも、障がい者の条約実施への関与と参加を求める権利条約の特徴である。

◎障がい者の権利と日本

　日本の障がい者法制は、障がい者の人権に関する国際的動きに影響を受けてきた。国連障がい者の10年が終了した1993年、「完全参加と平等」、ノーマライゼーションという国際的動向をふまえて、心身障害者対策基本法が改正され、日本の障がい者法制の柱である障害者基本法が公布された。障害者基本法は、第3条の基本理念に、障がい者の「個人の尊厳」と、「その尊厳にふさわしい処遇を保障される権利」を有し（第1項）、「社会を構成する一員として社会、経済、文化その他あらゆる分野の活動に参加する機会を与えられる」（第2項）と定める。しかしながら、障害者基本法の趣旨は、政府や地方公共団体、事業主が行う障がい者の福祉に関する施策を示すものであり、障がい者に具体的な権利を与えておらず、政府等の義務も努力義務に留まっていた。2004年の改正で、第3条3項として差別禁止の条項が加えられた。これは、2001年に社会権規約の日本の第2回政府報告書審査の際、社会権規約委員会の総括所見が、

障がい者差別禁止法の制定を勧告したことを受けての動きである。

　障がい者権利条約の批准に向け、国内法整備を含む障害者制度改革が2009年から4年間かけて行われたが、この過程で、人権からの法整備が一定程度進み、当事者の参画も強化された。2004年改正障害者基本法は権利条約の趣旨を反映させるために2011年に再度改正され、第1条の目的に個人の尊重が掲げられ、第2条の障がい者の定義には「社会的障壁」を含め障がいの社会モデルを反映させた。また、第4条の差別禁止の条項には、障がいを理由とする差別の禁止（1項）に加えて合理的配慮も規定（2項）した。条約第33条2項の国内における条約の実施および監視の枠組みとして、障害者政策委員会を内閣府に設置し、同委員会は国が障害者施策の基本計画として5年ごとに策定する障害者基本計画の策定に意見を述べ、実施の監視も行うこととした。

　2013年の障害者差別解消法の制定は法整備の中心ともいえるものであった。同法も2011年改正障害者基本法に合わせて障がい者の定義に「社会的障壁」の文言を加えたほか、差別には不当な差別的取扱いに合理的配慮義務の不履行も加えた。2001年に社会権規約委員会から指摘された障害者差別禁止法がようやくここで実現したことになるが、努力義務規定のため救済措置の在り方など課題を残している。このほか、2012年の障害者総合支援法（障害者自立支援法の改正）、障害者虐待防止法、2013年の改正障害者雇用促進法が制定されたが、この3本の法律においては、障がい者の定義に社会モデルは反映されなかった。

　障がい者権利条約が網羅する障がい者の権利は包括的であり、障がい者関連の国内法は、身体障害者福祉法、知的障害者福祉法、精神保健福祉法、児童福祉法、発達障害者支援法などの社会福祉関係の法だけでも多岐にわたる。条約の趣旨をさまざまな国内関連法令と適合させることや、法令の実施の促進や努力はこれからといってもよい。

　権利条約の法整備よりも前の2006年の教育基本法の改正に伴い、学校教育法も改正され、養護学校は特別支援学校に、特殊学級は特別支援学級に名称が変更された。しかし、障がい者権利条約にいう教育のインクルージョンと日本の「特別支援」は、同一のものではない。障がい者権利条約は、教育のインクルージョンの達成のために、学ぶ場を同じくすることと合理的配慮とを同時に

必要としている。特別なニーズに配慮するという重要課題を掲げる日本の特別支援教育が、今後教育のインクルージョンを組み込んでいけるかどうか、そのための合理的配慮措置を整備していくことが課題となろう。

　自治体レベルでは、2006年の「障害のある人もない人も共に暮らしやすい千葉県づくり条例」の先駆的な例のように、社会的インクルージョンについて地方自治体による条例も北海道、新潟県などで策定されていることは特筆に値する。都道府県、市町村のレベルでの条例や計画の策定も条約趣旨を反映することが権利条約の実施には必要である。

　日本政府は2016年に第1回政府報告書を提出した。政府報告書の作成過程には、2011年改正障害者基本法で設置された障害者政策委員会が意見を述べており、その意見も、報告書に掲載されていることは、当事者の意見が政府の報告に反映されるという意味で画期的である。

　障がい者権利委員会は、事前質問事項（List of Issues）をすべての条文にわたって提示している。目的および一般的原則にあたる部分では、①日本の法律を条約にさらに調和させるような措置について、②立法、政策および実務において障害の人権モデルを採用すること、これには障害の評価基準および認定に関連するものを含む、③関連立法や政策の起草、履行、見直しのあらゆる段階に当事者の代表、団体を通じた完全かつ効果的な障がい者の参加を確保すること、④条約についての制度的研修を行うこと、⑤選択議定書の批准の計画についてが出されている。SDGsとの関係ではターゲット17.18の統計についての質問が含まれている。2020年に第1回報告審査を予定していたが、COVID-19の世界的拡大により延期されている。

Ⅲ　病者の権利

◎国際人権法上の健康権

　健康はそれ自身が基本的人権であるが、他の人権の享受にも不可欠である。1946年、WHO憲章前文は、「到達可能な最高水準の健康を享受することは、人種、宗教、経済的、社会的条件の如何に関わらず、全ての人の基本的権利の

一つである」として、初めて健康を権利として明記した。社会権規約は第12
条1項において「すべての者が到達可能な最高水準の身体及び精神の健康を享
受する権利を有することを認める」とし健康権を規定した。2項では、1項の
健康権の完全な実現のためにとる措置として、(a)乳幼児死亡率の低下と子ども
の健全な発育の対策、(b)環境衛生・産業衛生等の改善、(c)伝染病、風土病、職
業病その他の疾病の予防、治療、抑圧、(d)病気の場合にすべての者に医療と看
護を確保する条件の創出を規定した。

　社会権規約委員会は、一般的意見14（2000年）で第12条の健康権の内容と範
囲を概要以下のように述べている。

　一般的意見14によれば、すべての人々に心身ともに完全な健康状態を保障
することは、健康を損なっている人々のあるなかでは難しい。その点にかんが
みて、健康権は、「すべての者が到達可能な最高水準の」健康の実現を目標と
している。このことは、個々人の健康上の条件とともに、各国の医学などの水
準や技術、財政などを考慮して、最大限可能な資源を用いて目標を実現するこ
とを意味する。また、健康権の権利としての性質は、自由と権利（entitlement）
の両面を含み、同意のない医療を受けない自由と、到達可能な最高水準を享受
するための必要な健康保護のための制度に対する権利を含む。

　健康権の内容は、医療に対する権利に限定されず、安全な飲み水、十分な衛
生、安全な食料・栄養・住居、安全かつ健康的な労働条件、健康的な環境、健
康に関連する教育や情報（リプロダクティブヘルス［性と生殖に関する健康］を含む）
へのアクセスといった広範囲な経済的、社会的要素を前提としている。

　以上のような健康権の範囲をカバーするため、社会権規約委員会は、健康権
の中核的義務として、次の項目を確保することを含むものとした。これらの中
核的義務は、プライマリヘルスケア（PHC）を定めた1978年のアルマ・アタ宣
言を指針としている。同宣言は、「西暦2000年までにすべての人に健康を」と
いうスローガンを掲げて開催されたWHOとユニセフが呼びかけた国際会議に
おいて採択されたものである。

　①　脆弱な集団も含め、差別のない保健施設、物資、サービスへのアクセス

②　栄養的に十分かつ安全な最低限の不可欠な食料へのアクセス

③　基礎的な居所、住居、衛生、安全な飲み水の十分な供給へのアクセス

④　「必要不可欠な薬品に関するWHO行動計画」で定義される必要不可欠な薬品の供給

⑤　すべての保健施設、物資、サービスの衡平な配分

⑥　疫学的根拠に基づいて全国的な保健戦略と行動計画の採択・実施。その過程は透明性を確保し、人々の参画を得て考案され、定期的に見直しをすること

⑦　性と生殖に関する母体と子どもへの医療

⑧　主な伝染病に対する免疫措置をとる

⑨　予防と管理の方法を含む、健康上の問題に関する教育と情報へのアクセスの提供

⑩　健康と人権に関する教育を含む、保健に関わる人材への適切な訓練

　また、健康権の上記の中核的義務のそれぞれのレベルに対して、以下の４つの本質的要素が含まれるとする。すなわち、①利用可能性、②アクセシビリティ、③受容可能性、④質、である。①利用可能性とは、保健、医療などのサービス、飲料水、人材、必要不可欠な薬品などが、十分な量で利用可能なことを意味する。②アクセシビリティとは、保健施設、物資、サービスが、差別なくすべての者にアクセス可能であるということで、無差別、物理的アクセス、経済的アクセス、情報のアクセスの側面をもつ。また、③保健施設、物資、サービスは文化的、倫理的に受容可能なものであり、ならびに、④適切かつ良質なものでなければならない。

　以上のような包括的な性格をもつ健康権は、社会権規約委員会で国家報告の審査に付されることになり、締約国による漸進的実施はもちろんであるが、完全な実現に向けて措置をとる義務（社会権規約第２条１項）や、いかなる差別もなく健康権を行使することを保障する義務（同条２項）は、即時的実施義務を伴うとされている。

　社会権規約の健康権はあらゆる年齢のすべての人の健康的な生活の確保にかかわるSDGs目標３のほぼすべてのターゲットに関係し、具体的な数値目標があげられている。また、安全な水と衛生に関する目標６もかかわる。社会権規約委員会一般的意見15（2002年）は水が生命と健康にとって基本的公共財であり、水に対する人権を認めている。健康権、とりわけ安全、清潔、健康的で持

続可能な環境への権利の観点から、持続可能な生産消費形態に関する目標12、気候変動に関する目標13、海の豊かさの目標14、陸の豊かさの目標15とも健康権はかかわっている。そのため、上記のSDGsの保健衛生に関係する目標の達成がすべての人の健康権の達成を推進するものと考えられる。さらに、健康に関係する権利には、食糧、住居、労働、教育、生命権、平等権、プライバシー権、情報へのアクセス権があげられる。これらを扱うSDGs目標1、2、4、5、8、16も健康権と関係する。

◎医療と人権

　日本は世界でも最先端の医療技術を誇る国である。しかし、人権の観点からは、日本の医療にはさまざまな課題があることが浮き彫りになってきた。

　第1に、医師不足の問題がある。2020年からのCOVID-19の感染症拡大では、病床数の確保、医師・看護師の確保という医療供給体制が大きな問題となっている。周産期医療に関して、妊産婦の救急医療が問題となっている。日本の周産期医療は、母子健康手帳の普及もあり、出産前から定期的医療により管理と保護が行われるようになっている点は進歩といえるが、産科医の絶対量の不足、地域的な不均衡という問題が、居住地域での出産ができない状況が生じていることは大きな問題である。その他の医療分野でも、小児科の医師不足、高齢患者の増加に伴う都市圏の医療施設不足なども起きており、健康権の観点からは、医療体制の見直しが引き続き日本および多くの諸国の課題となっている。

　第2に、医療事故の問題がある。健康権の観点からいえば、患者は差別なく、最善かつ平等の医療を受ける権利がある。しかしながら、患者の取違え事件、手術のミス、院内感染など、医療によって病気が改善するどころか、かえって健康を損ない、障がいを負う場合や、ときには死亡するという医療事故の問題が頻発している。医療事故は、患者の健康権とともに生命権の侵害にもかかわる人権問題である。医療事故は、医療現場で働く医師、看護師、検査技師、薬剤師を含む医療行為にかかわる関係者と、病院のシステム自体から生じるものである。医療事故の告発によって毎年800件前後の医療裁判が新規に起こされているという。医療事故が起きた場合には被害者への司法的またはその他の適

切な救済も行われるべきであり、再発防止の保証も必要である。

　第3に薬害の問題がある。医療行為に伴う薬品により、他の重篤な病気や障がいを発症するという薬害も、健康権、生命権にかかわる重大な人権問題である。古くは、サリドマイドを服用した妊婦から手足に障がいのある子どもが生まれるという薬害が日本でもあり、サリドマイドの使用が中止された。そうした薬害は中止が必要なだけでなく、すでに薬害被害を被った人々への支援救済も重要である。血液製剤（血液を原料とする薬品）によってエイズを発症させるHIVウイルスの感染者は、日本でも2000人近くにのぼった。ウイルス感染者は、エイズという病気への差別や偏見もあり、訴訟を起こすことに抵抗を感じる被害者が少なくなかった。しかしながら、匿名での損害賠償訴訟が少しずつ増え、実名を公表して裁判に訴える人々も出はじめ、HIV訴訟が国と製薬会社を被告として全国で争われた。裁判の結果、和解が成立し、国と製薬会社の謝罪、被害者の救済と再発防止に向けた取組みが行われている。また、最近は、血液製剤による肝炎感染の問題が起きており、その被害者数は1万人近いといわれ、こちらも訴訟事件にまで進んでいる。2008年1月、薬害肝炎被害救済法が成立し、薬害肝炎被害への政府の責任と再発防止が明記された。

◎患者の隔離

　医療において患者が隔離される場合には、正当な理由と法律に基づく手続きが必要である。しかし、精神疾患をもつ患者や感染症患者に対しては、長く不当な隔離が行われてきた。

　精神疾患をもつ患者の強制隔離、強制収容による治療に関しては、障がい者権利条約においても問題となり、あくまで十分に説明され理解したうえでの患者の自己決定（インフォームドコンセント）を尊重する方向性が示された。日本の病院における精神疾患のある患者の強制隔離が問題となり、国連人権小委員会（当時）において1984年、1985年、1987年に日本の精神保護法が審議の対象となり、その結果患者の人権に配慮した精神衛生法が制定された。今後、精神疾患の患者の一般社会のなかでの治療の努力が一層必要となろう。

　感染症患者に関しては、ハンセン病の元患者たちが、国策により長期にわた

り不当な強制隔離を強いられたことを忘れてはならない。ハンセン病は「らい病」とも呼ばれ、感染力は極めて弱いが、感染することによって外見上の変化が出る場合があるため、歴史的に差別や偏見の対象となってきた。日本では「無らい県運動」が推進され患者の隔離が全国的に進められ、1931年にはらい予防法により全国のらい療養所への患者の強制隔離が法制化された。療養所では、患者の強制労働や、逃亡を厳しく禁じられる収容生活が行われた。第2次世界大戦中に開発されたプロミンという特効薬によりハンセン病の治療・完全治癒が可能になって後も、ハンセン病患者・回復者の隔離を継続する方向で1953年にらい予防法が制定され、患者の人権回復運動も虚しく強制隔離が存続させられることになった。1996年にようやくらい予防法が廃止されて、ハンセン病元患者の国による隔離政策が終了した。しかし、長期にわたるハンセン病元患者・回復者の隔離は、社会における誤まった偏見（スティグマ）や差別を増長させることにつながった。2021年現在、全国の13のハンセン病療養施設で1000人を超える元患者が在園しており、平均年齢は86.3歳と高齢化している。2001年、熊本地裁においてハンセン病元患者による国家賠償訴訟で原告が勝訴し、国は控訴せず国のハンセン病政策の誤りを認め謝罪した。2019年には同じく熊本地裁は、ハンセン病家族訴訟において、国の隔離政策により患者家族にも差別の被害と家族の離散など回復困難な不利益があることを認定し、国に元患者家族に損害賠償の支払いを求める判断をした。判決では、厚生労働大臣等にハンセン病差別・偏見を除去する義務があるとした。

　ハンセン病患者・回復者の人権問題は、日本に限らずインド、ネパール、東ティモール、ブラジルを始め世界的な規模で問題となっている。2010年、国連人権理事会は「ハンセン病患者・回復者及びその家族に対する差別撤廃のための原則及びガイドライン」を採択した。国連総会は同原則及びガイドラインを附帯する決議を全会一致で採択した。ハンセン病差別撤廃特別報告者が2017年から人権理事会で任命され調査研究をもとにハンセン病差別の世界的な状況について報告書と提言をしている。

◎労働と健康

労働に伴う健康の問題も生じている。建設現場でアスベスト（石綿）を吸って肺がんなど健康被害を受けたとして、患者とその遺族が、国とメーカー42社に対して損害賠償訴訟を提起した。2012年12月東京地裁は国の責任を初めて認め、一部の患者に対してではあるが国に賠償を命じる判決を下した。国が事業者に罰則付きで防塵マスクの着用などを認めるべきであったが、対策が不十分だったとした。本件は、東京高裁でも国の賠償を命じ、2020年12月、最高裁判所で東京高裁の判決が確定した。アスベスト健康被害に関連して、ILOは、1986年に石綿の使用における安全に関する条約（第162号）を採択している。同条約は職業上のアスベストへの暴露による健康被害の予防と労働者の保護を規定しており、日本は2005年に批准している。アスベスト健康問題は労働現場で現在も発生しており徹底した予防措置が求められる。

東日本大震災に伴う東京電力福島第一原子力発電所の事故では、事故処理を行う原発労働者たちの放射線からの保護が必須となっている。ILOは、放射線からの保護に関する条約（第115号）ならびに同勧告（第114号）を1960年に採択している。これらは、放射性物質を取り扱うすべての労働者に適用され、労働者を放射線から保護するための最低基準を規定する。放射線については、誤った認識により差別的な扱いを受けるという問題も避けなければならない。

◎患者の権利

私たちの日常医療においても、患者の権利は保障されなければならない。人権の観点からは、最善かつ平等な医療を受ける権利、患者が人間個人として尊重される権利（プライバシー権）などが日常の医療で求められるが、それに加えて、患者の知る権利や自己決定権が重視されている。治療に先立って医師から必要な情報を得て、治療を承諾、選択または拒否することを、インフォームドコンセントというが、これも医療における人権の問題として各国に広がっている。提供される情報は治療の内容やリスク、他の選択肢、成功率、回復に要する期間などを含み、患者に理解できる言葉で説明がされなければならない。インフォームドコンセントは、入院患者はもちろんのこと、外来の患者であって

も治療のたびに必要とされるものである。また、担当医師以外の医師からの意見を聞くセカンドオピニオンも患者の権利として定着してきている。また、カルテの情報開示も知る権利に基づく要求として高まっている。

　さらに、難病患者の人権運動として、医療費の公費負担と、治療法の開発の要求がなされてきた。医療費は、全国で約50万人の難病患者が国の補助金によって医療費を給付されているが、自己負担をしている人が8割にのぼる。また、財政状況に応じて補助金の削減もあり、公費負担は制度としては安定していない。難病患者や医療ケアの必要な子どもとその家族は、長期の入院や看病でさまざまな制約を受ける。医療とともに心身ともに健康に生きる権利の充足支援が必須である。

　末期の患者については、末期であることを告知するべきかどうかは難しい問題だが、知る権利との関係では正しい告知をする義務が医師に生じる。告知の場合にも、医療としてどこまで最善の治療ができるかをあわせて伝える必要がある。また、末期の場合に、人間らしい死を求めて医師に延命治療の中止を求める場合がある。これを尊厳死と呼ぶ。医療技術の進歩とともに過剰な延命治療も施されうるが、それを選択することも、拒否することも、患者の権利である。日本尊厳死協会は、リビングウィル（尊厳死への宣言書）に登録を呼びかけており、日本では容認される方向にある。しかしながら、末期の患者に対して、医師が薬物を投与するなどして人為的に死亡させる安楽死については、殺人罪となり、世界でも安楽死を合法と認める例はほとんどない。

　医療行為としての延命・救命措置の1つに輸血があるが、宗教上の理由により、患者が輸血を拒否する場合がある。医療上の必要性はあっても、インフォームドコンセントの観点からは、患者の自己決定権に反する輸血は問題となる。輸血拒否については、今日、患者の意思を尊重する傾向にある。しかし、患者が未成年者である場合、親や保護者の信仰上の理由から子どもへの輸血を拒否できるかどうかは争いがある。

Ⅳ　おわりに

　高齢化社会を迎えた日本を始め先進国では、障がいや病気は誰もが直面する可能性がある。障がい者、病者の人権は、私たち1人ひとりにどこかでかならずかかわりがあるということを覚えておきたい。障がい者、病者の人権問題からみえてくることは、障がいや病気の前に、同じ人間として自由を享有する権利があり尊厳ある人として尊重されるという人権の最も基本的な考え方を、すべての人々に行きわたらせることの大切さである。それは個人の尊重、差別の禁止という人権の根本思想と一致する。国際人権は、障がい者、病者の人権の世界的水準を示すことを通じて、彼ら彼女らが保護や治療の対象ではなく、尊厳をもち人間らしく生きる権利主体であると示している。

　障がい者権利条約は、障がいを「変化していく概念」としてとらえ（前文）、「人々の態度や環境」といった外部の障壁（バリア）による「相互作用」によって障がいが生じるとして広く障がいをとらえる社会モデルに言及した。この社会モデルという考え方により、すべての人権問題が、社会の在り方に、人々の態度の変化（心のバリアフリー）や環境のバリアフリーによって、変化をもたらしうることを教えている。障がい者権利条約や障害者差別解消法を当事者、関係者のみならずすべての人が知ることが直ちに必要なことの1つではないだろうか。

　国策により生じた病者の人権問題は、ハンセン病や薬害のみではない。高齢被爆者による原爆症認定申請や、却下後の認定訴訟や認定基準を拡大する要望は今なお続いている。熊本や新潟の水俣病など1950～70年代におきた工害病も病気との闘いに加え、裁判により患者の認定を求める長期の厳しい闘いとなって継続していることを忘れてはならない。それと同時に、被害者の支援、検証・研究が必要である。

　さらに、病者にとって人権問題は、COVID-19の感染症のパンデミックを受け、新興感染症という特別な感染症の場合に、他の人への人権の責務や人権の制限が世界的に問われている。世界人権宣言第29条は、「全ての者は、自己の

権利及び自由の行使にあたって、他の者の権利及び自由の正当な承認および尊重を確保する」こととして、他の者の権利に対する私たちの責任について明記している。また、同条は後段で、「法により定められた制限にのみ服すること」が定められている。市民的及び政治的権利に関する国際規約（自由権規約）第12条3項も、公衆の健康を移動、居住の自由からの制限に用いることを記している。すべての人の健康権を尊重する上で、1人ひとりの他の人の権利への責務とともに、差し迫った公衆衛生上の問題に対して、人間の尊厳を守り、かつ、目的を逸脱しない形で必要な制限をどこまで課してよいのかも大きな問題になっている。労働者の安全確保についても問題になっている。さらに、世界的な途上国と先進国、国の中での健康格差の是正の問題、感染症への対応についての公衆衛生医療体制の整備、ワクチンの配分など、保健医療体制を世界中でどのように公正に保つのかが問われている。グローバル・パートナーシップに関するSDGsの目標17は病者の権利にとっても不可欠であるといえよう。

♣次の設問を考えてみよう。
  (1) 障がい者権利条約が他の人権条約と比べて付加した、重要な原則の1つとして規定している「インクルージョン」という考え方は、なぜ必要なのか。
  (2) 社会権規約第12条の健康権とSDGsの関係を考えてみよう。

コラム5　ワン・ヘルス（One Health）

　COVID-19の世界的流行（パンデミック）は、今日のグローバルな人の移動による感染症の拡大とともに、人間が開発により自然環境を破壊していったことにも原因があるといわれる。COVID-19のように動物に由来するウイルスが人間に感染するものを人獣共通感染症（動物由来感染症）という。自然環境が失われ動物が住処をおわれて人間との接触が増えていき人獣共通感染症が多発していることは2000年代から指摘されてきた。2016年の国連環境計画（UNEP）のフロンティアレポートでは、新興感染症の75％が人獣共通感染症であり、エボラ出血熱、鳥インフルエンザ、MERS、SARS、ジカ熱などがそうであると報告されている。

　ワン・ヘルスは、生態系の保全や再生により、人間と動物の接触による新興感染症発生リスクを抑えようとするもので、人間の保健医療、動物の衛生、環境を同時に守ろうとするものである。ワン・ヘルスは、人間と動物の生命・健康が生態系の保全により維持されるという考え方に根差している。また、そのアプローチは保健医療分野を超えて獣疫、環境の分野の協力による統合的なものである。ワン・ヘルスは、世界保健機関（WHO）、世界獣疫事務局（OIE）、国連環境計画（UNEP）により推進されてきた。『地球規模生物多様性概況〔第5版〕』（2020年）は、ワン・ヘルスに生物多様性を含めたアプローチとしてさらに強化をする提言をしている。ワン・ヘルスはSDGsに寄与するものであるが、その実践にあたり、生態系により生計を立てる先住民族、小規模農家、地域住民の参加を得るなど人権の尊重も必要である。

　ワン・ヘルスは人間と自然をひとつのつながりとしてとらえる健康アプローチでもある。人間は自然界から口や皮膚などを通じて菌を体内に得ていき、多くの菌は腸内にいて人の免疫を司っている。人間が個々の体内の菌の多様性を失うと、感染症に対する抵抗力が弱まるなど人間の免疫に影響することが分かっている。

　SDGsには「誰1人取り残さない」という人権の理念、持続可能な開発という開発理念とともに、地球環境の限界（Planetary Boundary）を超えないという考え方が根底におかれて策定された。生態系の保全・生物多様性の観点からは、取り残さないのは人間のみではなく、多様な種も同様である。人間の活動が気候変動や生物種の大量絶滅など環境の回復力を破壊しないように抑止することが必要である。SDGsは地球と人間を含めた種の生命の維持のためにある。人間が自然の一部であるとみるワン・ヘルスのアプローチは、健康権の基礎的条件となるとともに、SDGsの目指す自然と人間の共生に通じる。

第10章

経済活動と国際人権

I　はじめに

　SDGsの大きな特徴は、国のみならず、今日多くの経済活動を担っている企業も、目標達成のための重要なアクターとして位置付けていることである。今日では、しばしば国政のみならず、産業界で指導的立場にある人々がSDGsのバッジをつけて登場し、さまざまな企業がSDGs達成のための施策を講じるようになった。

　経済活動は、SDGsを達成するために必要不可欠な要素である。そして、「誰1人取り残さない」世界を実現するためには、人権に配慮しつつ経済活動を行うとともに、経済活動に従事する人々の人権も守られる必要がある。実際、長時間労働など健康に害をもたらすような働き方や社会における経済的格差は、すでに産業革命後のヨーロッパなどにおいて問題となり、これに対する国際的な取組みとして、第1次世界大戦後に国際労働機関 (ILO) が設立された。また、近年では、企業を対象とした国際的な行動指針が示され、それらに参加する企業も増加している。さらに、経済活動に関連する国際機構の活動に対しても、国際人権の観点から、活動の見直しが求められている。

　経済活動は私たちの日々の生活に欠かせないものであるが、それが国際人権とどう関連するのか、以下においてみていきたい。

II　企業活動と国際人権

◎企業活動と国際人権の関連

　今日においては、経済活動を行っている主な主体は、企業であろう。企業は利潤追求を目的とする組織体であり、そもそも人権に配慮する必要があるのかとの疑問もある。しかし企業を構成しているのは人であり、また企業の製品を買い、サービスを受ける消費者も人であるということを考えれば、人権を考慮する必要性があることは容易に理解できる。たとえば女性などを不当に差別してはならない、セクハラというような企業内での立場を利用した人権侵害をしてはならない、職場で非人間的な扱いをしてはならない、さらに児童労働のように国際人権基準に反する活動に従事してはならないということが、人権の問題としてあげられる。また、公害のように企業外の人に悪影響を与えてはならない、利用者や消費者に被害を与えるような製品を販売してはならないということも人権に関する問題である。

　今日では、国際人権基準に反する活動を行っている企業が批判されたり、裁判で多額の賠償金を支払わされたり、その企業に対する製品の不買運動が行われたり、企業イメージの低下という実害を被ったりすることもある。これは、長期的にみれば、企業の利益が減少することにもつながる。今日においては、ビジネスという観点からも、企業が人権に配慮する必要が生じていることは明らかである。

◎多国籍企業およびその他の企業に関する国際的な指針

　今日でも、多国籍企業のなかには、収入が一部の国の国家予算を上回るものがあり、巨大多国籍企業の影響力は、国際政治をも動かしているといわれている。1960年代ころから、多国籍企業の活動に関して、特に受入れ国であった途上国から、途上国の資源を搾取しているのではないかといった問題点が提起されるようになった。また、アパルトヘイト政策を行っていた南アフリカのような人権侵害国における、企業活動や取引についても、批判が高まった。

このような動きを受けて、いくつかの国際機構において、多国籍企業の活動に関する指針が採択されるようになった。まず、1976年に、経済協力開発機構（OECD）において、多国籍企業に対して政府が行う勧告としての「多国籍企業行動指針」が採択された。この行動指針は、企業活動や世界経済の変容にしたがって改正されてきた。最新の改正は2011年に行われ、OECD多国籍企業行動指針には、新たに「人権」と題した章が加わった。そこでは、多国籍企業は、国際的に認識された人権の枠組みにおいて、①人権を尊重する、②人権への悪影響を引き起こしたり原因となることを避ける、③取引関係により企業活動、製品あるいはサービスに関連する場合には人権への悪影響を防止する、④人権尊重を政策的公約とする、⑤適切な人権デュー・ディリジェンスを実施する、⑥人権の悪影響を引き起こしたり原因となったりした場合には、適正手続を通じた救済に協力する、という行動指針が示された。

　また、ILOも、1977年の時点で、「多国籍企業及び社会政策に関する原則の三者宣言」（ILO多国籍企業宣言）を採択している。同宣言は、多国籍・国内企業、企業本国と受入国の政府および労使団体に対し、一般方針、雇用、訓練、労働条件・生活条件、労使関係に関する指針を示している。2017年には、ILO理事会において、国連ビジネスと人権に関する指導原則やSDGsの採択などの国際社会の変化を踏まえた改正が承認された。

◎国連機関による経済活動と国際人権に関する指針策定

　国連においては、1970年代から、経済社会理事会のもとの多国籍企業委員会を中心として、多国籍企業の行動準則作りが行われてきたが、当時顕著であった東西対立、南北対立を反映して、多国籍企業をめぐる国家間の見解や利害の対立から実現には至らなかった。

　2003年には、国連の人権促進保護小委員会（人権小委員会、2007年解散）において、「人権に関する多国籍企業及びその他の企業の責任に関する規範案」（多国籍企業規範案）がコンセンサスで採択された。上部委員会である人権委員会（2006年解散）は、この多国籍企業行動規範案を審議し、結果として、この規範案は法的な文書ではないという決定をした。決定の理由として、特に「国連等

による定期的監視や検証」に不満をもつ「多国籍企業経営者側からの強い反対があり、先進国政府代表を中心に慎重論が出された」という点が、横田洋三人権小委員会委員（当時）によって指摘されている。

　このように国連での会議体では企業と人権に関する行動指針構築の試みが頓挫していたが、1999年に、当時国連事務総長であったコフィ・アナンが、スイスのダボスにおける世界経済フォーラムで、国連の掲げる目標に賛同しその推進のための一翼を担うよう、企業のリーダーに参加を呼びかけた。これが、当初9つの原則が掲げられた「グローバル・コンパクト」である。2004年に追加された腐敗防止に関する原則を加えて、現在10の原則から成り立つ。グローバル・コンパクトは、以下のとおりである。

- 人権に関する2つの原則
  「原則1　企業はその影響の及ぶ範囲内で国際的に宣言されている人権の擁護を支持し、尊重する」「原則2　人権侵害に加担しない」
- 労働に関する4つの原則
  「原則3　組合結成の自由と団体交渉の権利を実効あるものにする」「原則4　あらゆる形態の強制労働を排除する」「原則5　児童労働を実効的に廃止する」「原則6　雇用と職業に関する差別を撤廃する」
- 環境に関する3つの原則
  「原則7　環境問題の予防的なアプローチを支持する」「原則8　環境に関して一層の責任を担うためのイニシアチブをとる」「原則9　環境にやさしい技術の開発と普及を促進する」
- 腐敗防止に関する原則
  「原則10　強要と賄賂を含むあらゆる形態の腐敗を防止するために取り組む」

　グローバル・コンパクトは、あくまで自主的に企業が参加するという性質を有するが、対話や学習、地域や国内の地域ネットワーク、プロジェクト等を通じて、コンパクトの目標を進めることとなっている。現在は、国連事務総長傘下にあるグローバル・コンパクト本部と、ILOや国連開発計画（UNDP）、国連

環境計画（UNEP）など7つの国連関連機関を中心に、企業と市民社会、労働者や地方公共団体、学術団体などがつくるネットワークにより、グローバル・コンパクトが形成されている。

　また、2002年より、財界や労働界、市民社会の代表者が、グローバル・コンパクトに対する提言や助言を行うグローバル・コンパクト・ボードが設置されている。そして、数年に1度の割合で、国連事務総長、グローバル・コンパクト本部職員、グローバル・コンパクト署名企業および団体の上層部が対話を行い、今後の戦略などを策定する国連グローバル・コンパクト・リーダーズ・サミットが開催されている。

　グローバル・コンパクトに参加する企業や団体数は増加しており、2021年3月現在、160カ国以上から1万2000を超える企業や団体が参加している。日本からは、2001年にキッコーマン株式会社が参加したのを始めとして、2021年3月現在、389の企業や団体が参加している。また、2002年5月には、日本国内のネットワークとして、企業や国連広報センターなども加えたグローバル・コンパクト・ジャパン・ネットワークが正式に発足した。日本企業でグローバル・コンパクトに署名を希望する場合は、取締役会など経営トップの承認を経た上で、一般社団法人グローバル・コンパクト・ネットワーク・ジャパンに申し込み、審査・承認後、国連グローバル・コンパクトへ署名申請を行う手続きとなっている。また、国連グローバル・コンパクトへの署名を検討中である場合でも、アソシエイト入会をグローバル・コンパクト・ジャパンに申請することが可能である。

　SDGsが示された2015年には、国連グローバル・コンパクトと、環境関連事項に関し企業の透明性を高める目的で設立されたグローバル・レポーティング・イニシアチブ（GRI）および持続可能な開発のための世界経済人会議（WBCSD）が、企業が経営戦略にSDGsを組み込み実施するための指針として、「SDGs Compass：SDGsの企業行動指針」を共同で策定した。この指針では、企業をSDGs達成の重要なパートナーと位置付け、企業が優先課題を設定して目標を設定し、経営戦略に持続可能性を組み込んだ上で、国際的な基準などを用いて情報開示やコミュニケーションを行う方法を示している。2020年に創設20周

年を迎えたグローバル・コンパクトは、今後10年の取組みとして、SDGsを達成するためビジネス界を支援することを戦略の１つに加えた。

　2011年には、人権と多国籍企業に関する事務総長特別代表を務めていたジョン・ラギーが策定した「ビジネスと人権に関する指導原則」が国連人権理事会に提出された。人権理事会の決議において支持されたこの指導原則は、人権を保護する国家の義務、人権を尊重する企業の責任、救済へのアクセスという３つの柱から構成されている。まず、国家は、その領域内あるいは管轄下において人権侵害が行われることを防ぎ、企業に対し人権尊重を求めなければならない。次に、企業は、その活動において人権を尊重することを公にし、企業活動に関与する人権への負の影響を測定、分析、評価、公表、是正等による人権デューデリジェンスを実施することが必要とされる。そして、人権侵害の対象となった個人が実効的な救済を求めることができる救済制度として「苦情処理メカニズム」が整備されなければならない。2013年には、ビジネスと人権に関する国連ワーキンググループより、本指導原則を各国で実施するための行動計画（国別行動計画、National Action Plan, NAP）の策定を検討するよう要請がなされた。

　国連人権理事会に対し提出され支持された後、「ビジネスと人権に関する指導原則」は、世界中に大きな影響を与えた。SDGsにおいては、「実施手段とパートナーシップ」のセクションにおいて、SDGsに関連した民間セクターの活動推進の際には、「ビジネスと人権に関する指導原則」を含む国際基準に従い、労働者の権利や環境、保健基準を遵守することが求められている。日本では、2017年に経団連の企業行動憲章が改定され、SDGsの目標を意識するとともに、「すべての人々の人権を尊重する経営を行う」という原則が加えられた。また、東京オリンピック・パラリンピック競技大会組織委員会は、持続可能性に配慮し、本指導原則に基づいた大会の準備・運営を行うという方針を示した。

　「ビジネスと人権に関する指導計画」を実施するためのNAP策定の動きも広がっている。2021年３月現在、日本を含めた24カ国がNAPを策定し、26カ国が策定の過程にある。さらに、３カ国が自国の人権行動計画にビジネスと人権に関連する章を設け、６カ国の国内人権機関あるいはNGOが各国のNAP策定を開始している。NAP策定は、SDGsの実現とも関連するため、さらに幅広い

国々による取組みが必要である。

◎企業の社会的責任（CSR）の国際化と国際人権

　近年では、企業の利潤追求の側面だけではなく、企業の社会的責任（CSR）が問われることが増えてきた。谷本寛治『CSR ——企業と社会を考える』（NTT出版、2006年）によると、「CSRとは、企業活動のプロセスに社会的公正性や倫理性、環境や人権への配慮を組み込み、ステイクホルダーに対してアカウンタビリティを果たしていくこと」とされ、人権はCSRに取り組む上で重要な要素となっている。

　人権に配慮しない企業行動は、消費者などから批判を受け、それがブランドイメージを低下させたり損害を被ったりする事例もある。たとえば、スポーツ用品メーカーのナイキ（本社は米国）という企業があるが、1980年代から途上国などの委託工場における劣悪な労働環境や低賃金が問題視され、また、児童労働への関与があったと指摘された。その結果、1990年代には国際的な反ナイキキャンペーンが展開され、不買運動も広がった。近年では、米国のグローバル・マグニツキー法のように、深刻な人権侵害にかかわった外国の個人や団体に対し制裁を課す動きや、大規模な人権侵害が行われている外国の地域で取引や操業を行う企業に対して法律違反を問う動きも広がっている。また、2020年3月には、オーストラリアのシンクタンクであるオーストラリア戦略政策研究所は、中国において、新疆ウイグル自治区から移送されたウイグル人が強制的に働かされている工場が存在し、供給を受けている企業は80社以上あると指摘した報告書を公表した。供給先として名指しされた企業には、アップルやBMW、ソニー、サムスン電子などのグローバル多国籍企業も含まれており、企業経営に対しても大きな影響を与えている。また、同地区では、世界3大綿花の1つである新疆綿が生産されているが、大規模な人権侵害を理由に新疆綿の取扱い中止を決定するアパレルメーカーも現れた。

　企業のCSRの一環として人権が重視されるようになってきているなか、企業の人権遵守に関して国際的な規格化を進める動きもある。たとえば、国際標準化機構（ISO）は、製品の品質保証など、企業活動に関連する国際規格を定

めたISOシリーズを発行してきたが、2010年11月に、「組織の社会的責任」に
関するISO26000を発行した。

　ISO26000は、企業を含むあらゆる組織の社会的責任の原則として、「説明責
任」「透明性」「倫理的な行動」「ステークホルダーの利害の尊重」「法の支配の
尊重」「国際行動規範の尊重」「人権の尊重」の7つの原則をあげる。また、中
核課題として、組織統治、人権、労働慣行、環境、公正な事業慣行、消費者課
題、コミュニティへの参画およびコミュニティの発展の7つをあげ、人権の尊
重をもっとも重要な項目として位置づける。そして人権に関する課題や行動と
して、組織はデュー・ディリジェンス（相当の注意）を用いて人権を尊重する
こと、人権侵害行為に直接または間接に加担しないこと、偏見に基づく差別を
行わないこと、自由権や社会権を尊重すること、労働者の権利の尊重や児童労
働の禁止、職場における機会均等などをあげている。

　ISO26000は、法的拘束力を有する基準や認証規格ではなく、組織の手引（ガ
イダンス）として位置づけられている。このため、認証規格としては用いられ
ないが、組織が自主的に社会的責任を実施したり理解するうえで手助けとなる
有効な手段と考えられている。

　また、世界共通の労働に関する基準として、現在米国のNGOであるSAI(Social
Accountability International）の前身がSA（Social Accountability）8000を公表した。
SA8000は、ILO諸条約や世界人権宣言、子どもの権利条約等を基礎に作成さ
れた「児童労働の撤廃」、「強制労働の撤廃」、「安全かつ健康的な労働環境」、「結
社の自由や団体交渉権の承認」、「人種や宗教、性別などによる差別の撤廃」、「肉
体的な懲罰や虐待などの撤廃」、「適正な労働時間の遵守」、「十分な報酬」、「適
切な管理システム」という9分野にわたる基準であり、外部機関が企業を審査
し認証を行う。認証は3年間有効で、6カ月ごとの定期審査がある。SA8000は、
企業イメージの向上や、社会的な評価をあげるとともに、労働者の環境を良く
することによって生産性の向上が図られるとされている。

　子どもの権利保障を掲げるユニセフも、ビジネスがさまざまな次元で子ども
に影響を与えていることを鑑み、CSRと関連した活動を展開している。その
一環として、ユニセフは、国連グローバル・コンパクトおよび国際NGOセーブ・

ザ・チルドレンと共同で、「子どもの権利とビジネス宣言」を策定し、2012年に公表した。まず、企業に対し、「子どもの権利を尊重する責任を果たし、子どもの権利の推進にコミットする」（原則1）として、コミットメント、デュー・デリジェンス、是正措置という行動を要請する。そして、原則2から4では、職場における児童労働の撤廃、若年労働者や子どもを養育する大人への配慮、企業活動や施設における子どもの保護と安全の確保を求めている。原則5では、製品やサービスの安全確保と子どもの権利推進を、原則6では、子どもの権利を尊重し促進するマーケティングや広報活動を求め、より企業活動に関連する子どもの権利に対する配慮を要請している。原則7から10では、環境や土地の取得・利用、安全対策等に関連した子どもの権利尊重、緊急事態により影響を受けた子どもの保護、子どもの権利の保護や実現のための地域社会や政府の取組みの補強を求めている。

Ⅲ　労働と国際人権

◎英語になった「過労死」（karoshi）

　勤勉でよく働くというのは日本人の国際的イメージのようであるが、日本人の働きすぎは以前から問題視されていた。たとえば、実際には残業をしているのに残業代が支払われないサービス残業（不払い労働）や、自宅に仕事を持ち帰る風呂敷残業（持帰り残業）という現象が、日本では多くみられる。労働政策研究・研修機構が2004年度に行った調査（『日本の長時間労働・不払い労働時間の実態と実証分析』、2005年）は、「今のような調子で仕事や生活を続けたら、それがもとで健康を害するのではないか」という質問に対し、「よくそう思う」「ときどきそう思う」とする回答が57.1％にのぼり、半数以上の働く人々が健康に不安を抱えていると指摘する。

　最近では、通信手段の発達により、メールで自宅に書類を転送して会社でするべき仕事をこなしたり、携帯電話によっていつ何時でも呼び出しがかかり、本来休むべき時間に休めないという現象も起こっている。森岡孝二『働きすぎの時代』（岩波書店、2005年）は、このような働きすぎはもはや日本だけではなく、

アメリカやイギリスを始め、タイやシンガポール、中国などのアジア諸国など、他の国でもみられる傾向であると指摘する。

　このような長時間にわたる労働が一般化している一方、日本の労働生産性はOECD加盟37カ国中21位、時間あたり労働生産性は26位（2019年のOECDデータに基づく）とそれほど高くない。OECD加盟国のなかで一番労働生産性が高いアイルランド（18万7745米ドル）と比べると、日本の労働生産性は半分以下（8万1183米ドル）である。これはOECD平均よりも生産性が低く、労働のあり方について改善が求められている。また、日本では、国家公務員など、特定職種の公務員についても長時間労働が問題になっており、特に若手の離職者の増加が問題となっている。

　日本では、2021年6月現在、一般的に、発症前2～6カ月間で平均80時間を超える時間外労働がある場合、あるいは1カ月間に100時間以上の時間外労働がある場合には、仕事による心身への過重な負荷が発生し、病気や死亡、自殺に至りやすいと指摘されている（過労死ライン）。厚生労働省がまとめた過労死などによる労災の支給決定は、2019年度は脳や心臓の疾患では216名、精神障害では509件となっている。精神障害に対する労災は徐々に認められるようになってきているが、請求件数も増加傾向にあり、20年間で約10倍に増えている。2021年6月には、不規則な勤務などに対応するため、過労死認定基準を見直す案が示された。現在では、日本語の「過労死」をローマ字読みしたkaroshiが英語辞書に掲載されるようになり、手元にある電子式英和辞書にも掲載されている。

◎ILOの成立としくみ

　長時間労働あるいは劣悪な労働環境は、産業革命後のヨーロッパですでに問題視されていた。国際的な労働者保護を訴えたイギリスのロバート・オーウェンは、長時間工場で働く児童労働者の保護など、規制のない長時間労働に対して労働条件の改善に努めた。このような動きはフランスなど他のヨーロッパ諸国にも広がり、また第1・第2インターナショナルといった国際的な労働者の運動が広まるなかで、国際的な枠組みを通して労働問題を取り扱う機運が高

まった。また、労働問題はひいては平和問題であるとの認識も出てくるように
なった。このような動きを背景に、第1次世界大戦後、国際連盟とならんで
1919年にILOが成立した。

　ILOは、最高意思決定機関である総会と、執行機関である理事会、そして事
務局長と職員から構成される国際労働事務局、そのほかに各種委員会などで構
成されている。ILO総会は、すべての加盟国の代表によって構成され、加盟国
の4人の代表のうち、2人は政府代表、1人は使用者代表、1人は労働者代表
となっている。政労使の各代表が表決の際には個々に独立して投票を行う。こ
のようなILOにおける政労使の代表性は、「三者構成」とよばれ、国際機構と
してのILOの大きな特徴となっている。

　ILO理事会は、政府代表28人、使用者代表14人、労働者代表14人の56人か
ら構成され、ILO総会の決定を実施し、事務局を監督する。ILO事務局は、理
事会が指名する任期5年の事務局長と国際公務員で構成され、会議の書記局と
しての業務のほか、技術援助にも携わっている。

　ILOの主な活動内容は、「国際労働基準の設定と監視」である。これは、
ILO総会において、政労使の三者で構成される代表が、条約あるいは勧告とい
う形で国際的な労働基準を設定し、それらが定める国際労働基準の実施のため
に、監視システムが設けられている。ILO総会は、1919年の創設時に第1号条
約として「工業的企業に於ける労働時間を1日8時間且つ1週48時間に制限
する条約（労働時間（工業）条約）」の採択以降、2021年3月までに190の条約、
206の勧告を採択している。

　ILOにおいて採択された条約（ILO条約）は、批准のために各加盟国に送付
され、加盟国はILO総会終了後1年以内にそれを自国の権限ある機関（日本の
場合は国会）に提出して批准の可否について判断を求める必要がある。また、
勧告についても加盟国内において法律や政策を通して実現の努力を図らなけれ
ばならない。加盟国は、条約と勧告の国内での実施状況をILOに報告する義務
があり、個人の資格で選出された法律専門家の委員から構成される条約勧告適
用専門家委員会（ILO専門家委員会）がその適用状況を監視する。ILO専門家委
員会は、ILOの条約や勧告の実施状況を検討し、一般調査報告書や、国に対す

●資料10-1　ILO本部（スイス・ジュネーブ）

©ILO/Maillard J.

●資料10-2　ILOの三者構成（政府代表、使用者代表、労働者代表）を示す三つの鍵

©ILO/Maillard J.

る意見である見解が公表される。また、ILOは、条約違反に対する「申立て」「苦情申立て」という手続きも定めている。

　ILOは、国際労働基準の設定と監視のほかに、発展途上国に対して、労働分野での技術支援や、ILO条約の批准および社会開発を進めるための支援を行う。これには、雇用と開発、企業や協同組合の活動支援、人材の開発や育成を目的とした訓練、労使関係法の整備や労働行政機関への支援、労働条件や環境の改善、などの分野が含まれている。また、労働問題に関する調査や研究も行われている。

　ILOは、SDGs目標8に掲げられた「働きがいのある人間らしい雇用（ディーセント・ワーク）」を達成するための取組みも行っている。ILOの活動を促進することは、SDGsの実現をも推進することになるのである。

◎ILOによって採択された主な条約と日本

　ILOがこれまでに採択した条約は、労働に関するあらゆる側面を扱っており、多岐にわたる。まず、強制労働の廃止や、結社の自由と団結権、団体交渉権、男女同一報酬、差別待遇の禁止、家庭的責任を有する労働者の機会均等などの労働者の基本的な権利を定めた条約がある。次に、完全雇用の達成と維持のための職業安定組織（ハローワークなど）や、雇用政策、職業訓練など人的資源の開発、不当解雇からの保護、雇用促進と失業保護などの雇用に関する条約、住民の福祉と発展などの社会政策に関する条約がある。

さらに、労働監督制度や労働行政、団体交渉の促進、労働時間や週休、最低賃金や有給休暇、労働者の保護、パートタイム労働や家内労働などの労働条件に関する条約もある。これらに加えて、社会保障や業務災害給付、医療および疾病時の給付、女性、子ども、年少者の雇用に関する条約、移住労働者に関する条約などがある。2021年3月現在、最新のILO条約は、職場におけるセクハラやパワハラ等（メールやSNSによるハラスメントも含む）を禁止する「仕事の世界における暴力およびハラスメントの撤廃に関する条約」（第190号条約）である。

　日本は、ILOを創設した第1次世界大戦後のベルサイユ講和条約のなかの「労働」草案の審議に委員を送るなど、ILOの設立に寄与し、原参加国であると同時に常任理事国であった。

　1938年には軍国主義の台頭により、日本は一時期ILOを脱退したが、第2次世界大戦後の1951年に再加盟を果たし、1954年からは再び常任理事国となった。また、1962年以降、条約勧告適用専門家委員会に委員を送っており、2021年3月現在は吾郷眞一・立命館大学教授が委員を務めている。

　ILOが採択した190の労働条約のうち、日本が批准している条約は、49条約に留まっている（2021年3月現在）。その中には、最低年齢条約、結社の自由と団結権、強制労働に関する条約、職業安定組織、男女同一賃金、家族的責任を有する労働者に関する条約など、今日日本国内でも活かされている条約がある。しかし、日本が未批准の条約のなかには、ILO加盟国のすべてが批准することを想定して採択された第1号条約の労働時間（工業）条約、1935年に採択された1週間の労働時間を40時間とする第47号条約、ILOが基本条約としている強制労働の廃止を定めた第105号条約や人種等による差別待遇を禁止した第111号条約、パートタイム労働に関する第175号条約など、ILOが採択した条約のなかでも特に重要な条約が含まれている。また、ハラスメントを禁じる第190条約が適用される範囲は広く、一般的な労働者に加えて、就職希望者やボランティア、インターン実習生、フリーランスも適用対象となることが特徴である。本条約が批准されれば、就職活動中の大学生などに対し、セクハラやパワハラ、オワハラなどのハラスメント行為を行った企業に対しても、必要に応

じて制裁が加えられることになるため、より多くの人の人権保護が促進されると考えられる。

Ⅳ　開発援助機関・世界貿易機関（WTO）と国際人権

　開発援助は、途上国の経済社会発展に資する目的で行われるが、人権の観点からは、被援助国の住民にとって、援助が必ずしもプラスに働くわけではない場合がある。また、1995年に成立した世界貿易機関（WTO）は、モノとサービスの自由貿易を促進する国際機構であるが、その活動が国際人権の観点から批判されることもある。ここでは、経済開発援助機関の代表例として世界銀行と国際通貨基金（IMF）の活動と国際人権の関連、およびWTOと国際人権について考察してみたい。

◎世界銀行等の国際金融機関の活動と国際人権

　世界銀行は、通常、国際復興開発銀行（IBRD）と国際開発協会（IDA）をさす。世界銀行は、国際通貨基金（IMF）とともに第2次世界大戦中に構想され、戦後経済の復興と開発援助のための資金提供を目的としていた。しかし、「復興」については、もっぱら米国の対ヨーロッパ援助であったマーシャルプランによって行われたため、「開発」に重点をおくようになった。現在の世界銀行は、加盟国からの出資金や借入れ金などをもとに、途上国の政府、政府機関、あるいは政府が保障する民間企業に対して、開発プロジェクトなどのための貸付けを行うことによって、その国の経済社会発展を促進することを主な目的としている。第2次世界大戦後の日本も、東海道新幹線や東名高速道路の建設に際し世界銀行の借款を受け入れ、また、電力会社や鉄鋼会社も世界銀行の借款の対象となった。1960年には、途上国の実状に合わせて、利子なしで長期の返済を可能とするIDAが設立され、特に貧しい国々に対する資金供与が行われるようになった。このほかにも、世界銀行の姉妹機関として、途上国の民間企業を支援する目的で設立された国際金融公社（IFC）、途上国への投資に対する保険サービスの提供などにより、途上国への資金の移動を促す多国間投資保証機

関（MIGA）、国家と外国企業との間の紛争を解決する目的の投資紛争解決国際センター（ICSID）などがあり、世界銀行グループと称されている。

　発展途上国に対してその経済社会開発を促す目的で資金援助を行う国際金融機関の活動が、人権の観点から問題になることがある。有名な事例として、1985年に世界銀行とインド政府の間で貸付協定が締結された「ナルマダダム・プロジェクト」がある。このプロジェクトは、インドのナルマダ川に、巨大ダムであるサルダルサロバルダムと、数百キロの運河を建設するとともに、ナルマダ川流域に総計3000のダムを建設するという壮大なものであった。その際、プロジェクトのために移住を余儀なくされた地域住民に対し、移住や先住民族に関する世界銀行のガイドラインが守られていなかったのではないか、環境アセスメントも適切に行われていなかったのではないか、ということが指摘された。国際NGOによる世界的な反対運動も起き、結果的に、世界銀行は、1993年に、ナルマダダム・プロジェクトへの支援を中止した。

　また、世界銀行は、構造調整支援として、マクロ経済や国際収支改善のための融資を行うことがあるが、その際国家に対して課される資金利用の条件（コンディショナリティ）が、特に社会的弱者に悪影響を及ぼしているという指摘もある。コンディショナリティのなかには、雇用の縮小や財政支出の削減、補助金の削減などが含まれることがあり、これらの政策は、特に貧困層に対して悪影響を及ぼす。このような世界銀行の支援のあり方は、非援助国の国民の相当な生活水準を享受する権利や、身体および精神の健康を享受する権利などの社会権の侵害にあたると考えられる。

　こうした批判に対して、世界銀行は、1993年に、独立した3名の国際的な専門家が世界銀行の政策について調査を行うインスペクション・パネルという制度を立ち上げ、世界銀行のプロジェクトによって直接影響を受ける人々や、それを代表して行動する人による苦情申立てを受け付け、調査する仕組みをつくった。インスペクション・パネルは、その機能が十分に働いているかどうかを疑問視する声もあるが、地元住民の声を世界銀行に反映するしくみとして画期的なものと評価する見方もある。さらに、世界銀行は、1998年の世界人権宣言50周年の際に「開発と人権」と題する報告書を発表し、開発援助におけ

る人権の側面に配慮する政策を打ち出すようになってきている。

◎WTOと国際人権

　ヒト、モノ、資金、サービス、情報が自由に国境を越えて移動するグローバリゼーションは、その恩恵を享受する人々がいる一方で、特に社会的な観点から弱者に負担をかけると批判されている。世界的な競争に打ち勝つためにコストを削減しようという圧力は、労働条件の悪化や、児童労働の原因になるとも指摘されている。移動労働者の増加もみられ、そのなかには人身売買もあるといわれる。情報技術（IT）革命は、従来先進国で行われていたサービス業まで賃金の安い途上国に「アウトソーシング」（外注）する要因となり、これも国際競争の拡大につながっているとみられている。

　グローバリゼーションを促進する国際機構の１つが、1995年に成立したWTOである。第２次世界大戦後に、大戦の原因となった貿易のブロック化をなくし貿易自由化を推進する国際機構が構想された。その結果、1948年、「関税と貿易に関する一般協定」（ガット）が暫定的に発効した。WTOはガットを発展させた国際機構であり、最恵国待遇や内国民待遇、数量制限の一般的廃止、さらに関税引き下げ交渉を通じて、貿易の自由化を図ることを目的としている。現在のWTOは、モノのみではなく、サービスや知的財産権もその範疇に入れ、またガットに比すると紛争解決手続きも整備されている。2021年３月現在の加盟国は164の国と地域である。

　直接貿易の対象となるモノやサービスではないが、WTOにおいては、これまでにも、非貿易的関心事項と称される、環境や人権といった貿易自由化に関連する事項にも対応することが求められていた。しかし、非貿易的関心事項を、どこまでWTOに組み込むかは、加盟国の間でも意見が分かれている。人権という要素によって制限的な措置を講じることが、WTOの掲げる無差別待遇の原則とどう両立するかという点については、まだ解決策が見出せていない。途上国のなかには、たとえば、先進国と比して割安な労働力を競争力の１つにしたいという国家や、植民地時代には宗主国が行っていた人権侵害を現在になって批判し、貿易制限につなげるのは納得がいかないなど、人権という名目で制

限的な措置を講じることに反対する国家（特に途上国）も存在するのが現実である。このような態度に不満をもつNGOが、WTOに対する批判を強めている。

　今日では、こうした事態を受けて、世界銀行、WTOなどの国際経済機構による人権尊重に関する説明責任を確保するメカニズムの構築や、国連やILOなどの人権関連機関との対話の促進が提唱されている。また、生産者や労働者に配慮し、発展途上国の製品などを適正な価格で購入するフェアトレード（公正な貿易）も、今日では拡大をみている。

Ｖ　お わ り に

　経済活動の強化は、経済成長につながり、その結果、たとえば一定程度の経済水準を確保しないと実現できないと考えられた社会権に関する国際人権の実現が可能になるというプラスの側面もある。しかし、他方で経済社会発展に資するべき活動が、人権を侵害し、環境を破壊するというマイナスの側面があることにも留意しなければならない。人間の生活を豊かにするはずの経済活動が、人間の生活を破壊してしまうというのは、本来のあり方と異なるのではないだろうか。国際人権という観点から、経済活動をとらえ直すことが、ひいては持続的な経済活動の発展につながっていくと考えるべきだろう。

♣次の設問を考えてみよう。
　(1)　企業が国際人権の指針を遵守するようにするには、どうすればよいか。
　(2)　サービス残業（不払い残業）や過労死はなぜなくならないのか。

第11章　国際人道法と国際人権

I　は じ め に

　MDGsとSDGsの大きな違いは、MDGsが途上国における貧困撲滅などの開発問題に主な焦点を当てていたのに対し、SDGsは経済、社会、環境の諸課題につき統合的な解決を目指すとする点である。そして、その基盤として、世界における不平等をなくしたり、あらゆる形態の暴力を撲滅するといった、平和と公正を構築するガバナンスが必要である。特に、SDGsの目標16は、暴力の防止やテロリズム・犯罪の撲滅など、平和で包括的な社会の構築推進を掲げている。

　人類には、古代から戦争という究極的な暴力に訴え続けてきた歴史がある。第2次世界大戦後設立された国連は、人権の伸長を目的の1つとして掲げ、さらに「武力による威嚇又は武力の行使」をすべての加盟国は慎まなければならないと規定した（国連憲章第2条4項）。しかしながら、今日に至るまで武力紛争がすべてなくなったかというと、そうではないのも事実である。たとえば、2011年の「アラブの春」を契機に勃発したシリア内戦は10年以上続いている。また、周辺諸国も介入したイエメンでの武力紛争は、「世界最大の人道危機」を引き起こし、解決の道筋はまだ見えていない。

　ところで、いったん戦争が始まってしまえば、無制限にどのような行為でも許されるかというと、そうではない。たとえば、『戦争をしなくてすむ世界をつくる30の方法』（平和をつくる17人、合同出版、2003年）のなかには、「ルールを張りめぐらせて戦争の手をしばろう」とあり、次のように書かれている。

「どんな戦争においても、戦争当事国が使用してよい戦闘手段は『無制限ではない』と国際法は明言しています。具体的には、民間人（軍人以外のすべての人）を狙った攻撃は禁止されています。また、攻撃する相手に『行き過ぎた傷害や不必要な苦痛を与える』戦闘手段も禁止されています。さらに、『自然環境に深刻な損害を与える』戦闘手段も禁止されています。……

　戦争に関するルールは、戦争の手をしばるという目的から、この世に誕生したのです。その目的に沿ってルールをどんどん活用し、さらに改良しましょう。2つの世界大戦を経験してしまった人類は、もうこんな歴史をくり返したくないという必死の思いで、こうしたルールをつくり上げました。国際法は、20世紀という100年間を通じての輝く財産なのです。これを生かすも殺すも、次の100年を生きる私たちしだいです。」

　このように、国際人道法は、人類が築いてきた1つの財産といえるが、どのような仕組みになっているのか、国際人権とどう関連があるのかをみていきたい。

II　国際人道法とは何か

◎国際人道法と人権法の歴史

　国際人道法は、現在のような名称になる前には戦争法（戦闘法規、交戦法規）と呼ばれ、その起源は古代中国、インド、エジプト・バビロニア、ギリシャのような古い時代からあったとされる。それらはすでに、戦争の制限や禁止される戦闘手段などを規定するものであったが、それほど体系化されたものではなかった。

　戦争法は、中世や近代の変容を経て、やがて国際的な宣言や条約へと発展していった。1868年には、ロシアが提唱して採択されたサンクト・ペテルブルク宣言が、「締約国間相互の戦争の場合に、重量400グラムに満たない発射物で」一定の条件にあるものを「軍隊又は艦隊が使用することを放棄することを相互に約束する」と定めた。さらに、1899年に開催された第1回ハーグ平和会議においては、「陸戦ノ法規慣例ニ関スル条約」などの3条約および3宣言が採択された。第2回ハーグ平和会議においては、13条約と2宣言および2決議

が採択された。

　戦争法に関してこのような成果があがる一方、これらは植民地獲得戦争など
には概して適用されないなど一般的とはいえず、総力戦ともいわれた第1次世
界大戦の勃発によってその効力が疑問視された。また、第1次世界大戦では、
毒ガスや航空機による空襲など、新たな形の兵器や戦闘方法が導入され、大量
に人間を殺害したり、大規模な破壊が行われたりした。第1次世界大戦後には、
空襲や毒ガス、潜水艦の規制、さらには傷病兵や捕虜に関する国際的な規則が
つくられたが、第2次世界大戦時には、原子爆弾のように発達した科学技術を
応用した兵器が開発され、戦争形態の変化や一般住民に対する被害の拡大と
いった新たな事態が出現した。

　こうした新しい状況を受けて、国連憲章は、法的には、武力による威嚇まで
をも禁止した。しかしながら、国連のもとにおいても、世界中からすべての戦
闘行為がなくなったわけではなく、戦闘行為の多様化に伴い、国際人道法とし
て発展をみることになった。「国際人道法」という名称が初めて公式に用いら
れたのは、1949年に採択されたジュネーブ諸条約に新たな議定書を追加する
目的で、1971年に招集された国際会議の時からであるといわれる。これは、
紛争下における保護の範囲が拡大されたという理由とともに、戦争法や、武力
紛争法という名称は、主として軍事組織が使う名称であり、人間を人間らしく
扱うといった側面からみると、国際人道法という名称がふさわしいのではない
かという理由による。

　現在の国際人道法は、主としてハーグ規則にみられるような、害敵手段・方
法の規制と、第2次世界大戦後に制定されたジュネーブ諸条約にみられるよう
な、武力紛争犠牲者および財産の保護に大きく分類される。害敵手段・方法の
規制は、主として攻撃を行う側に対して規制を加えるものであり、誰が軍事行
動を行うことができるかという交戦者資格、害敵手段としての兵器の制限、何
が攻撃対象となる軍事目標かという攻撃対象の規制、どのような形態の武力行
使かという害敵手段行使の方法に分類される。また、武力紛争犠牲者および財
産の保護とは、主として攻撃された側を対象としており、敵対行為に参加しな
い人を区別して保護し、また軍事目標でない施設を区別して保護するというこ

とである。

　特に今日の武力紛争においては、全犠牲者の８割以上が一般住民といわれ、戦闘員同士が戦い、犠牲者の多くが軍隊に所属する職業軍人といわれた国家間同士の戦争とはかなり様相が異なっている。このため、今日では、戦闘時に、一般住民、特に女性や子どもをどのように保護していくかという点が問題となっている。

◎アンリー・デュナンと国際赤十字

　国際人道法の発展に大きく寄与してきたのが、スイス人アンリー・デュナンによって創設された赤十字国際委員会（International Committee of the Red Cross）である。1828年スイスに生まれたデュナンは、イタリア統一戦争の激戦地であったソルフェリーノにおけるオーストリア軍とフランス軍の戦争を見た際に、戦士の惨状と、自ら行った救援活動を『ソルフェリーノの思い出（Un Souvenir de Solferino）』（1862年）として著わした。この書は、ヨーロッパ諸国に反響を呼び起こし、デュナンを含む５人委員会が設立された後、「戦時負傷軍人の救護に関する国際的永久的組織の計画」を支持する国々の代表がジュネーブに集まり、現在の赤十字の基本となる原則を確立した。それは、「各国に１つの中央委員会を組織し、戦争が起こったならば、できる限り軍の医療を助ける」「中央委員会とその支部は平時から、戦時のための準備をしておき、とくに衛生材料を準備しておき、篤志の看護人を養成しておく」などであった。さらに、デュナンの出身国、スイスに敬意を示して、スイスの国旗の赤字に白い十字を逆にした白地に赤い十字を団体の印とした。これが今日に続く「赤十字」となったのである。日本も、1877年に設立された救護団体の博愛社を日本赤十字社と改名し、1886年に赤十字条約に参加して承認され、国際赤十字に加わった。この赤十字国際委員会の創始者となったデュナンは、第１回のノーベル平和賞を受賞している。

　赤十字国際委員会は、紛争犠牲者を人道的に保護することを目的とすることから、これまでにも国際人道法の発展に寄与してきた。たとえば、現在の主要な国際人道法であるジュネーブ諸条約や追加議定書の作成時には、赤十字国際

委員会が主要な役割を果たした。また、平時においても、国際人道法の発展や、普及に力を注いでいる。

◎国際人道法と国際人権法の接点

　国際人道法と国際人権法は、異なる性質や歴史的背景を有する。たとえば、国際人道法は、「このような兵器を使ってはいけない」など、ある特定の行動を制限するということに重点がおかれているのに対し、国際人権法は、「個人には、このような権利があるため、こういったことが実現可能である」といった権利を付与するということに重点がおかれている。国際人権法は、主として国連が成立した第2次世界大戦後に発展してきたという歴史があるのに対し、国際人道法は、第1次世界大戦前のハーグ平和会議の時にはすでに条約や宣言が採択されているという異なった歴史がある。

　しかし、近年の学説には、性質も歴史も異なる国際人道法と国際人権法が、互いに似通った、あるいは共通の認識に基づくものをもっているとする考え方が出てきている。たとえば、国際人道法の1つである1977年のジュネーブ諸条約第1追加議定書には、児童の保護として、「紛争当事者は、15歳未満の児童が敵対行為に直接参加しないようすべての実行可能な措置をとるものとし、特に、これらの児童を自国の軍隊に採用することを差し控える。紛争当事者は、15歳以上18歳未満の者の中から採用するに当たっては、最年長者を優先させるよう努める」（第77条2項）とあるが、全く同一の規定が、人権条約である子どもの権利条約の第38条3項にもみられる。このように、国際人権法に、国際人道法と類似した、もしくはほとんど同一の規定がしばしば見られるようになっている。また、国連の人権機関や、国際人道法の実施のために設けられた委員会、あるいは地域的な人権機関において、国際人道法に対して言及される場面がみられるという指摘もある。

　そして、かりに武力紛争が発生したとしても、国際人道法に加え、国際人権法の緊急事態に関する条項も適用の範囲に入ってくる。たとえば、国際人権規約の自由権規約には、「国民の生存を脅かす公の緊急事態の場合」であっても、生命に対する権利や、拷問または残虐な刑の禁止、奴隷の禁止、遡及処罰の禁

止や法律の下に人として認められる権利、思想、良心および宗教の自由といった条項に関しては逸脱してはならないとしている。このように、国際人道法の適用される事態となっても、同時に国際人権法の諸規則が適用されるということが考えられる。

　今日においては、国際人道法と国際人権法が相互に影響を及ぼし、場合によっては接点をもっているといえるのである。

Ⅲ　主な国際人道法について

◎国際人道法の一般的原則

　国際人道法は、戦争そのものを禁止するというよりも、武力紛争が止まないという現実に即し、苦痛を少しでもやわらげる、あるいは敵対行為に参加しない個人を保護するといった原則から成り立っている。そのため、国際人道法が戦争そのものを禁止し得ないという限界を有している。しかし、国際人道法による規制対象は確実に増加しているし、今日では、国際人道法を個人に適用することにより、残虐行為をなくそうという国際刑事裁判所（ICC）の試みもある。たとえば、2002年に効力が発生した国際刑事裁判所規程は、国際人道法違反を犯した個人を訴追して裁判を行う仕組みを設けており、今日では国際的な裁判所によって国際人道法違反が問われる可能性がある。

　国際人道法では、敵や味方の区別なく、また戦闘に関してどちらの主張が正しいかという点にかかわりなく国際人道法を適用するという、無差別適用原則が重要である。また、戦争法は、開始時にいずれか一方の国が戦意を表明した公式の国家間戦争に適用されていたが、第1次世界大戦後は、戦意が表明されなくとも、戦争と判断される敵対行為（事実上の戦争）への適用論が生まれてきた。国連憲章によって「武力による威嚇または武力の行使」が禁じられている現在においては、事実上の戦争や内戦も含め、当事者の意図を問わず武力紛争が存在すれば、国際人道法が適用される。

　国際人道法の適用において常に問題となるのが、どのように国際人道法の履行を確保するかということである。戦闘状態になっている場合や、敵対心の高

揚している状態において法の遵守を確保するのは至難の業といえる。しかし、国際人道法を履行する国内法を整備しておくことや、赤十字国際委員会などの第三者機関による監視、さらには第2次世界大戦後発展してきた、国際人道法違反に対する個人の処罰を司る国際法の規定や国際機関、特に国際裁判所の設置によって、国際人道法の遵守が促進されると考えられる。

◎交戦者資格と攻撃対象の規制

　武力紛争下においては、敵対行為に参加する者がいる一方で、敵対行為に参加しないあるいはしたくない者がおり、国際人道法ではそれらを区別して、後者を保護するということになっている。このため、敵対行為に参加する戦闘員と敵対行為に参加しない非戦闘員の区別が重要である。

　国家間の戦争において、戦闘員とは、第一義的には正規軍に所属する構成員である。しかし、戦闘行為に参加する者の多様化に伴って、その区別は難しくなってきた。1907年のハーグ平和会議で採択された「陸戦ノ法規慣例ニ関スル条約」の付属書では、民兵および義勇兵も軍のなかに含める、また群民兵も交戦者とするという規定がおかれた（第1条）。第2次世界大戦後に顕著となった民族解放運動などに促され、1977年に採択されたジュネーブ諸条約第1追加議定書においては、「紛争当事者の軍隊は、部下の行動について当該紛争当事者に対して責任を負う司令部の下にある組織され及び武装したすべての兵力、集団及び部隊からなる」（第43条1項）とされ、「軍隊」の範囲がさらに拡大された。また、第1追加議定書は、「傭兵は、戦闘員である権利又は捕虜となる資格を有しない」（第47条1項）とした。

　国際人道法においては、戦闘行為における攻撃の対象を区別することも重要である。まず、人については、交戦者資格によって戦闘員と非戦闘員とを区別し、非戦闘員のほうは直接戦闘行為に参加しないため保護する。施設については、軍事目標と非軍事目標を区別し、非軍事目標は攻撃してはならないとして保護するのである。たとえば、1922年にハーグで署名された空戦に関する規則案は、軍隊や軍事工作物、軍事建設物や軍事貯蔵庫などの軍事目標に対する空中爆撃を適法とする（第24条1項、2項）が、礼拝所や学術または慈善の目的

で使われる建物、歴史上の記念建造物、病院などは、なるべく損害を免れるような手段を執らねばならないと規定する（第25条）。ここで問題となるのは、通常は非軍事的施設として考えられるが、場合によっては、軍事的な目的で使用されるものである。たとえば、1945年に広島に原子爆弾が投下された際には、相生橋（あいおいばし）という橋が目標となったとされるが、現在では、その橋を一般市民が日常的に歩き、路面電車が行き交う、民間用のものとして使用されている。戦闘行為が発生した際には、軍事的に使われることがあるとしても、橋や鉄道、道路などは軍事目標と区別されるのか、この点については、特に国際人道法は明確な規定を設けてはいない。

　また、国際人道法のなかには、無防備な都市村落や、住宅、建物を攻撃してはならないとする（1907年に採択されたハーグ条約第25条）。最近では、いかなる手段によっても攻撃してはならない特別保護地区の設置や、非武装地帯の設定なども、国際人道法によって規定されるようになった。

◎害敵手段である兵器の規制と使用形態の規制

　国際人道法は、武力紛争における人々の苦痛を少しでもやわらげるという原則に基づいて発展してきた。その具体的方法の１つが、兵器の制限である。1907年に採択された「陸戦ノ法規慣例ニ関スル条約」においては、交戦者は、毒を使用した兵器や、不必要な苦痛を与える兵器を使用してはならないとされた。第１次世界大戦前には、ダムダム弾や毒ガスを禁止する宣言が、第２次世界大戦後には、地雷やブービートラップ、その他類似の装置の使用の禁止や制限を盛り込んだ特定通常兵器条約が1980年に採択された。そして、ベトナム戦争時の枯れ葉剤使用の問題などに触発され、環境に対して悪影響を及ぼすような兵器についても規制する動きが高まり、環境改変技術禁止条約が1978年に発効した。今日では、一般住民に多大な被害を及ぼす兵器である対人地雷を禁止する国際条約も発効している。

　また、大量破壊兵器である生物兵器や化学兵器についても、その開発、生産および貯蔵を禁じ、廃棄することを約束した生物・毒素兵器禁止条約と化学兵器禁止条約が採択された。大量破壊兵器の典型ともいえる核兵器については、

1968年に核兵器不拡散条約（NPT）が採択された。NPTは、核兵器を保有することが可能な核兵器国（同条約上は1967年1月1日前に核兵器その他の核爆発装置を製造しかつ爆発させた国、具体的にはアメリカ、当時のソ連、イギリス、フランス、中国をさす）と、核兵器を製造したり譲渡してはならない義務を負う非核兵器国とに二分しているため、世界のすべての国家から核兵器を廃絶するものではないと批判された。また、核兵器使用の前提となる核実験を禁止するため、包括的核実験禁止条約（CTBT）が採択されたが、効力発生にはいたっていない。

2000年代以降、人道の観点から兵器の規制を求める国際的な動きが高まった。その結果、2008年にはクラスター爆弾の開発や所有、使用等を禁止する条約が締結され（2010年発効）、2013年には、小型武器を含む通常兵器の国際的な取引の一部を禁止する武器貿易条約が採択された（2014年発効）。そして、2017年には、核兵器の使用や実験による被害者（ヒバクシャなど）に留意した上で、核兵器の開発や製造、威嚇や使用を禁止した核兵器禁止条約が採択された（2021年発効）。

これらの国際条約によって禁じられない武器を使用するにしても、攻撃方法には制限がある。たとえば、降伏旗を掲げて交渉の意図を装ったり、負傷したり病気にかかったと偽ったり、文民を装ったり、国連の記章などを許可なく使用したりする、いわゆる「背信行為に訴えて敵を殺害し、損傷し又は捕獲することは禁止」される（1977年のジュネーブ諸条約第1追加議定書第37条）。

◎紛争犠牲者の保護

赤十字国際委員会の基礎となったデュナンの思想は、戦争で傷ついた兵士の救護に端を発する。1864年に調印された最初の赤十字条約は、陸戦における負傷兵の保護に関するものであり、現代の紛争犠牲者の保護を定めた国際人道法の始まりとなった。今日、紛争犠牲者の保護に関する国際人道法の中核をなすものは、1949年に採択された4つのジュネーブ諸条約と、1977年に採択された2つの追加議定書である。

1949年のジュネーブ4条約は、それぞれ傷病兵保護条約（第1条約）、海上傷病者条約（第2条約）、捕虜待遇条約（第3条約）、文民保護条約（第4条約）で

あり、共通の条項をもっている。まず、国家間の武力紛争の場合、締約国がそれを戦争状態と承認しない場合であっても条約を適用するとし、さらに、紛争当事国の一方が条約の締約国でなくとも、条約によって拘束されるとする（共通第2条）。また、内戦の場合、敵対行為に参加しない者は差別なく人道的に待遇しなければならず、生命および身体に対する暴行や人質、個人の尊厳に対する侵害、裁判によらない判決と刑の執行は禁じられ、傷病者は収容して看護しなければならない（共通第3条）。

そのうえで、第1条約である傷病兵保護条約では、傷病者を、軍隊の構成員および民兵隊や義勇隊の構成員であって軍隊の一部をなす者とし、さらに、従軍記者や軍隊の福利機関の構成員、紛争当事国の商船や民間航空機の乗組員、自発的に武器をとった抵抗勢力であっても傷病者であれば、条約を適用するとしている（第13条）。第2条約である海上傷病者条約は、第1条約上の傷病者と難船者を適用範囲とする（第12条、13条）。該当者は、差別なく人道的な待遇を受け、看護されなければならず、殺害されたり故意に遺棄されたり、生物学的実験の対象とされてはならない。また、傷病者などを看護する要員や施設は、攻撃されてはならない。

捕虜の待遇に関する条約である第3条約は、正規軍の構成者や、群民兵、従軍記者などの軍隊に随行する者も含め、「敵の権力内に陥ったもの」を捕虜と定義する（第4条）。さらに、抑留国は、捕虜に与える待遇について責任を負う（第12条）。そして、「捕虜は、常に人道的に待遇しなければならない」のであって、捕虜を死にいたらしめたり、健康に重大な危険を及ぼすものは禁止される（第13条）。また、捕虜は、いかなる場合においても身体と名誉を尊重される権利がある（第14条）。

第4条約は文民を保護する条約である。この条約で保護される「文民」の範囲は、「紛争又は占領の場合において、……紛争当事国又は占領国の権力内にある者でその紛争当事国又は占領国の国民でない者」であり、限定されている。条約上の「文民」は、「身体、名誉、家族として有する権利」を有し、人道的に待遇されなければならず、暴行や脅迫、侮辱などから保護され（第27条）。また、虐待や殺りく、略奪、人質も禁止される（第32条～第34条）。

　1977年には、国際社会の構造変化や、武力紛争の変化、第4条約にみられるような不十分な保護のあり方を受け、2つの追加議定書が採択された。第1追加議定書は、戦闘員に属さない者を文民とし（第50条）、保護されるべき文民の範囲を拡大した。また、個々の文民や住民は、「軍事行動から生ずる危険からの一般的保護を受け」（第51条）、軍事目標以外の民間施設とともに攻撃の対象としてはならないこと（第52条）、文化財や礼拝所の保護（第53条）も定められた。そして、戦争時には「兵糧攻め」という手段も用いられるが、今日では、「戦闘の方法として文民を飢餓の状態に置くことは、禁止」され、食糧など文民の生存に不可欠なものは保護しなければならない（第54条）。2020年にノーベル平和賞を受賞した世界食糧計画（WFP）は、今日の飢餓人口の6割が紛争の影響下にあるとし、紛争地に「食料」という希望を与えることが重要な支援の1つだと訴えている。

　第2追加議定書は、内戦下の保護について規定する。この議定書は、1949年ジュネーブ諸条約の共通第3条を補完し、内戦において敵対行為に参加しないすべての者は、差別なく「身体、名誉並びに信条及び宗教上の実践を尊重される権利」を有し、人道的に取り扱われなければならない（第4条）と規定する。また、殺人や虐待、人質、テロリズム行為などを禁止し、女性と子どもについても言及する。ただし、第2追加議定書は、暴動や暴力行為などの国内争乱や緊張事態には適用されない（第1条2項）。

　国際人道法のなかでも、特に1949年のジュネーブ諸条約や1977年の追加議定書は普遍性が高く、傷病者の保護や捕虜の待遇、文民の保護などについては、慣習国際法とみなしてよいという考え方もある。日本は長い間1977年の2つの追加議定書を批准していなかったが、2004年に批准した。

Ⅳ　国際人道法の発展と今日的課題

　国際人道法は、履行確保が問題となるとはいえ、その有用性が消えたわけではない。たとえば、コソボ自治州の問題を理由に、1999年に北大西洋条約機構（NATO）がセルビアに対して空爆を行った際に、中国大使館を誤爆したこ

とが問題になった。中国大使館は、軍事目的ではなく、民用として建てられた施設であるため、このような誤爆は、国際人道法に反するという批判が起こったのである。また、キューバのグアンタナモのアメリカ軍基地に拘留された兵士の取扱いや、イラク戦争下のアブグレイブ刑務所におけるアメリカ軍のイラク人捕虜虐待も、国際人道法違反として問題になった。

このように、国際人道法は今日でもその有用性を失っていない。以下では、国際人道法が適用される国際刑事裁判所の設置、国際人道法が争点になった1996年の核兵器使用の合法性（違法性）に関する国際司法裁判所の勧告的意見、さらに今日的な問題にふれる。

◎国際刑事裁判所の設置

第2次世界大戦後に敗戦国ドイツおよび日本の戦争犯罪人を「国際的」な構成の裁判所で裁く目的で設置されたのがニュルンベルグ裁判と極東国際軍事裁判（東京裁判）である。東京裁判では、侵略戦争の計画や実行など平和に対する罪、戦争法規や戦争慣例違反といった通常の戦争犯罪、非人道的行為といった人道に対する罪について、日本の戦争犯罪人が裁かれた。これらの裁判所は、「国際的」に、戦争犯罪を犯した個人を裁いたという意味では画期的であったが、事後法である、また戦争の勝者の裁きという批判もある。

その後、戦争犯罪者を裁く国際的なしくみはなかなかできなかったが、1993年に旧ユーゴスラビアで行われた残虐行為に対し、安全保障理事会決議によって、旧ユーゴスラビア国際刑事裁判所が設置された。また、1994年には、ルワンダ国際刑事裁判所が、やはり安全保障理事会の決議によって設置された。これらの裁判所は、旧ユーゴスラビアとルワンダという特定地域における、特定の期間内に行われた戦争犯罪を対象とし、臨時に設置されたという点で限定的である。

1998年にローマにおいて、より普遍的な形での常設的な国際刑事裁判所（ICC）が、条約（規程）に基づいて設置されることが決定された。ICCの管轄権は、ICC規程の発効後の事件に限られているが、集団殺害、人道に対する犯罪、戦争犯罪、侵略の犯罪について審理する権限を有する。このうち、侵略の

罪については、侵略とは具体的に何をさすのかということが定義されるまで適用されないとされたが、2010年のICC締約国会議において、侵略の罪についても適用するという改正が行われた。また、戦争犯罪については、ICC規程の効力発生から7年の間、自国民によってあるいは自国領内で行われたと申し立てる場合には、ICCの管轄権は適用されないとした。

　ICCの特徴として、国内の裁判所を「補完」する役割と位置づけられている点があげられる。すなわち、ICCの管轄する犯罪であっても、まず国内裁判所が優位し、国内裁判所が機能しない場合にICCが管轄権を行使することとなっている。また、裁判所への付託を行える主体が締約国、国連安全保障理事会、一定の条件のもとでの検察官となっており、付託可能な主体も限られている。

　このような特徴や限界を有し、また方針の違いによりICCから脱退する国もあるが、国際人道法の違反者を国際的に裁くしくみができたという点は、高く評価されるところであろう。日本も2007年にICC規程を批准した。2021年3月現在、123カ国がICC規程を批准している。また、2021年3月までに、ICCは、中央アフリカ、中央アフリカⅡ、コートジボワール、スーダン（ダルフール）、コンゴ民主共和国、ケニア、リビア、マリの事態が管轄下にあるとした。そして、これらの事態に加え、ジョージア、ブルンジ、パレスチナ、バングラデシュ／ミャンマー、アフガニスタンの事態についてICC検察官による捜査が開始されている。

　これらの国際的な裁判所に加えて、今日までに、シエラレオネ特別法廷、カンボジア特別裁判部、レバノン特別法廷のような、裁判の対象となる国家の国民と国連などの国際的な専門家との共同で、国際法上の重大犯罪を裁く裁判所も設置されている（いわゆる混合裁判所）。東ティモールにおいては、独立前の移行期に統治を行った国連の東ティモール暫定統治機構（UNTAET）が、ジェノサイドや戦争犯罪などを裁く司法機関を設置した。

◎核兵器と国際人道法および人権

　広島、長崎の例をあげるまでもなく、核兵器は、戦闘員や文民の区別なく、また、軍事目標と非軍事物の区別なく、破壊が広範に生じる。このような兵器

●資料11-1　原爆ドーム

出典：執筆者撮影

は、国際法違反といえるのだろうか。国際法学者リチャード・フォークの提言に基づき、ニュージーランドの平和運動家、ケイト・デュイスの自宅キッチンから始まった「核兵器の違法性を国際司法裁判所（ICJ）に問う」という市民運動は、次第に各国政府代表を動かした。そして、1996年にICJは、国連総会からの要請である「核兵器の威嚇と使用は、いかなる場合においても許されるのか」という問いに対する勧告的意見を出した。

　この勧告的意見では、核兵器の使用やその威嚇の違法性／合法性を考えるうえで、国際人道法の適用が焦点の１つとなった。たとえば、生物兵器や化学兵器は全面的に禁止されているが、現在も国際法上の効力があるNPTは核兵器国を認めている。このような状況下で、核兵器の使用またはその脅威は国際法違反といえるのか。また、国際人道法においては、戦闘員と非戦闘員を区別し、一般市民を攻撃してはならず、不必要な苦痛を与える兵器も使用してはならない。核兵器を使用すればこうした国際人道法の規定に違反するのではないか。さらに、国際人道法においては、条約に含まれていなくとも、より完備された戦争法規に関する法典が制定されるまでは、慣習や人道の法則、および公共良心から生じる国際法の原則の保護のもとにあるという、いわゆる「マルテンス条項」があるという点も、論議の対象となった。

　結論として、ICJは、以下のような勧告的意見を出した。

「核兵器の威嚇・使用を具体的に認めるような慣習国際法は存在しない。……核兵器の威嚇または使用は、……国際人道法の原則に合致しなければならない。……核兵器による威嚇・使用は武力紛争に関する国際法、とくに国際人道法に一般的に違反する。しかしながら、国際法の現状からみて、国家の存亡がかかる自衛のための極限状態では、核兵器による威嚇・使用が合法か違法かについては判断が下せない。」

　このうち、特に核兵器による威嚇や使用は国際人道法に一般的に反するが、自衛のための極限状態では合法か違法か判断できないという箇所に関しては、

各裁判官の見解が分かれた。

　2021年には、核兵器の使用や威嚇を含む活動をいかなる場合にも禁止する核兵器禁止条約が発効した。これにより、核兵器の威嚇や使用は、国際法上違法であるとする主張がより現実的となった。仮に、2021年6月時点で、ICJが核兵器の威嚇や使用の合法性／違法性に関する勧告的意見を求められたならば、1996年の勧告的意見の結論とは異なる内容になることは想像に難くない。

◎テロへの国際人道法の適用

　テロリズムは、国家によっても私人によっても行われるが、非戦闘員である一般市民を標的とした無差別の暴力行為を行うことによって、恐怖心を発生させたり、政治体制を転覆させたり、特定の考え方を社会全体に広めるということを目的としている。特に2001年の9.11テロ事件を契機に、テロに対する国際的な関心が高まった。国連安全保障理事会は、2001年9月に決議1373を採択し、国際テロ行為は国際の平和と安全に対する脅威を構成すると認定すると同時に、テロ行為への資金供与を防止し、個人や団体がテロ行為の目的で資金を利用することを禁じた。また、2004年4月には、安保理決議1540が採択され、非国家主体が大量破壊兵器を開発・製造・所有することや、国家が非国家主体に対し、大量破壊兵器に関連した支援を行うことが禁じられた。

　今日では、国際人道法の立場から、テロをどうとらえるかという問題に対する答えの模索が始まっている。国際人道法は、従来、軍事力を行使するのは第一義的には国の軍隊であると捉え、1949年のジュネーブ諸条約や1977年の追加議定書においては、民族解放団体による独立闘争や内戦時における国家ではない主体による武力行使への対応を求められた。しかし、現状では、国際人道法が武力行使の主体と認識していない非戦闘員（文民等）がテロを行ったり関与したりすることも多い。国際人道法では、非戦闘員は敵対行為を行うのではなく、保護の対象であるという前提に立っているため、テロ行為を行っても非戦闘であれば保護しなければならないのかという矛盾が生じているのである。また、国際人道法で念頭に置かれている敵を降伏させるための武力行使と、一般市民を恐怖に陥れるためのテロ行為とは性質が違うという指摘もある。この

ため、国際人道法の原則をテロに適用できるかという問題に対しては、いまだに定説はない。テロを焦点にした国際条約の作成も議論されているが、これも、テロの定義についてすら合意が成立せず、条約案が策定されるまでの道筋は遠いようである。

　SDGsは、新アジェンダの1つとして、テロの影響を受けた人々が直面している困難や苦難を除去することを挙げている。また、ターゲット16.aは、テロや犯罪の撲滅に関する能力構築のため、特に途上国を対象とし、国際協力を通じた国家機関の強化を求めている。暴力や過激主義、また不寛容の容認は、長期的にテロの原因を作り出している。また、テロ行為は、行う主体が国であれ私人であれ、結果的に深刻な人権侵害を引き起こす。SDGsに掲げられた目標を達成することによりテロに至る要因を減らし、テロを発生させないことが、広い意味での人権保護につながるのである。

◎経済制裁と国際人道法、国際人権法

　今日、国連のような国際機構によるものや国家の単独の決定に基づくものも含めて、経済制裁が発動される事例が増加してきている。たとえば、米ソ冷戦下の1945年から1989年までの45年間に、国連安全保障理事会が国連憲章第7章に基づいて経済制裁を発動したのは、対南ローデシアと対南アフリカの2件のみであったが、1990年から2021年3月までの約30年の間には、対イラク経済制裁を皮切りに、旧ユーゴスラビア、ソマリア、リビア、リベリア、ハイチ、アンゴラ（UNITA）、ルワンダ、スーダン、シエラレオネ、ユーゴスラビア連邦共和国、アフガニスタン／タリバーン／アル・カーイダ、エチオピア／エリトリア、コンゴ民主共和国、コートジボワール、レバノン、北朝鮮、イラン、エリトリア、ギニアビサウ、シリア、中央アフリカ、イエメン、南スーダン、マリに対して経済制裁が発動されている。

　このような経済制裁、特に貿易および取引の全面禁止や、広範囲にわたる資金の移転が禁止されれば、インフレや物資の不足が起こり、真っ先に被害が及ぶのは一般市民、特に社会的弱者であるといわれている。国連においても経済制裁の一般市民への影響が問題となり、国連の人権促進保護小委員会において

は、国際人権や人道の観点から経済制裁を考察した報告書が提出された。

　今日では、対象国や対象地域の住民の生活を脅かすような経済制裁は、国際人権法における生命に対する権利や、健康に対する権利、相当の生活水準を享受する権利などの侵害ととらえる考え方が有力である。

　安保理決議により、資産凍結や渡航禁止などの経済制裁の対象になった個人が、国際人権基準の違反を申し立てる場合もある。2008年10月に、タリバーン／アル・カーイダ経済制裁の対象となったベルギー国籍の個人による通報に対し、自由権規約委員会は、ベルギーは自由権規約第12条の移動の自由や第17条の私生活の保護規定に違反しているという見解を示した。

Ⅴ　おわりに

　国連憲章においては、「武力による威嚇又は武力の行使」が禁じられたものの、世界各地において武力に訴える行動が止まないのも事実である。また、国連憲章自体も自衛権を否定しているわけではなく、自衛を目的とした武力行使に対する有効な手段をもっているわけではない。人類は、これまで考えられなかったような新型兵器を次々と開発し、それを実戦で使用した歴史をもつ。これからの世界においては、そういった兵器の犠牲になるのは無辜の一般市民であるということを考慮すべきであろう。国際人道法は、それらを少しでも減少させる歯止めになるため、ますます強化されなければならないのである。

♣次の設問を考えてみよう。
　(1)　どのようにすれば、国際人道法がより普及し、より確実に遵守されるようになるのだろうか。
　(2)　テロと国際人権の関係を、どのように考えるべきだろうか。

コラム 6　　核兵器禁止条約

　第 2 次世界大戦終結直前の 1945 年 8 月、広島と長崎に原子爆弾（原爆）が投下され、人類史上初めて、戦争で核兵器が使用された。それから 70 年以上の月日を経た 2017 年に、国連総会にて、核兵器全廃を目的とする核兵器禁止条約が採択された。同条約は、核兵器の使用や実験による被害者（ヒバクシャ）の受け入れ難い苦痛や危害に触れ、核兵器の開発および使用や威嚇を禁止し、核兵器による被害者に対して国際人道法や人権法に従って支援を行い、核兵器使用や核実験を行った国は被害国に対し十分な支援を提供することを規定している。

　「人道」の観点から核兵器の製造や使用を禁止しようという国際的な動きは、第 2 次世界大戦直後から始まっていた。1946 年、ジャーナリストのジョン・ハーシーが広島で 6 人の被爆者に直接取材したルポタージュ「Hiroshima」は、それまでほぼ知られていなかった被爆者や原爆の実状を浮き彫りにした。記事を掲載したアメリカの雑誌ニューヨーカーは、発売日に 30 万部全てが売り切れ、100 以上の新聞に転載された。そこから「ノーモア・ヒロシマ・ノーモア・ナガサキ」を始め、人道上の観点から核兵器禁止を求める無数の市民運動が世界各地に広がった。一方で、冷戦下の国際社会においては、国際政治上の対立などを背景に、核兵器の開発や保有が広がり、核実験の実施回数も増加した。1968 年には核軍縮条約の 1 つである核兵器不拡散条約（NPT）が締結されたが、一般的な核兵器の禁止を定めた国際的な枠組みは成立に至らなかった。被爆者をはじめとする各国市民の核兵器廃絶への願いは、核抑止論など核兵器の必要性を主張した国々の政府の立場とは一致しなかったのである。

　しかし、1990 年代後半より、人道的な観点を視野に入れた軍縮条約が成立し始め、2012 年以降、核兵器廃絶を視野に入れた多国間核軍縮交渉開始が決定された。その後、国際人道法に基づき、核兵器の使用がもたらす人道的影響に関し意見交換を行う国際会議が相次いで開催された。2017 年に採択された核兵器禁止条約は、必要数の批准を得て、2021 年 1 月に発効したのである。

　2021 年 3 月現在、NPT 上の核兵器国および米国の核の傘下にある日本は核兵器禁止条約を批准していない。事実上核兵器を保有する国が批准する見通しが立たない核兵器禁止条約の実効性を問う見解もある。しかし、人道の観点から核兵器廃絶を謳った核兵器禁止条約が発効した意義は大きい。1 人の人間として広島で被爆者と直接接し、「人道」の観点からルポタージュを書いたジョン・ハーシーの精神は、70 年以上の月日を経て国際社会が人道上の見地から核兵器廃絶を志向するようになった現在、核兵器禁止条約を通じ、国際社会に受け継がれていくだろう。

Ⅰ　は じ め に

　SDGs目標16は、「持続可能な開発に向けた平和で包摂的な社会を促進し、すべての人々に司法へのアクセスを提供し、あらゆるレベルにおいて効果的で責任ある包摂的な制度を構築する」である。この目標は、平和と公正な社会の確立を目指しており、目標1から15を達成するうえでの、前提として位置づけられる。

　平和と人権はいずれも、歴史においてその実現が目指されてきた。平和は人々の生活や生命にとって不可欠であり、人権は平和の基礎である。しかしどちらかを優先させるか、あるいは選択が迫られる状況に陥ることもある。

　平和と戦争は対立的にとらえられるが、平和を追求する手段として戦争が主張される場合もある。第2次世界大戦において、連合国は、軍国主義から人々を解放するために日本やドイツに対して攻撃を行ったと主張した。アメリカでは、原爆投下について、早期に戦争を終結する手段ととらえ、日本のアジア侵略をくい止めたとみる立場もある。一方、日本では、原爆投下によって多数の市民が犠牲となったことから、原爆は残虐な兵器であり廃絶されるべきものであること、また悲惨な結果をもたらす戦争を二度と起こしてはならない、と主張されてきた。

　第2次世界大戦後、人権問題は国際的な課題として位置づけられてきたが、内政不干渉原則のもと、人権の保護を目的として他国に措置をとることは国際法上制約がある。またこれまで人権の保護と促進のために国際社会において十分な対応がなされてきたかといえば、必ずしもそうとはいえない。1994年の

ルワンダ内戦によって、200万人に及ぶ大量の難民・国内避難民が発生し、約80万人が虐殺されたが、国際社会は殺りくを未然に防ぐなど措置をとることができなかった。1999年に北大西洋条約機構（NATO）は、旧ユーゴスラビアの圧制からコソボ自治州の住民の保護を理由として、空爆を行ったが、それにより多数の一般市民が犠牲となった。2001年9月11日、アメリカで生じた同時多発テロ事件の後に、「テロとの戦い」が主張され、アフガニスタンに軍事行動が行われた。2010年に、中東や北アフリカ地域で民主化運動「アラブの春」が発生し、リビアではカダフィ政権が運動を弾圧した。これを受けて、国連は市民の保護を根拠に軍事行動を決定し同政権は崩壊した。その一方で、シリア内戦に対しては国際社会は措置をとることができず内戦が続いている。

　人権が守られる平和な社会なくして、SDGsの達成は困難である。本章では国際社会における平和と人権の交錯について考えたい。

Ⅱ　平和と人権の交錯

◎国連憲章

　人権問題が国際社会の重要課題として取り上げられるようになったのは、第2次世界大戦以降である。二度の世界大戦における一般市民への甚大な被害、ナチスによるユダヤ人に対する大量虐殺（ホロコースト）の経験などを通して、平和と人権の間の密接な関係が理解されていった。

　国連憲章は、人権尊重のための国際協力を国連の目的の1つとして定めた。国連憲章は、「……われらの一生のうちに二度まで言語に絶する悲哀を人類に与えた戦争の惨害から将来の世代を救い、基本的人権と人間の尊厳及び価値と男女及び大小各国の同権とに関する信念を改めて確認し……」（前文）と記し、国連の目的として、①国際の平和と安全を維持すること、②国家間の友好関係を発展させること、③国際問題の解決と人権および基本的自由の尊重を促し奨励するために国際協力を達成すること、を掲げ（第1条）、平和と人権の達成が国連の主要な目的として確認された。

　ただし平和と人権に対する取組みは、別個に捉えられることが多い。平和は、

戦争を含む武力行使との関係において論じられ、国家間の安全保障の問題とし
て位置づけられてきた。国際の平和と安全の維持に関して主要な責任を担う安
全保障理事会（安保理）は、平和に対する脅威、平和の破壊および侵略行為の
存在を認定し、非軍事的または軍事的措置を決定し、その決定に国連加盟国は
従う義務がある。その一方で、国連憲章は、人権と基本的自由の普遍的な尊重
と遵守を促進し、加盟国がその達成のために国連と協力して行動することを掲
げる。また人権と基本的自由の実現を援助するために総会が研究や勧告を行い、
人権と基本的自由の尊重と遵守を助長するために経済社会理事会が勧告を行う
ことを定めた。

　このように、平和は安全保障の分野に、人権は経済、社会分野に位置づけら
れていたが、平和の実現と人権の保護促進は、相互に関連する課題として取り
組まれている。

◎安全保障と人権

　国連では、安保理が国際の平和と安全の維持について主要な責任を担う。人
権の問題が、国際の平和と安全の維持の文脈において論じられることにより、
平和と人権の関係性がより明らかになっていった。

ⅰ）**人種隔離（アパルトヘイト）政策**　1960年代以降の非植民地化の動きのなかで、
平和と人権の結びつきはより一層強く確認されていった。特に南アフリカ共和
国（南ア）のアパルトヘイト（人種隔離）政策に対して、国際的な非難が高まっ
た。国連総会や安保理では、南アに対する非難決議が採択され、経済制裁が課
された。この経済制裁は、南アの武器購入が国際の平和と安全の維持に対する
脅威を構成するという理由で決定され、アパルトヘイト政策に基づく人権侵害
に対するものでは必ずしもなかった。しかし、アパルトヘイト政策がもはや国
内管轄事項ではなく国際関心事項であるとの認識が、加盟国の間に徐々に定着
していった。

　1973年に作成されたアパルトヘイト条約は、アパルトヘイトを人道に対す
る罪と定め、アパルトヘイト政策と慣行から生じる非人道的行為を、国際の平
和と安全に対する重大な脅威であると規定した。同条約は犯罪行為者の国際刑

事責任を定め、締約国に対して、アパルトヘイトの抑圧と防止を義務づけた。さらに同条約は、アパルトヘイト政策および行動について、「国際の平和および安全に対する重大な脅威を構成する犯罪」と定めることにより、国連憲章第7章下の強制措置の発動の可能性を認め、またそのような政策や行動をとった個人に対しては、国内の裁判所または国際刑事裁判所への訴追手続きをとることを定めている。以上のような国際社会の取組みを背景に、1991年に南アのアパルトヘイトは撤廃された。

ⅱ）**平和への権利**　　　平和と人権の関係性を示したのが、2016年に国連総会で採択された「平和への権利宣言」である。この宣言は、すべての人が平和を享受する権利を有し、すべての人権が促進され保護され、開発が十分に実現されなければならないこと（第1条）、国家が、平等と無差別、正義、法の支配を尊重し実施し促進しなければならず、社会において平和を構築する手段として、恐怖と欠乏からの自由を保障しなければならない（第2条）と定める。

　1970年代から国連において議論されてきた平和への権利は、第一世代の人権（自由権）、第二世代の人権（社会権）につづく、第三世代の人権の1つとして位置づけられた。2003年にアメリカを中心に行われたイラクに対する軍事介入は、国連憲章に基づかない行為であったが、これに対して市民社会を中心に批判が高まり、平和への権利を求める運動が世界中で行われ、総会決議の採択にいたった。平和への権利については、その具体的な内容、権利の帰属主体、権利に対応する義務の担い手は誰か、そもそも平和に生きることを人権として位置づけることができるのか等、さまざまな問題が指摘されている。

ⅲ）**女性と平和、安全保障**　　　紛争下において、女性や子どもは特に不利益を被り、特別な配慮が必要である。安保理が2000年に採択した「女性と平和、安全保障」（決議1325）は武力紛争下における女性の権利の保護や促進についての指針であり、2つの柱により構成される。1つは、紛争下において女性が保護されるべきこと、もう1つは、平和のすべてのプロセスにおいて、女性の参画が必要であり、女性が平和の担い手となるべきことである。この決議を契機として、国連においては紛争下における性暴力に対処するための制度が構築され、加盟国に対しては女性と平和、安全保障基本計画の策定が求められている。

Ⅲ　平和論を超えて

　国際社会は多様な取組みを通じて平和な社会をつくり出そうとしてきた。その際に平和な社会とはどのようなものであるのか、また人権の保護と促進と社会の構築との関係性について、さまざまな考えが提唱されてきた。

◎武力紛争（戦争）と平和

　人間は有史以来さまざまな目的で戦争を行ってきたが、その目的の1つは平和の追求であった。聖アウグスチヌスは、「すべての戦争の目的は平和である」とのべたが、これは、特定の目的をもつ戦争については、一定の条件の下で正しい戦争として認められるという正戦論の考え方に基づいており、戦争の行使に制限を課したものである。2003年の対イラク戦争の目的は、「アメリカ国民の安全と世界の平和を守る」ことであった。しかしこの主張によれば、平和を追求するために武力行使が認められる。現在の武力紛争では、ハイテク兵器が使用され一般の市民に深刻な被害が及ぶ。多数の人々の生活や生命が脅かされる紛争状況は、果たして平和といえるのか。また戦争終了後に、安全と平和が守られる社会が実現したのだろうか。

　他方で、戦争の生じていない状況は平和であると主張される。たしかに紛争後に和平協定が結ばれ紛争は終わる。しかし戦争が終了してもあるいは争いがない状況であっても、政治的、経済的に不安定な社会では、人間らしい安全な生活を送ることができない。SDGsにおいても明らかな通り、平和な状況を持続させる積極的な措置が必要なのである。

◎消極的平和から積極的平和へ

　戦争のない状態が人間にとって平和な状況とは必ずしもいえない。1960年代の終りころより、さまざまな形態の暴力が社会構造に組み込まれており、生活の機会の不平等として表れることが指摘された。これは「構造的暴力」と呼ばれ、直接的な力の行使と区別された。構造的暴力は、戦争や抑圧的な政策な

ど直接的な危害ではないものの、貧困や不平等などによって人々がもっている潜在能力の発展を妨げるもので、そのような状況を社会や政治構造がつくり出し、維持しているととらえられた。この構造的暴力の克服により積極的平和がもたらされると考えられた。構造的暴力の概念により、紛争の終結は平和の追求においては十分ではなく、貧困の撲滅など社会正義の実現の必要性も指摘された。構造的暴力が是正されない限り人権問題も根本的に解決しないことが指摘されるなど、社会制度と人権の関係性が強調された。

　この構造的暴力は、社会の不平等や不正義に対して新しい視点を提供した。ただし、この考えに基づいて国際社会の状況を改善するまでにはいたっていない。非植民地化の潮流のなかでアジアやアフリカの植民地は独立を果たしたが、それら諸国において、人権が保護され促進されてきたとは必ずしもいえない。また経済的に発展できなかった国も多く、先進国との経済的格差は拡大していった。このように国家間における構造的暴力への対応が求められてきた。

◎人間の安全保障

　構造的暴力の考えは、「人間の安全保障」へと発展していった。人間の安全保障とは、「人間の生にとってかけがえのない中枢部分を守り、すべての人の自由と可能性を実現する」（人間の安全保障委員会）と定義される。「人間の安全保障」は、1994年の国連開発計画（UNDP）の『人間開発報告書』において提唱され、2000年のミレニアムサミットにおいて設立された「人間の安全保障委員会」報告書において内容が整理された。

　人間の安全保障とは、人が生きていくうえで不可欠な基本的な自由としての「恐怖からの自由」および「欠乏からの自由」を基礎に、さまざまな脅威から人間を守り、個人が可能性を実現する機会や手段を手にすることである。人間の安全保障は、個人や社会に焦点を当てた人間中心の考えであり、国家の安全保障を補完する。国家の安全に対する脅威と考えられてきた要因を人々の安全に対する脅威に含め、国家に加えてさまざまな担い手がかかわり、実現を図るものである。

　人間の安全保障は、暴力を伴う紛争、紛争後の社会の問題、貧困、感染症、

テロ、飢餓、環境汚染など、国際社会の課題として確認され解決が求められている事項を対象とする。これらの諸問題や現象を統合してとらえることによって、人間の安全を脅かす要因に対して、国際社会がより効果的に対応できると考える。人間の安全保障は、1人ひとりの生命や生活、尊厳に着目すると共に、人々が安全と発展を自ら推進する考え方であり、保護とエンパワーメントの双方に注目する。人間の安全保障は、SDGsを達成する上で検討が求められる対象となる人々、措置や活動について具体化していく指針を提示する。SDGsは問題関心に注目するが、人間の安全保障は、政府と個人の関係性や役割に注目する。

　人間の安全保障は、多面的な不安定な状況に対応する考え方であり、武力行使は想定されていない。むしろ、現地の能力を構築し、当事者の強靭性（レジリエンス）を高めることを主眼としている。

Ⅳ　人道的介入と保護する責任（R2P）

　平和と人権の関係性は、ある領域内で人々の生命が脅かされている場合に、人々を保護するために他国や国際社会が武力を用いることができるのか、いわゆる人道的介入（humanitarian intervention）として論じられてきた。

◎議論の変遷

　1999年の北大西洋条約機構（NATO）による旧ユーゴスラビアへの空爆を契機として、人道上の理由を根拠にして、他国に対する武力行使が、国際社会において認められるかどうかについて議論されてきた。人道的介入は、人道的「干渉」とも訳される。日本語では、「干渉」は違法な武力行使を意味し、「介入」は非軍事的な措置を含むより広範な意味と解される。

ⅰ）人道的介入の議論の変遷　　人道的介入の議論は17世紀に遡る。人道的介入について明示的に規定する国際法は存在せず、国家主権、武力行使禁止、人権の原則との関連から合法性や正統性が論じられてきた。

　人道的介入は、当初は国家主権との関連において論じられた。主権国家は相

互に他国の内政や外交に直接的または間接的に介入しないことが、国際法上確立されている。ところで他国の人々が抑圧的な支配によって苦しんでいる状況においても介入は禁止されているのか、あるいは一定の状況下において介入は認められるのか、が論じられた。正戦の考え方が主流であった17世紀には、人道を理由とした他国に対する武力の使用についても、それが正戦の範疇に含まれるか否かによって許容性が判断されていた。18世紀以降の無差別戦争観の時代には、戦争は国が自由に使用できる手段と考えられ、人道的介入もこの文脈において論じられた。

ⅱ）**冷戦下の議論**　　国連憲章の採択によって、人道的介入は、憲章に規定された武力行使禁止原則、人権、内政不干渉原則をめぐる議論となった。特に国連憲章第7章の集団的安全保障体制が機能しない状況において、ある国における人権侵害行為に対して、他国が人道を目的として武力を用いることが認められるのか、それは国連憲章第2条4項の武力行使禁止原則や、内政不干渉原則に違反しないのか、論じられた。

　人道的介入の合法性を主張する説の1つは、人権の普遍的な価値を根拠とする。すなわち、人権は崇高な規範であり、人権を守るためにはあらゆる手段が認められると主張された。また国連憲章の目的に基づいて、人権が他の原則に優位し、人権を守るためにあらゆる手段を用いることが認められ、また人権は武力行使禁止原則や内政不干渉原則に優位するとも論じられた。あるいは武力行使禁止原則を狭義に解釈し、人道的介入の合法性が主張された。国連憲章はすべての国が、「武力による威嚇又は武力の行使を、いかなる国の領土保全又は政治的独立に対するものも、また国際連合の目的と両立しない他のいかなる方法によるものも慎まなければならない」（第2条4項）と規定するが、同条で禁止されている行為は「領土保全」や「政治的独立」に対する武力の使用であり、「国際連合の目的と両立しない」方法である。人権の保護は国連の目的とは抵触せず、人道的介入は国連憲章第2条4項に違反しない行為であると論じられた。

　他方で、人道的介入を違法とする主張は、武力行使禁止原則や内政不干渉原則の例外は認められないと論じる。国連憲章第2条4項は武力行使を一般的に

禁止し、条文の「領土保全」や「政治的独立」の文言は例示であり、それらに反しない武力行使が認められるとはいえないとする。また国連憲章は人権の保護を規定するものの、人権の保護を目的とした武力行使は明示的に認めていないと主張された。

ⅲ）冷戦後の議論　　冷戦後には、国連憲章第7章に基づく決定や措置がとられるようになった。その発端は1991年の湾岸戦争後のイラクであった。イラクによるクルド人住民への抑圧政策に対して、安保理は人権・人道の立場から非難を行い、サダム・フセイン大統領（当時）によるクルド人への攻撃を阻止しようとした。その後、安保理の決定に基づいて人道的な措置という枠内で論じられた。1992年には、旧ユーゴスラビアに展開された国連保護軍（UNPROFOR）の職務権限に人道援助物資の安全な配給の実施が含まれた。

　このように冷戦後の議論は、非人道的な状況に対して、安保理が国連憲章第7章に基づいて行動を決定できるのか、また国連はどのような行動をとることができるのかが争点であった。

　1999年のNATOによる旧ユーゴスラビアへの空爆において、人道的介入が主張された。NATOはミロシェビッチ政権によるコソボ自治州への圧制とアルバニア系住民への迫害を阻止することを名目に、約2カ月半にわたり空爆を行った。この軍事的措置は安保理の決定を経ることなく実施され、人道的な理由が根拠として主張された。ただし、空爆によって約500人の一般市民が死亡したと報告された。軍事行動の合法性と正統性、措置の適切さ、被害状況、介入の効果からNATOの空爆が「人道的」な「介入」といえるのか、またその行動の法的根拠について多様な主張がなされた。

ⅳ）人道的介入の論点　　人道的介入について主な論点は以下のとおりである。

　まず、人道的介入の内容についてである。人道的とはどのような状況なのか、個別具体的な人権侵害も含まれるのか、また介入について武力行使に限定されるのか、あるいは緊急援助や人道援助も含まれるのか、さらにどのような事例が人道的介入といえるのかなどについて議論がある。人道目的の介入と主張される事例を客観的に判断する手続きや機関は国際社会に存在せず、介入する主体が、状況や措置の「人道性」を判断してきた。ただしこの判断が、介入され

る側にとっても「人道的」かどうかについては、証明されてこなかった。介入主体の主観的な評価に基づく行動は客観性に欠けることから、人道的介入の議論における主な論点となっている。

　次に、介入の法的根拠についてである。介入主体は、人道性や自衛権の行使など複数の原則や法的根拠に依拠し行為の合法性を主張してきた。コソボ空爆において、NATOは人道上の目的に加えて、安保理決議を合法性の根拠として主張した。しかし安保理決議は、NATOの空爆を明示的に容認していなかった。介入主体が自らの行動について複数の根拠を掲げ合法性を主張することは、むしろ人道性の主張が、介入の唯一の根拠として十分な説得力をもたないことを介入主体が認めていることを示しているともいえる。

　さらに、介入の目的についてである。介入の目的として、権力者に対する懲罰行為と現地の人々に対する救済行為に大別されるが、介入が武力の行使を伴う場合には、指導者への懲罰や政策の阻止が主な目的とされる。NATOによる空爆の理由の1つが、ミロシェビッチ大統領に対して和平合意の受入れを促すことにあり、旧ユーゴスラビアの首都ベオグラードとコソボ自治州を対象とした武力攻撃が行われた。空爆は旧ユーゴスラビアによるコソボへの強権的支配を終了させ、人々を救済する役割を担ったとも考えられるが、大量の難民や国内避難民が発生したことを考えると、この説明も一面的との批判を免れない。このような状況をもたらす行為がはたして人道的といえるのかが疑問だからである。

　くわえて介入の意図や結果についても争点となる。人道的介入は人道的な意図があれば十分か、あるいは人道的な結果がもたらされることが必要か、という問題である。NATOによる空爆が人道的な意図に基づくとしても、一般市民への被害を考慮した場合には、空爆を人道的な介入としてとらえられるのか議論が対立する。

　以上のとおり、人道的介入の内容、法的根拠、措置の妥当性等について、客観的な評価を行うことは困難であり、人道的介入が国際法上、一般的に認められている、と結論づけることは難しいであろう。

◎保護する責任（R2P）

政府による抑圧的な政策により人権が侵害され十分な措置をとることができず、多くの市民が犠牲となり、難民や避難民が大量に発生する状況に対して、国際社会は何ら行動をとることができないのだろうか。これに対する1つの答えとして「保護する責任」（responsibility to protect, R2P）が提唱された。この概念は、世界の有識者によって構成された「介入と国家主権に関する国際委員会」（ICISS）による報告書『保護する責任』（2001年）において明らかにされた。重大かつ組織的な人権侵害が国内で生じている場合に国際社会はどのように対応すればよいのか、という問いに対して、同委員会は責任という考えに基づいて、国家と国際社会による対応の必要性を論じた。

同委員会は、国家は権利とともに責任があること、そして国民の保護という主要な責任は、まず国家にあることを確認した。そのうえで内戦や反乱、抑圧、国家の崩壊等によって国民が深刻な被害を受けた際に、国家がそれを回避し阻止することが不可能である場合やその意思がない場合には、内政不干渉原則よりも保護する責任が優先するとする。さらに国家が国家としての責任を果たすことができない場合には、国家に代わって国際社会が保護する責任を負い、行動することが責務であるとされた。

保護する責任の概念は、国家間の議論を通じて精緻化された。2005年の世界サミットにおいて採択された成果文書では、各国が、ジェノサイド、戦争犯罪、民族浄化、人道に対する罪から人々を保護する国家の責任が確認され、国際社会は、国家が責任を果たすことを促しまた支援することが定められた。さらに国際社会はこの4つの犯罪行為について、人々を保護するために、国連憲章第6章、第8章に従って平和的な手段を用いる責任を負い、さらに国連憲章第7章に基づいて集団的措置をとる用意があることも確認された。

このように「保護する責任」に関して、国家による第1次的な責任が確認され、国家の責任を支援する国際社会の役割が確認された。また国家が4つの犯罪から人々を保護することができない場合には、国連憲章に基づいて強制措置が実施される可能性も示唆された。こうして人々を守ることを国家の責任と位置づける保護する責任という考えは、介入と国家主権との対立を回避し、また

国家の責任を補う国際社会の役割をとらえなおすものである。

　保護する責任については、実施に向けた基本方針が国連において示された。保護する責任は、3つの柱すなわち①国家の保護責任（主権国家の構築）、②国際的な援助と能力構築（国際社会による各国の支援）、③時宜にかなった断固とした対応（国連憲章に基づく多様な措置）と概念化され、これにより国際社会は、人々を保護するために、さまざまな措置を自由に用いることができるという方針が示された。

　保護する責任は、2011年にリビアにおいて援用された。カダフィ政権下のリビアでは、民主化運動を行う反政府勢力への弾圧が行われ、安保理は国民を保護するリビア当局の責任に言及した決議を採択した。この決定に基づいて市民を保護する軍事的措置がとられ、カダフィ政権は崩壊した。リビアに関しては保護する責任が援用され体制の転換をもたらしたが、その一方でシリア内戦においては化学兵器の使用が疑われているものの、安保理の不一致により保護する責任に基づいた措置は講じられてこなかった。

　保護する責任の概念については、人間の安全保障概念との関係性が問われる。両者は想定する事態と対応する方法に違いがある。保護する責任はサミット成果文書からも明らかなように、ジェノサイド、戦争犯罪、民族浄化、人道に対する罪という4つの犯罪行為から人々を保護すること、また国連憲章に基づく措置も想定されている。これに対して、人間の安全保障は、国連憲章上の具体的な措置を想定した概念ではない。人間の安全保障は、人の保護と能力向上を目指す考え方で、どのような方法を取るのかに主眼が置かれてはいない。人間の安全保障はまた国家の安全保障と対立する概念ではなく、それを補完するものと考えられる。

Ⅴ　テロとの戦い

◎テロに関する条約

　テロリズム（テロ）は、恐怖（terror）に由来し、元来はフランス革命期のジャコバンの恐怖政治をさす言葉として用いられてきた。

　テロ行為は、無差別に人々の殺傷を目的とした人権侵害行為である。国際社会においては、テロ活動に対処するために、1960年代よりテロ防止関連の国際的な文書が採択されてきた。それらは特定の行為を犯罪ととらえ、犯罪行為について締約国が国内措置を定め、また犯罪者を逮捕し国家間で犯罪人を引渡すなど、国家間の協力を定めるものであった。ただし条約は国家間の取決めであり、テロリストに対する直接の措置については規定していなかった。

　2001年9月11日に発生した同時多発テロ事件によって、約3000人の死傷者が出た。これを受けて、アメリカは「対テロ戦争」を主張し、テロ集団アル・カーイダを匿っているとしてアフガニスタンに対して攻撃を行い、タリバン政権を崩壊させた。アメリカはまたアル・カーイダとイラクとのつながりを主張してイラクに対しても軍事行動をとり、フセイン政権を崩壊させた。このアメリカ主導の軍事行動は、同時多発テロがアメリカに対する攻撃であるという主張に基づいていた。

　また自国民が生まれ育った国においてテロ行為に及ぶホームグロウンテロも生じている。このテロ行為についてはいろいろな説明がなされるが、その1つとして社会構造において虐げられる状況にある者が、過激な思想に感化され行為に及ぶと考えられている。

◎対テロ対策による人権侵害

　国境を越えて行われるテロ行為に対抗するためには、国家間の協力が求められる。テロ行為は基本的に個人や集団が行うものであるから、それに対抗するには、容疑者を拘束し、個人の財産や資産を凍結し、人々の移動の自由や生活に制限を課すことも求められる。ただし、これらの措置が人権侵害を引き起こす可能性もある。たとえテロを阻止する目的であったとしても、個人の人権や基本的自由を侵害する行為は認められない。

　同時多発テロ以降、アフガニスタンではタリバン政権の兵士やアル・カーイダの構成員とみられた人たちがアメリカ軍によって拘束され、キューバのグアンタナモにあるアメリカ軍基地等の収容施設に拘禁され厳しい取調べを受けた。彼らは捕虜としての処遇や公正な裁判を受ける権利を与えられないなど、

人権侵害の状況におかれたとされる。そのような状況に対しては、拷問禁止委員会、米州人権委員会、国連人権委員会（当時）においても懸念が表明された。またテロ容疑者が逮捕された後には、関係国への引き渡し、追放、移送がなされるが、移送された国において、容疑者に対する非人道的な尋問や長期間の勾留など、人権を侵害する措置がとられることも懸念されている。

さらに、テロ容疑者に対する取締り上のさまざまな規制によって、一般市民の自由が制限されることも問題である。イギリスで制定されたテロリズム防止法はテロ被疑者に対する移動の自由や就業の制限を定めた。また国際的な組織犯罪に対処するための国際協力の促進を目的とした、国際的な組織犯罪の防止に関する国際連合条約（国際組織犯罪防止条約）が2000年に採択された。日本ではこの条約の締結について2003年に国家で承認された。国内で条約を実施するためには、「組織的な犯罪の処罰及び犯罪収益の規制等に関する法律」の改正が必要であった。法律の改正は、日本でテロ行為を共謀して実行した場合に摘発し、効果的に取り締まることを目的とする、と論じられてきた。しかし、組織的な犯罪の共謀罪の制定により、一般の人々の権利や自由が制限されることに批判がなされた。そこで、犯罪の主体を限定し対象犯罪を限定的に列挙し、計画の実行準備行為という要件により構成されるテロ等準備罪が代わりに定められ、これにより、日本は2017年に国際組織犯罪防止条約を締結した。

Ⅵ　お わ り に

平和の達成と人権の保護と促進の密接な結びつきが確認されてきた。第1に、平和の概念が拡大し、紛争が生じていない状況のみならず、貧困や社会の不平等な状況も包含され、政府や国際社会による積極的な措置が求められてきた。これは、「構造的暴力」として説明されてきたが、現在では「人間の安全保障」の概念によっても論じられる。人間の生命を守り能力を開発するために、国家や国際社会による包括的な取組みが求められている。

第2に、人道的介入に関しては、その事例や法的根拠など多様な議論がなされてきた。またその効果や影響の点からも、人道的介入が国際社会で一般的に

認められているとはいえない。むしろ武力行使により、一般の市民に多大な被害が及ぶことが問題視される。その一方で、内乱や内戦によって人々が犠牲となる状況を受けて、保護する責任が提唱され、国家は人々を守る責任を有すると論じられ、国際社会も措置を講じることが主張される。

　第3に、平和と人権に対する包括的な取組みが求められるなかで、人々の安全を脅かすテロ行為に対する措置がとられてきた。ただしテロに対する攻撃やテロを防ぐための措置によって人権が侵害され制限される状況も懸念される。またテロ行為の原因に貧困などの社会構造の問題があるといわれ、テロ行為の根本原因に対応することも求められる。その観点からもSDGsの実現は、テロ対策にも役立つ。

　平和と人権の結びつきが確認される現状において、平和を尊重しながら人権をどのように保護し促進していくことができるのか、また人権の保護や促進によってどのように平和な状況をつくり出すことができるのか、国際社会、国家、地域や国内での一層の取組みが求められよう。

♣次の設問を考えてみよう。
　(1)　平和の実現のために、人権の享受が制限されるのはどのような状況のときなのだろうか。
　(2)　人権の保障が平和の実現に結びつくといわれるが、それはどうしてか。

第13章

国際人権と私たちの課題

I　はじめに

　これまでの章で明らかになったように、SDGsは、人権の理念に基づいている。SDGsの達成に向けた取組みを通じて、1人ひとりが自らの能力を開発する機会を享受し能力を高めることが目指される。誰1人取り残さないことは、世界中で人権が保護されまた促進される社会をつくることに他ならない。最終章では、SDGsの達成が目指される現代における、人権をめぐる課題を考えたい。

II　国際人権と私たち

◎人権に関する国際的な取組みと私たちの生活

　今日、人権は特定の国家や地域に固有の問題ではなく、国際社会のあらゆる地域や人に共通する課題である。特定の国や地域での出来事が、私たちの生活にも影響する。新型コロナウイルスのパンデミックにより、世界中の人々が日常の生活様式の変更を余儀なくされた。ロックダウンや緊急事態宣言が発令されることにより、人の移動が制限され教育や労働の機会が減った。ワクチンの開発が進み、ワクチンを接種できる人々がいる一方で、医療サービスを受けられない人々もおり、国内や地域、国際社会における格差が明らかになった。また中国の新疆ウイグル自治区で強制労働が行われていることが報道され、強制労働への関与が確認された中国企業との取引を停止した企業もあれば、強制労働に関与する企業をサプライチェーンから除外することを決定した国もある。

さらに新疆綿を使う商品の不買運動がおこったり関連企業への投資が控えられたりする。このように国際社会の問題が人権の観点からとらえられ、私たちの生活との関係性が明らかになる。

◎多様な主体の活動

　SDGsの達成においても、人権の保護と促進に向けた取組みにおいても、国家を始め多くの主体の参画が必要不可欠である。これまで主権国家は、国際的な人権文書の作成に携わり、人権の保護と促進を実質的に担う能動的な主体として認識されてきた。他方、一般市民や個人は、権利を享受するものの、国際的な場においては受動的な主体としてとらえられてきた。現在では、人権条約の作成や条約の国内実施や監視のプロセスにおいて、個人資格の専門家や非政府組織（NGO）なども、より積極的な役割を担っている。

　人権の保護と促進は、国家と市民との関係に留まらず、企業、社会、家庭など、人々が生活を営むあらゆる場においても重要な関心事であり、さまざまな主体による多面的な取組みと相互の積極的な関与の重要性が認識されている。

ⅰ）NGO、市民社会　　市民によって自発的に構成されているNGOや非営利団体（non-profit organization, NPO）は、「市民社会」（civil society）を体現する。NGOの設立目的、活動内容、組織、規模はさまざまだが、それらは市民の声を代弁し代表する組織である。一般の人々が自由に設立し参画できるNGOは、特定の問題に焦点を当てた行動と迅速かつ柔軟な対応が可能である。

　人権分野のNGOの活動は次のとおり分類される。まず啓蒙活動（アドボカシー）として、特定の人権問題（死刑の廃止や拉致被害者の救出など）の実態を明らかにし、情報を伝え世論を喚起する。NGOは人権状況について調査を行い、報告書を公表する。たとえばアムネスティー・インターナショナルは各国の人権侵害の調査を行い、フリーダム・ハウスは国家の民主化や自由権の確保などの進捗状況を数値化し公表する。

　NGOはまた条約起草過程に関与する。条約作成は国家が主に行うが、NGOも条約作成の会議に出席し草案審議に参画する。障がい者権利条約の起草過程にNGOは政府代表者とともに参加した。参加者の約３割はNGOが占めた。

さらに、NGOは人権条約機関に対して専門的な情報を提供する。NGOからの情報は、政府の政策に対する第三者の視点に基づいている。また人権理事会の普遍的定期審査(UPR)において、NGOからの情報は審議における資料となる。

ⅱ）**企　業**　　製品の生産や販売、従業員の雇用や労働など、企業の活動は市民や社会にさまざまな影響を及ぼす。社会における利害関係者として、企業も一定の責任を負う。企業の社会的責任（CSR）は、現地の法の遵守に加えて、自ら行動準則や規範を作成しそれらを遵守することを通じて担われる。企業は経済的、法的な役割に留まらず、株主、従業員、消費者、地域住民などあらゆる利害関係者（ステークホルダー）との関係をも考慮し、配慮ある行動をとることが求められる。

　国連では、1999年に世界の企業を中心とした自発的なネットワークとして、グローバル・コンパクト（GC）が立ち上げられた。GCに参加する企業に対しては、人権、労働基準、環境、腐敗防止の4分野で世界的に確立された10原則を支持し、実践が求められている。GCに参加した企業は、この普遍的な原則を達成するために自主的に取組み、また他の企業や団体とのネットワークを通じて、社会の一員として責任を担うことをめざしている。GCの原則は、企業によるSDGsの達成を促す基礎となる。さらにSDGsは企業に対して従来の活動を見直し新しいビジネスの市場と機会を提示する。

ⅲ）**地方自治体**　　　持続可能な社会の構築は、あらゆる国家において達成が目指されている。人口減少と少子高齢化、環境問題やエネルギーの制約に直面する日本において、地方創生は喫緊の課題であり、SDGsの推進が地方創生に役立つものと位置づけられている。

　地方自治体により従来から行われている政策は、人権の理念に基づくSDGsを達成する取組みとして位置づけることができる。たとえば子どもの貧困対策は、目標1の貧困撲滅と連動する。男女共同参画条例は、目標5のジェンダー平等の実現を促すであろう。ごみの削減やリサイクル活動は、目標12の持続可能な消費と生産のパターンの確保と関連する。地方自治体がすでに実施してきた取組みをSDGsの枠組みにおいてとらえなおすことにより、従来の活動について、持続可能な社会の実現というより包括的かつ長期的な視点から見直す

ことができる。さらにSDGsの視点から政策を示すことにより政策間のつながりと各目標との関係について住民は理解をさらに深めることができるだろう。

Ⅲ　今後の課題

◎人権の実現

ⅰ）**誰がどのように人権を保護し促進するのか**　　人権は守られ促進されるべきであるが、人権の保護や促進の程度は、国家の資源や能力によって影響を受ける。日本に住む私たちは、当然のように教育を受け、体の調子が悪くなれば病院に行き治療を受けることができる。ところが途上国では教育が受けられず、病気になっても病院に行って治療を受けることができない人たちが沢山いる。近くに学校や病院がなく、施設が整っていない国もある。十分な人的資源や財源がない状況では、人権について学ぶことも実施することも困難である。国や地域の格差によって、人権の保護や促進の実態は大きく異なる。

　人権の実現にはまた、社会的インフラの整備など、政治、経済、社会状況の改善が必要となる。さらにはハード面の整備に加えて、誰もが教育を受けられる制度や環境をつくり、また文化や伝統などに変化をうながすソフト面の取組みも求められる。

　社会権の側面を有する人権の保護と促進においては、財政的な支援が必要である。権利を実現するために資源が必要な場合に、十分な資源をどのように得ることができるのか、という点が課題となるだろう。

ⅱ）**人権と伝統や文化との関係**　　人権が普遍的な概念であり、誰もが享有する権利であることについて社会において確認される一方で、さまざまな価値観や文化が存在する国々において、人権を具体的にどのように社会に定着させていくことができるのかが課題である。1993年の世界人権会議で採択されたウィーン宣言は、人権と基本的自由がすべての人の生まれながらの権利であり、その保護と促進は政府の第一義的責任であることをうたい、「人権基準の普遍性」を確認した。その一方で、人権の実現については、国や地域の独自性の意義や歴史的、文化的、宗教的背景を考慮に入れなければならないことも指摘されて

いる。

　特に文化や宗教などの伝統が定着している社会制度のもとで、事実上は人権侵害行為にあたる慣習を変えていくことが、人権の実現における課題となる。たとえばインドでは、結婚の際に女性が持参金を用意する慣習があるが、持参金が少ないことを理由として女性が結婚先で不当な扱いを受け、殺人にいたる場合もある（ダウリー殺人）。イスラム社会では、父親や夫の許可がなければ女性が医者に診察してもらえない場合もある。アフリカや中東では、女性の性器を切除する慣習がある。これにより精神的・身体的な苦痛を被り、また不衛生な状況での施術により危険な状況にさらされる女性もいる。こうした行為は、国際的な場では人権侵害として批判されてきているが、現地では伝統や文化の名のもとに公然と行われている。日本においても、学校で体罰が指導の名目で行われてきた。

　慣行や伝統の名のもとでなされる言動がどのような理由で不適切であり、人権侵害行為であるのか理解を深め、地域の文化や伝統を損なわずに、確立している慣行を止めさせる長期的な取組みが必要となる。その場合には、行為の違法化や罰則規定を法律として定めることなどに加えて、教育や啓発、広報活動を通じて人々の考えや意識を変えていくことが重要である。

◎新しい問題

ⅰ）環境問題　　持続可能な開発が目指されながらも、人間による活動は、自然環境を悪化させ、気候変動をもたらし、さまざまな災害を生じさせてきた。特に気候変動は人間の生活に危機的状況をもたらしてきた。SDGsでは、気候変動は最大の課題の１つであり、すべての国の持続可能な開発を達成するための能力に影響を及ぼすと指摘される。SDGsの目標13は、「気候変動及びその影響を軽減するための緊急対策を講じる」と定め、国連気候変動枠組条約が国際的な対話の場として位置づけられる。

　SDGsが採択された2015年には、気候変動枠組条約第21回締約国会議においてパリ協定が採択された（締約国数191　日本2016年加入）。パリ協定は、2020年以降の温室効果ガス排出削減のための合意である。パリ協定では、世界の平

均気温の上昇を産業革命の前に比べて2℃より十分低く保ち、1.5℃に抑える努力を行うこと、また可能な限り早期に、世界の温室効果ガスの排出量のピークから脱し、21世紀半ばに人為的な温室効果ガスの排出と吸収源による除去の均衡を達成することが目標として定められている。

　パリ協定は、持続可能な開発の文脈において気候変動の対策を位置づける。すなわち「気候変動に対処するための行動、気候変動に対する対応及び気候変動の影響と持続可能な開発のための衡平な機会及び貧困の撲滅との間に存在する内在的な関係を強調し」(前文)、「この協定は、条約……の実施を促進するうえで、持続可能な開発及び貧困を撲滅するための努力の文脈において気候変動の脅威に対する世界全体での対応を……強化することを目的とする。」(第2条)。気候変動は、持続可能な開発という包括的な枠組みにおける1つの対策であり、他の開発目標との関連を念頭に置きながら措置を講じることが求められる。

　エネルギー資源の利用についても、環境と人権の観点からとらえられるだろう。2011年の東日本大震災による福島第一原子力発電所の事故により、私たちは原子力発電に依存する生活の脆弱性と環境に及ぼす影響を目の当たりにした。この事故により、放射能で汚染された地域から住民は強制的に移動させられ、帰還困難区域として指定された場所に戻る見通しは立っていない。原子力発電所に依存する日本のエネルギー政策は、使用済み燃料や放射性廃棄物の処分など、世代を超えて環境や人々の生活に影響を及ぼす。環境を持続させ生活に不可欠なエネルギーを供給しながら、人々の生命や生活を守る政策をいかに行えるのかについては、長期的な課題である。

ⅱ）**感染症**　　すべての人々の健康的な生活を確保し福祉を促進することはSDGsの1つである（目標3）。HIV/エイズ、結核、マラリア、新型コロナなどの感染症は、国際社会全体に対する脅威である。交通や流通手段の発達の結果、誰でもこれらの病気に感染する可能性をもっているが、なかでも発展途上国の人々が大きな影響を受けること、特に女性や子どもなど社会的な弱者が被害を受けやすいとされている。

　感染症に罹ることによって個人の生命が脅かされる。感染症は、予防が可能

であるのに、予防のための知識や生活において必要最低限のインフラなどにアクセスできないことにより感染する可能性が高くなる。感染症に対する十分な理解の不足により、感染者やその家族が社会的な差別を受けたり特定の民族に対するヘイトクライムが行われたりする。またウイルスが世界的に大流行するパンデミックにより、人の移動が制限され教育や労働などの機会も制限される。その一方で、医療費や生活保護などの社会保障がより必要とされ、国家の経済的負担が増加する。さらに感染者の増加は労働力の低下につながり、社会や経済の成長を妨げる。

　感染症については、人々に正確な知識や情報を伝え、予防措置をとりながら感染者を治療し、感染者を増加させないなど、社会として戦略的かつ包括的な取組みが求められる。新型コロナに関する2021年報告書「COVID-19と人権」において、国連事務総長は、人権の危機である新型コロナのパンデミックに対して人権中心の取組みを指摘した。すなわち人々の生命の保護が優先されること、ウイルスには誰もが罹るが感染したことにより差別される人がいること、すべての人が対応にかかわること、脅威は人々ではなくウイルスであること、一国では克服できないこと、回復した際には以前よりもよい状況であるべきことを論じた。2021年には将来の感染症に備えて、各国首脳がパンデミック条約の作成を呼びかけた。

ⅲ）インターネット　　情報技術の発展によりインターネットを通じてコミュニティが作られ、さまざまな行動が可能となった。社会インフラといえるインターネットは不特定多数によって利用され、情報交換、取引、教育に用いられる。インターネットによって私たちの生活は豊かにまた便利になる一方で、インターネットが犯罪に用いられ不正行為による被害が増大し、これに対する規制が求められている。

　インターネット上に公開されている情報について、個人の表現の自由や著作権など個人の財産としての保護が必要である。またインターネット上の匿名行為は、無責任な行動につながることもあり、他人に対する誹謗中傷や個人のプライバシーの侵害などが引き起こされる。SNS上の過激な発言により自殺に追い込まれる人もいる。さらに違法な情報の流布、児童ポルノの頒布、差別表現、

ハッキング行為などに対しては規制や処罰が必要となる。

　インターネットをめぐる犯罪については、犯罪が行われた国、犯罪行為者や犯罪被害者の居住する国が異なり、一国で犯罪を特定することが技術的、法的に困難な場合もあるものの、各国において取締りがなされてきた。日本では、1987年に刑法が改正され、コンピューター犯罪が処罰の対象となったが、実際に被害が生じなければ処罰の対象とならなかった。2000年に施行された「不正アクセス禁止法」は、不正アクセス行為の禁止に加えて、ユーザーIDやパスワードを他人に知らせることによる不正アクセスを促す行為についても禁止している。

　さらに、コンピューター・システムを利用して行われる犯罪の防止や抑止のために条約の作成が必要であることが確認され、ヨーロッパを中心として「サイバー犯罪に関する条約」が2001年に採択された（締約国数65）。この条約はコンピューター・システムを攻撃するような犯罪やコンピューター・システムを利用して行われる犯罪をサイバー犯罪と定義づけ、犯罪から社会を保護することを目的とする。またコンピューター・システムに対する違法なアクセスなどの行為を犯罪として、コンピューターのデータの迅速な保存などにかかわる刑事手続を整備し、犯罪人引渡しなどに関する国際協力を規定する。

　日本では、特定電気通信役務提供者の損害賠償責任の制限及び発信者情報の開示に関する法律（プロバイダ責任制限法）が制定され、これにより、プロバイダ等の損害賠償責任の免責要件や発信者の情報開示を請求できる権利が規定された。さらにインターネット上の誹謗中傷への対策として、発信者の情報の開示手続きを簡略化する改正法が2021年に閣議決定された。

Ⅳ　おわりに

　人権は、国境を越えて分野横断的に論じられ、保護や促進に向けた取組みがなされてきた。人々の間のつながりがますます密接となるなかで、人権についての新しい課題が生じ、より一層の対応が求められている。

　グローバリゼーションは、国際社会に共通する原則や規範を一般化し普及さ

せる役割を担ってきた。国境を越えた経済的、政治的、社会的なつながりがより緊密化するにつれて、人権の基準や規範も全世界に広がっていった。さらに、女性、子ども、少数者、障がい者など、特定のカテゴリーに属する人が享受する権利も確認され、特定の人々の権利を保護し促進するために、調査制度や国家報告制度、個人による通報制度も用いられてきた。

　一方で、グローバリゼーションによる地球規模での人の移動、モノ、サービス、資本、情報の交流と、それによってもたらされる政治、経済、社会の構造の再編成と発展の過程は、人権にも影響を及ぼしてきた。グローバリゼーションの恩恵を受け、より一層豊かさを享受できる人々がいる一方で、貧困状況に陥り取り残される人々も多数にのぼり、持てる者と持たざる者の格差はますます拡大している。また情報伝達手段の発達により、社会の貧富の差や格差など不公平な社会状況や矛盾も露呈している。さらに科学技術の進展は、これまで想定されなかった新しい人権問題をもたらし、交通や流通手段の発達による犯罪の国際化や感染症の蔓延も懸念されている。国境を越える課題には一国では対応できず、国際社会としての取組みがますます求められるなかで、個人、国家、地域、国際社会はいかに対応すべきであり、また対応できるのかを考え、行動しなければならない。さらに人権は貧困、紛争など、国際社会の多様な問題と複雑かつ密接に結びついている。さまざまな問題とのつながりのなかで、包括的な政策の一環として人権の問題に取り組むことも求められよう。

　最後に日本の課題について指摘したい。日本はこれまで人権の保護と促進、人権問題の解決に向けて、国際社会の動向を参考としながら国内の状況に対応してきた。SDGsの時代に人権に対する理解が実践に結びつくことがさらに求められるなかで、以下の点が指摘される。

　第1に、教育と人権との結びつきである。日本の教育機関では人権教育が行われているものの、それが普段の生活における1人ひとりの人権の尊重に必ずしも結び付いていない。学校や職場、ネット上でのいじめやハラスメントは、後を絶たない。いじめやハラスメントが人権侵害行為であるという一般的な理解はあるものの、意図せざる個人の言動が、相手にとってはいじめやハラスメントとなりうることを理解し、そのような行為を起こさせないための断固とし

た対策が求められる。日本の大学では、授業のなかで人権について学ぶ機会は
増えたものの、人権を専門とする大学や大学院の教育・研究プログラムが十分
に整備されていない。人権を専門的に学べる大学院や人権の学位を取得できる
大学院が設立される状況と比較して、日本では高等教育における人権教育・研
究はまだ発展途上にある。

　人権教育は初等・中等教育においても一般の市民に対しても行われるべきで
ある。2015年に公職選挙法が改正され、選挙人年齢が18歳に引き下げられた
ことにより、若年層に対する主権者教育の必要性が高まった。主権者教育とは、
「国や社会の問題を自分の問題として捉え、自ら考え、自ら判断し、行動して
いく主権者を育成していくこと」である。これを進めるために、政治や選挙に
ついて知識を得たり、投票を体験したりする教育が高校生を対象に行われてき
た。主権者教育の目的は、社会の出来事を自ら考え判断し主体的に行動する主
権者を育成することである。主権者教育はすべての年代を対象に行われるべき
ものであり、個人の生活や地域の問題から国際社会全体の問題まで、国際人権
を含むあらゆる社会の問題を考え、判断し、行動していく力を涵養する取組み
である。

　第2に、高齢者の人権についてである。2020年現在、65歳以上の高齢者が
総人口に占める割合としての高齢化率は28.7％であり、日本は超高齢者社会
を迎えている。高齢化社会への対応を目的として、高齢社会対策基本法（1995年）
が定められ、高齢社会対策大綱が閣議決定された。2018年の新大綱では、意
欲ある高齢者の能力発揮を可能にする社会環境を整え、十分な支援やセーフ
ティネットの整備を図る必要があると定められた。また働く意欲がある高齢者
が活躍できるように、改正高年齢者雇用安定法（2021年）により、事業者に対
して65歳までの雇用確保が義務化され、70歳までの就業機会の確保が求めら
れている。さらに高齢者の尊厳を守るために高齢者虐待防止法（正式名称　高
齢者虐待の防止、高齢者の擁護者に対する支援等に関する法律、2006年）が制定された。
くわえて成年後見制度（民法改正、2000年）により、認知症などの理由で判断能
力が十分ではない人の自己決定権を尊重しながら、権利や利益を守ることが目
指されてきた。

第3に、差別撤廃への取組みである。本書でも取り上げたように、ジョージ・フロイド事件など、人種を理由とした差別行為が人の命を奪う事件が生じるなど、差別は世界中で問題となっている。日本においても、特定の人種や先住民族に対するヘイトスピーチが公然と行われ、差別的な表現がマスコミを通じて流布されるなど問題となってきた。これを受けて2016年にヘイトスピーチ解消法（正式名称　本邦外出身者に対する不当な差別的言動の解消に向けた取り組みの推進に関する法律）が施行された。この法律は、ヘイトスピーチの解消に向けた取組みについて基本理念を定めているものの罰則規定がなく、実効性の観点から課題がある。人種差別撤廃委員会は、日本に対して包括的な人種差別撤廃法の制定と国内人権機関の設置を勧告している。

　また日本には死刑制度についての議論がある。人権理事会のUPRにおいても、日本の死刑制度の廃止や死刑の執行停止について勧告がなされた。これに対して日本は、死刑執行停止の検討、死刑廃止のいずれも適当ではないと回答したが、この背景には日本の世論による死刑に対する強い支持がある。内閣府による世論調査では、「場合によっては死刑もやむを得ない」とする人の割合が、85％を超える。死刑に対する高い支持がみられる一方で、裁判員制度の導入によって、刑事裁判に市民が参加するようになり、死刑判決を下すことが裁判員にとっては苦渋の判断ともなっている。また死刑の存置を理由として、日本は死刑廃止国と犯罪人引渡条約を締結できない。

　最後に、日本の外交について指摘したい。日本の外交において人権は重要な課題として位置づけられている。日本の基本的な考えは次の通りである。第1に、すべての人権と基本的自由は普遍的であり、各国の人権状況は国際社会の正当な関心事項であって、そのような関心は内政干渉ととらえるべきではないこと。第2に、人権保護の達成方法や速度に違いがあったとしても、文化や伝統、政治経済体制、社会経済的発展の段階にかかわらず、人権は尊重されるべきものであり、その擁護はすべての国家の最も基本的な責務であること。第3に、市民的、政治的、経済的、社会的、文化的権利など、すべての人権は不可分、相互依存かつ相互補完的であり、あらゆる人権や権利をバランスよく擁護し促進する必要があること。そして第4に、日本は対話と協力の姿勢に立って

国際的なフォーラムと二国間対話などを通じて、人権状況の改善に取り組み、また技術協力によって必要かつ可能な人権分野の協力を実施していることである。

　日本が人権外交を進めるにあたり、制度上の課題がある。人権は分野ごとに管轄省庁が特定され、労働や健康問題は厚生労働省、条約や外交は外務省、法律関係は法務省、男女共同参画は内閣府と、縦割り行政になっている。SDGsからも明らかなように、人権は、分野を横断する普遍的な課題である。日本の制度は、省庁の役割分担とその専門性ゆえに、人権問題について統合された取組みを行うことが困難である。人権外交を積極的に行っていくうえで、この制度をどのように調整しより効果的な対応を行っていくのかが今後の課題である。

　また日本が外交において人権を主導することは、人権の保護や促進に資するのみならず、長期的には、貧困問題の解決や平和と安全の維持を含む国際社会の発展や繁栄に向けた取組みにつながるだろう。とりわけポピュリズムの台頭により国家が自国を優先させる政策をとり、難民や移民に対して非寛容な姿勢を示すなど、グローバリゼーションに反する動きは、人権をはじめとする普遍的な価値に対する挑戦となる。このような状況のなかで、国際社会に共通する人権問題の解決に向けて、政策においても行動においても、日本がより主導的な役割を果たしていくことが求められるだろう。

♣次の設問を考えてみよう。
(1) これからの社会で、どのような新しい人権問題が生じるであろうか。またそれに対して私たちはどのように対応できるだろうか。
(2) 日本の人権問題は、国際社会における取組みを通じてどのように変化したのだろうか。また他国の人権問題の解決に向けて、日本はどのように取り組んできたのだろうか。

略語一覧・主なホームページサイト

〔主要国際人権機構〕
●普遍的機構
国連（UN）＝ United Nations
国連総会（UNGA）＝ United Nations General Assembly
国連総会第三委員会＝ Third Committee of the General Assembly
国連経済社会理事会（ECOSOC）＝ United Nations Economic and Social Council
国連安全保障理事会（UNSC）＝ United Nations Security Council
国際司法裁判所（ICJ）＝ International Court of Justice
国連人権理事会（HRC）＝ Human Rights Council
国連人権高等弁務官事務所（OHCHR）＝ Office of the United Nations High Commissioner for Human Rights
（旧）国連人権委員会（CHR）＝ Commission on Human Rights
（旧）差別防止・少数者保護小委員会（人権促進保護小委員会と改称：国連人権小委員会）＝ Sub-Commission for the Promotion and Protection of Human Rights
国連難民高等弁務官事務所（UNHCR）＝ Office of the United Nations High Commissioner for Refugees
国連人道問題調整局（OCHA）＝ Office for the Coordination of Humanitarian Affairs
国際労働機関（ILO）＝ International Labour Organization
世界保健機関（WHO）＝ World Health Organization
国連教育科学文化機関（UNESCO）＝ United Nations Educational, Scientific and Cultural Organization
国連エイズ合同計画（UNAIDS）＝ Joint United Nations Programme on HIV/AIDS
国連女性の地位委員会（CSW）＝ Commission on the Status of Women
UNウィメン（ジェンダー平等と女性のエンパワーメントのための国連機関）（UN Women）＝ United Nations Entity for Gender Equality and the Empowerment of Women
（旧）国連ジェンダー問題特別顧問事務所（OSAGI）＝ Office of the Special Adviser on Gender Issues and Advancement of Women
（旧）国連女性の地位向上部（DAW）＝ Division for the Advancement of Women
（旧）国連女性開発基金（UNIFEM）＝ United Nations Development Fund for Women
（旧）国際女性調査訓練研修所（INSTRAW）＝ International Research and Training Institute for the Advancement of Women
国連人口基金（UNFPA）＝ United Nations Population Fund
国連児童基金（UNICEF）＝ United Nations Children's Fund
国連開発計画（UNDP）＝ United Nations Development Programme

国連食糧農業機関（FAO）＝ Food and Agriculture Organization of the United Nations
国連人間居住計画（UN-Habitat）＝ United Nations Human Settlements Programme
国際刑事裁判所（ICC）＝ International Criminal Court
旧ユーゴスラビア国際刑事裁判所（ICTY）＝ International Criminal Tribunal for the former
　　Yugoslavia
ルワンダ国際刑事裁判所（ICTR）＝ International Criminal Tribunal for Rwanda
●地域的機構
欧州審議会（CoE）＝ Council of Europe
欧州人権裁判所（ECHR）＝ European Court of Human Rights
米州人権裁判所（IAHRC）＝ Inter-American Human Rights Court
アフリカ人権裁判所（ACHPR）＝ African Court on Human and Peoples' Rights

〔主要人権条約機関〕
自由権規約委員会（HRC）＝市民的及び政治的権利に関する国際規約委員会（Human Rights
　　Committee）
社会権規約委員会（CESCR）＝経済的、社会的及び文化的権利に関する国際規約委員会
　　（Committee on Economic, Social and Cultural Rights）
人種差別撤廃委員会（CERD）＝あらゆる形態の人種差別の撤廃に関する国際条約委員会
　　（Committee on the Elimination of Racial Discrimination）
障がい者権利委員会（CRPD）＝障がい者の権利に関する条約委員会（Committee on the
　　Rights of Persons with Disabilities）
女性差別撤廃委員会（CEDAW）＝女子に対するあらゆる形態の差別の撤廃に関する条約委員
　　会（Committee on the Elimination of Discrimination against Women）
子どもの権利委員会（CRC）＝児童の権利に関する条約委員会（Committee on the Rights of
　　the Child）
拷問禁止委員会（CAT）＝拷問及び他の残虐な、非人道的な又は品位を傷つける取扱い又は
　　刑罰に関する条約委員会（Committee against Torture）
強制失踪委員会（CED）＝強制失踪からのすべての者の保護に関する国際条約委員会
　　（Committee on Enforced Disappearances）
移住労働者委員会（CMW）＝すべての移住労働者及びその家族構成員の権利保護に関する条
　　約委員会（Committee on Migrant Workers）

〔主なホームページ・サイト〕
国際連合（UN）*／国連人権高等弁務官事務所（OHCHR）*／国際労働機関（ILO）駐日事務
所／国連難民高等弁務官（UNHCR）駐日事務所／国連広報センター（UNIC）／外務省／日
本弁護士連合会　国際人権ライブラリー／アジア・太平洋人権情報センター（ヒューライツ大
阪）／アムネスティインターナショナル／ヒューマン・ライツ・ウォッチ／反差別国際運動
（IMADR）／ヒューマンライツ・ナウ
　　＊ホームページ上の言語は英語を含む国連の公用語

参考文献一覧

〔国際人権の入門書〕

田畑茂二郎『国際化時代の人権問題』（岩波書店・1988 年）

横田洋三『日本の人権・世界の人権』（不磨書房・2003 年）

上田正昭編『ハンドブック国際化のなかの人権問題（第 4 版）』（明石書店・2004 年）

ヤヌシュ・シモニデス編著（横田洋三監修・秋月弘子他訳）『国際人権法マニュアル──世界的視野から見た人権の理念と実践』（明石書店・2004 年）

畑博行・水上千之編『国際人権法概論（第 4 版）』（有信堂高文社・2006 年）

薬師寺他『国際人権法（法科大学院ケースブック）』（日本評論社・2006 年）

阿部浩己・今井直・藤本俊明『テキストブック国際人権法（第 3 版）』（日本評論社・2009 年）

芹田健太郎・薬師寺公夫・坂元茂樹『ブリッジブック国際人権法（第 2 版）』（信山社・2017 年）

申惠丰『国際人権入門──現場から考える』（岩波新書・2020 年）

申惠丰『友だちを助けるための国際人権法入門』（影書房・2020 年）

川島聡・菅原絵美・山崎公士『国際人権法の考え方』（法律文化社・2021 年）

〔国際人権の専門書〕

宮崎繁樹編『現代国際人権の課題』（三省堂・1988 年）

久保田洋『国際人権保障の実施措置』（日本評論社・1993 年）

大沼保昭『人権、国家、文明──普遍主義的人権観から文際的人権観へ』（筑摩書房・1998 年）

阿部浩己『人権の国際化──国際人権法の挑戦』（現代人文社・1998 年）

申惠丰『人権条約上の国家の義務』（日本評論社・1999 年）

国際法学会編『人権（日本と国際法の 100 年・第 4 巻）』（三省堂・2001 年）

山崎公士・NMP 研究会編著『国内人権機関の国際比較』（現代人文社・2001 年）

齊藤正彰『国法体系における憲法と条約』（信山社・2002 年）

寺谷広司『国際人権の逸脱不可能性──緊急事態が照らす法・国家・個人』（有斐閣・2003 年）

阿部浩己『国際人権の地平』（現代人文社・2003 年）

滝澤美佐子『国際人権基準の法的性格』（国際書院・2004 年）

初川満『国際人権法の展開』（信山社・2004 年）

芹田健太郎他編『国際人権法と憲法（講座国際人権法 1）』（信山社・2007 年）

芹田健太郎他編『国際人権規範の形成と展開（講座国際人権法 2）』（信山社・2007 年）

申惠丰『人権条約の現代的展開』（信山社・2009 年）

阿部浩己『国際法の暴力を超えて』（岩波書店・2010 年）

芹田健太郎他編『国際人権法の国内的実施（講座国際人権法 3）』（信山社・2011 年）

芹田健太郎他編『国際人権法の国際的実施（講座国際人権法 4）』（信山社・2011 年）

齊藤正彰『憲法と国際規律』（信山社・2012 年）

山崎公士『国内人権機関の意義と役割―人権をまもるシステム構築に向けて』（三省堂・2012年）

申惠丰『国際人権法――国際基準のダイナミズムと国内法との協調』（信山社・2013年）

坂元茂樹『人権条約の解釈と適用』（信山社・2017年）

芹田健太郎『国際人権法』（信山社・2018年）

山元一・横山美夏・髙山佳奈子編著『グローバル化と法の変容』（日本評論社・2018年）

〔国際人権の個別テーマ〕
●人身の自由と拷問等の禁止
ピナル・リフォーム・インターナショナル（村井敏邦監訳・葛野尋之他訳）『刑事施設と国際
　　人権――国連処遇基準実施ハンドブック』（日本評論社・1996年）絶版

大倉一美編著『拷問等禁止条約とは何か――国際人権に取り残される日本』（創史社・1998年）

北村泰三・山口直也編『弁護のための国際人権法』（現代人文社・2002年）

アジア・太平洋人権情報センター編『人身売買の撤廃と被害者支援に向けた取組み』（現代人
　　文社・2006年）

村井敏邦・今井直監修『拷問等禁止条約をめぐる世界と日本の人権』（明石書店・2007年）
●人種差別の禁止と少数者・先住民族の権利
マヌエラ・トメイ他『先住民族の権利――ILO条約第169号条約の手引き』（論創社・2002年）

金東勲『国際人権法とマイノリティの地位』（東信堂・2003年）

村上正直『人種差別撤廃条約と日本』（日本評論社・2005年）

窪誠『マイノリティの国際法――レスプブリカの身体からマイノリティへ』（信山社・2006年）

師岡康子『ヘイト・スピーチとは何か』（岩波新書・2013年）

エリック・ブライシュ（明戸隆浩他訳）『ヘイトスピーチ――表現の自由はどこまで認められ
　　るか』（明石書店・2014年）

水野直樹・文京洙『在日朝鮮人――歴史と現在』（岩波新書・2015年）

金尚均『差別表現の法的規制――排除社会へのプレリュードとしてのヘイト・スピーチ』（法
　　律文化社・2017年）

小坂田裕子『先住民族と国際法――剥奪の歴史から権利の承認へ』（信山社・2017年）

LGBT法連合会『日本と世界のLGBTの現状と課題―― SOGIと人権を考える』（かもがわ出版・
　　2019年）

谷口洋幸編著『LGBTをめぐる法と社会』（日本加除出版・2019年）
●ジェンダー平等と女性の権利
山下泰子『女性差別撤廃条約の研究』（尚学社・1996年）

山下泰子『女性差別撤廃条約の展開』（勁草書房・2006年）

国際女性の地位協会編『コンメンタール女性差別撤廃条約』（尚学社・2010年）

林陽子編著『女性差別撤廃条約と私たち』（信山社・2011年）

日本国際連合学会編『国連研究第16号　ジェンダーと国連』（国際書院・2015年）

山下泰子・矢澤澄子監修、国際女性の地位協会編『男女平等はどこまで進んだか――女性差別
　　撤廃条約から考える』（岩波ジュニア新書・2018年）

浅倉むつ子・戒能民江・田村智子著、政治革新めざすオール早稲田の会編『ジェンダー平等の

実現めざして』（学習の友社・2020年）

●子どもの権利

石川稔・森田明編『児童の権利条約——その内容・課題と対応』（一粒社・1995年）

中野光・小笠毅編著『ハンドブック　子どもの権利条約』（岩波ジュニア新書・1996年）

アジア・太平洋人権情報センター編『子どもの権利と参加——人権教育を具体化するために』（アジア・太平洋人権情報センター・2001年）

黒柳徹子『トットちゃんとトットちゃんたち』（講談社・2001年）

ロジャー・J・R・レヴェスク（萩原重夫訳）『子どもの性的虐待と国際人権』（明石書店・2001年）

波多野里望『逐条解説児童の権利条約（改訂版）』（有斐閣・2005年）

阿部彩『子どもの貧困——日本の不公平を考える』（岩波新書・2008年）

喜多明人他編『「逐条解説」子どもの権利条約』（日本評論社・2009年）

日本弁護士連合会編『問われる子どもの人権——子どもの権利条約・日弁連レポート』（駒草出版・2011年）

阿部彩『子どもの貧困Ⅱ——解決策を考える』（岩波新書・2014年）

朝日新聞取材班『増補版　子どもと貧困』（朝日新聞出版社・2018年）

●難民・国内避難民および移民の権利

墓田桂・杉木明子・池田丈佑・小澤藍編著『難民・強制移動研究のフロンティア』（現代人文社・2014年）

新垣修『無国籍条約と日本の国内法——その接点と隔たり』（UNHCR駐日事務所・2015年）

近藤敦編著『外国人の人権へのアプローチ』（明石書店・2015年）

墓田桂『国内避難民の国際的保護——越境する人道行動の可能性と限界』（勁草書房・2015年）

滝澤三郎・山田満編著『難民を知るための基礎知識——政治と人権の葛藤を越えて』（明石書店・2017年）

川村真理『難民問題と国際法制度の動態』（信山社・2019年）

●障がい者・病者の権利

長瀬修・川島聡編著『障害者の権利条約——国連作業部会草案』（明石書店・2004年）

松井亮輔・川島聡編『概説障害者権利条約』（法律文化社・2010年）

長瀬修・東俊裕・川島聡編著『障害者の権利条約と日本——概要と展望（増補改訂版）』（生活書院・2012年）

長瀬修・川島聡編『障害者権利条約の実施——批准後の日本の課題』（信山社・2018年）

●経済活動と国際人権

カタリナ・トマチェフスキー（宮崎繁樹・久保田洋監訳）『開発援助と人権』（国際書院・1992年）

金東勲編著『国連・移住労働者権利条約と日本』（部落解放研究所・1992年）

アジア・太平洋人権情報センター編『企業の社会的責任と人権』（現代人文社・2004年）

部落解放・人権研究所企業部会編、菅原絵美著『人権CSRガイドライン——企業経営に人権を組み込むとは』（解放出版社・2013年）

ジョン・ジェラルド・ラギー（東澤靖訳）『正しいビジネス——世界が取り組む「多国籍企業

と人権」の課題』（岩波書店・2014年）

●国際人道法と国際人権

藤田久一『新版国際人道法（再増補）』（有信堂高文社・2003年）

尾崎久仁子『国際人権・刑事法概論』（信山社・2004年）

アジア・太平洋人権情報センター編『国際人権法と国際人道法の交錯』（現代人文社・2005年）

村瀬信也・洪恵子共編『国際刑事裁判所――最も重大な国際犯罪を裁く（第2版）』（東信堂・
　　2014年）

井上忠男『戦争と国際人道法――その歴史と赤十字のあゆみ』（東信堂・2015年）

篠原梓『国際規範としての人権法と人道法』（東信堂・2017年）

東澤靖『国際人道法講義』（東信堂・2021年）

●平和と人権

最上敏樹『人道的介入――正義の武力行使はあるか』（岩波書店・2001年）

望月康恵『人道的干渉の法理論』（国際書院・2003年）

佐藤潤一『平和と人権――憲法と国際人権法の交錯』（晃洋書房・2011年）

中内政貴・高澤洋志・中村長史・大庭弘継編『資料で読み解く「保護する責任」：関連文書の
　　抄訳と解説』（大阪大学出版会・2017年）

〔SDGsの関連書〕

高柳彰夫・大橋正明編『SDGsを学ぶ――国際開発・国際協力入門』（法律文化社・2018年）

蟹江憲史『SDGs（持続可能な開発目標）』（中央公論新社・2020年）

南博・稲葉雅紀『SDGs――危機の時代の羅針盤』（岩波書店・2020年）

〔国際人権条約集・資料集・ケーススタディ〕

国際女性法研究会編『国際女性条約・資料集』（東信堂・1993年）

宮崎繁樹他編訳『国際人権規約先例集――規約人権委員会精選決定集（第2集）』（東信堂・
　　1995年）

宮崎繁樹編著『解説国際人権規約』（日本評論社・1996年）

エドワード・ローソン編（宮崎繁樹監訳）『人権百科事典』（明石書店・2002年）

部落解放・人権研究所編『国際人権規約と国内判例―― 20のケーススタディ』（部落解放・人
　　権研究所・2004年）

松井芳郎他編『国際人権条約・宣言集（第3版）』（東信堂・2005年）

ロバート・マデックス（関西学院大学人権教育研究室監修）『国際人権百科事典』（明石書店・
　　2007年）

谷口洋幸・齊藤笑美子・大島梨沙編『性的マイノリティ判例解説』（信山社・2011年）

山下泰子・辻村みよ子・浅倉むつ子・二宮周平・戒能民江編『ジェンダー六法（第2版）』（信
　　山社・2015年）

索　引

執筆者紹介 （執筆順、※は編者）

※横田　洋三（よこた　ようぞう）
　　元（公財）人権教育啓発推進センター理事長
　　元国際労働機関(ILO)条約勧告適用専門家委員会委員長
　　『国際人権入門』はしがき・第**1**章

　富田　麻理（とみた　まり）
　　亜細亜大学国際関係学部特任教授
　　第**2**章・第**4**章・第**5**章・コラム2・コラム3

　滝澤美佐子（たきざわ　みさこ）
　　桜美林大学リベラルアーツ学群教授
　　第**3**章・第**8**章・第**9**章・コラム1・コラム5
　　『新国際人権入門』はしがき

　望月　康恵（もちづき　やすえ）
　　関西学院大学法学部教授
　　イントロダクション・第**6**章・第**12**章・第**13**章

　吉村　祥子（よしむら　さちこ）
　　関西学院大学国際学部教授
　　第**7**章・第**10**章・第**11**章・コラム4・コラム6

Horitsu Bunka Sha

新国際人権入門
——SDGs 時代における展開

2021年11月10日　初版第1刷発行

編　者　　横田洋三

発行者　　畑　　光

発行所　　株式会社　法律文化社

〒 603-8053
京都市北区上賀茂岩ヶ垣内町 71
電話 075（791）7131　FAX 075（721）8400
https://www.hou-bun.com/

印刷：西濃印刷㈱／製本：㈱藤沢製本
装幀：白沢　正
ISBN 978-4-589-04179-1

Ⓒ 2021 Yozo Yokota Printed in Japan

川島 聡・菅原絵美・山崎公士著

国際人権法の考え方

A 5 判・186頁・2640円

障害者や女性への差別の是正が課題とされる日本社会において、国際的視点から人権を捉える素材を提供。国際人権法の全体像・基本原則をおさえ、国内判例等を交えつつ人権条約の内容を具体的に論じ、さらにその実現方法まで解説。

高柳彰夫・大橋正明編

ＳＤＧｓを学ぶ
―国際開発・国際協力入門―

A 5 判・286頁・3520円

SDGsとは何か、どのような意義をもつのか。目標設定から実現課題まで解説。Ⅰ部では各ゴールの背景と内容を、Ⅱ部は実現に向けた政策の現状と課題を分析。大学、自治体、市民社会、企業とSDGsのかかわり方を具体的に提起。

徳川信治・西村智朗編著

テキストブック法と国際社会〔第2版〕

A 5 判・240頁・2530円

高校での既習事項をふまえながら大学で学ぶ国際法の仕組み・役割をかみ砕いて解説する。授業経験にもとづき本文の表現や説明の仕方を工夫したほか、気候変動に関するパリ協定など、国際社会の新たな動向を反映させた。

山形英郎編

国 際 法 入 門〔第2版〕
―逆から学ぶ―

A 5 判・428頁・2970円

国際法を初めて学ぶ学生に向けて作られた教科書。集団安全保障や戦争違法化など国際法の具体的制度を叙述した後に国際法の法源・法的性質など抽象的な総論を解説する構成。最新動向をアップデートし、批判的に見る眼も養う。

横田洋三監修／滝澤美佐子・富田麻理
望月康恵・吉村祥子編著

入 門 国 際 機 構

A 5 判・266頁・2970円

国連を中心に国際機構が生まれた背景とその発展の歴史、組織構造とそこで働く職員の地位を論じる。感染症の拡大防止等、国境を越えた人類共通の問題に対して国際機構は何ができるのかを解説する。

望月康恵著

移 行 期 正 義
―国際社会における正義の追及―

A 5 判・192頁・4400円

紛争後の社会において過去のジェノサイドや人権侵害行為の処罰や事実解明を試みる際に国際社会が直面した正義の問題を検討。国際社会と主権国家の対立のなかで、個人責任の追及と国内社会の和解との関係を鋭く分析。

—法律文化社—

表示価格は消費税10%を含んだ価格です